コミュニティ

[巻頭言] コロナ禍と地域コミュニティ ……………………… 鳥越 皓之 　3

[第21回 宮崎大会シンポジウム] ……………………………… 6

■基調講演
『地域自治区制度とコミュニティ政策のこれから』……… 名和田 是彦 　9
■シンポジウム
『宮崎市における新たなコミュニティの潮流と自治体政策』 ………… 28
　●司会進行 ：根岸 裕孝
　●パネリスト：矢方 幸
　　　　　　　帖佐 伸一
　　　　　　　石井 大一朗
　　　　　　　名和田 是彦

[特集論文] 対話づくりとしての場づくり
　解題………………………………………………… 宗野 隆俊 　58
　(1) 制度づくり・組織づくりから「場づくり」へ………… 役重 眞喜子 　62
　　　── 令和のコミュニティ政策を考える ──
　(2) 「見えていない市民」を照らすコミュニティ政策 …… 石井 大一朗 　88
　　　── 高校生の活動参加を事例として ──
　(3) 日常と非日常の対話を重ねることによる自治意識の醸成 … 佐伯 亮太 　112
　　　── 明石市の協働のまちづくりを通じて ──

[自由投稿論文]
　永住者の社会統合に向かう意識変容…………… 村松 英男、石井 大一朗 　127
　　　── 地方都市における国際移住者の在留継続に関する研究 ──
　平成29年地方公務員法改正と行政区長制度………………………… 池山 敦 　147
　　　── 宮城県内における条例等調査より ──

[研究ノート]
　日仏における地域コミュニティへの参加に関する
　住民意識調査………………………………………… 中嶋 紀世生 　172
　　　── 持続可能な地域運営基盤の構築に向けて ──

消防団の地域密着性をめぐる論議過程の分析……… 齋藤 光、仙田 真也　187
　　── 消防審議会を対象に ──

第21回　宮崎大会

開催趣旨 ……………………………………………………………　202
プログラム ………………………………………………………………　203
分科会報告　Session A …………………………………… 宗野 隆俊　211
分科会報告　Session B …………………………………… 松岡 崇暢　215
分科会報告　Session E …………………………………… 石井 大一朗　216
分科会報告　Session H …………………………………… 桑野 斉　219

書　評

金川幸司・後房雄・森裕亮・洪性旭編著
　『協働と参加 ── コミュニティづくりのしくみと実践』 ………… 宗野 隆俊　223
名和田是彦『自治会・町内会と都市内分権を考える』
石井大一朗編『横浜の市民活動と地域自治』
伊藤雅春『熟議するコミュニティ』 …………………………… 玉野 和志　226
宮崎市地域振興部地域コミュニティ課地域まちづくり推進室
　『宮崎市地域自治区住民主体のまちづくり』…………………… 三浦 哲司　231
中川幾郎編著『地域自治のしくみづくり ── 実践ハンドブック』… 谷口 功　233
まちづくりプラットフォーム研究会編
　『まちづくりプラットフォーム
　　── ヒト・カネ・バショのデザイン』 ……………………… 小山 弘美　236
鳥越晧之『地元コミュニティの水を飲もう』 ………………… 中川 幾郎　239
金谷信子『介護サービスと市場原理 ── 効率化・
　質と市民社会のジレンマ』……………………………………… 金川 幸司　241
田中正人『減災・復興政策と社会的不平等
　　── 居住地選択機会の保障に向けて』 …………………… 嶋田 暁文　244
髙谷幸編『多文化共生の実験室 ── 大阪から考える』 ……… 金谷 一郎　249
鳥越晧之・足立重和・谷村要編著
　『コロナ時代の仕事・家族・コミュニティ ── 兵庫県民の声からみる
　ウィズ/ポストコロナ社会の展望』……………………………… 金谷 信子　252

『コミュニティ政策』編集規程、投稿規程、執筆規程 ……………　256
コミュニティ政策学会　顧問・第XI期役員名簿……………………　260
編集委員会からのお知らせ………………………………………………　261
編集後記……………………………………………………………………　262

巻頭言　コロナ禍と地域コミュニティ

　新型コロナウイルスの話題が日本で出はじめたのは2020年1月のことである。それから3年以上が経過した。それは当初の私たちの予想よりも長期の影響を与えたし、また社会の基底部分にも打撃を与えている。コロナパンデミックへの対応で生じた「社会変化」や、対応の過程で私たちの「考え方の変化」もあった。

　その変化を踏まえ、私たちの社会は将来どのようになるのであろうか。私は2020年10月時点で、マスコミに現れた記事のほとんどすべてに目を通した。New York Times などの外国の記事も含めてである。このようなことは、かつては実質的には出来なかったことであるが、いまはインターネットの発達のおかげで根性があれば可能になったのである。

　目を通したなかで、マスコミにも数度取り上げられることになった明るい将来予想は、ペストとルネッサンスを結びつけたものである。ペスト流行があったからこそ、その後のルネッサンスが起こったという言明である。日本では最初に出口治明（『潮』6月号、2020）がそれを主張した。

　これはコロナ禍のおかげでルネッサンスにあたるものが近い将来生じるのだという希望を与えるものとして、コロナ禍で気持ちを暗くしている者たちに灯りをともした。ただ、事実を調べてみると（私だけが調べたわけではないが）、半分は当たっていて半分は誤りであることがわかった。14世紀に生じたペストの流行、それから少し遅れた14世紀から16世紀に至る時代がルネッサンスであり、年代だけで考えるとこの説は正しいように思える。ただ、実際はペスト流行の前からルネッサンスの特徴とみなされる事象が現れていたし、中世的なキリスト教の権威の凋落がルネッサンスの勃興と深く関わるのだが、その凋落もペストとの関連性はほとんど見られない。したがって、ペスト流行が起こらなくてもルネッサンスが生起した可能性が高い。けれども、流行がその変化を早めた事実は否定できない。この早めた面を肯うなら、半分は当たっているとも言えるかもしれない。

　そういうわけで、コロナ禍のおかげで新しいルネッサンスのようなものが近い将来に起こりうるという期待はしない方がよい。ただ、この疫病以前から社

会の基礎部分で変化の兆しがすでにあり、それがコロナ禍で早められたことも観察される。それはどういうところなのだろうか。大きくは技術的側面、社会的側面、価値観的側面の3つに分けられよう。

　技術的側面としてもっとも目立つのはインターネットの普及と技術的革新である。これはあきらかにコロナ禍によって早められた。Zoomなど、とくに会議形式のものが尊ばれた。これは構成員のコミュニケーションを高めたし、従来の会議での座る位置がZoomによってめちゃくちゃにされ、それが肩書の凋落と関係するかもしれない（ロバート・キャンベル「きれいな組織図と安定の揺らぎ」『NewsWeek』5月号、2020）。

　社会的側面のうちコロナ禍によってもっとも意識されたのは「社会的距離」の設定である。これはコロナ禍以前からその傾向があったというものではないし、終焉後も強くつづくとは想定されない。その意味で疫禍中の固有のものともいえる。だが、「社会的距離」というものが意識された側面は大きい。この社会的距離は「家族」には適用されなかった。そして地域コミュニティにとっては、大きな打撃となった。農業経済学者の小田切徳美は「そもそも地域づくりは、ソーシャル・ディスタンスを縮めることから始まるものです」（『月刊事業構想』7月号、2020）と指摘している。そのとおりであって、地域づくりや地域コミュニティにとっては、この社会的距離の規制で、例えば酒を飲んだりして"肩を叩き合う"ことができなくなったのである。

　ところがおもしろいことに、社会的距離で大打撃を受けた地域づくりや地域コミュニティは、この学会誌の読者なら周知のように、くすんでしぼむどころか、各地でおもしろい活動の工夫がはじまった。私が数日前に訪問した兵庫県三木市では「訪れる人の記憶に残るまちづくり」をめざして頑張っていた。自分たちのまちでの暮らしを発信するという考え方である。また、社会的距離があっても「顔のみえる関係」づくりに積極的に取り組んでいる地域コミュニティもある。このような動向は、地域コミュニティの将来性について希望を抱かせる。社会的距離が地元の頑張りに良い刺激となったのである。

　価値観的側面においては、様々ある中で、私は自然志向が強くなった事実に注目している。そのうち食物に限って言えば、すでに有機農業への志向はコロナ禍よりも前から見られていたが、それに「地元」や「顔のみえる関係」や

「健康」が強化されつつあり、これが今後のトレンドだろう。

　以上のようなことを見てくると、将来はどのような方向へ行くのだろうか。しばしば指摘されていることだし、私自身も機会あるたびに言っていることだが、合理的な能率の良さという近代の理念は副次的位置に下がり、しばしばポストモダンと言われているもの、すなわち、「意味」という言葉に集約できるところの、生きがい、美的評価、個性の重視、おいしい食事、親しい人間関係の構築などが、今後百年ほどかけて強まっていくのではないだろうか。

　一方で、地域コミュニティに関わる者として、コロナパンデミックで生じた残念なことにも言及しておかねばならない。コロナパンデミック発生の初期に、非常に強い差別が登場した。21世紀になってから20年経過した時代に至って、全国に及ぶ強力な社会差別が登場したことに私たちは留意しておく必要がある。ただ、このような事象はいわゆる事件の当初に生じるために、2023年現在では差別事象はほとんどない。

　私が三大新聞の記事のすべてを調べたところ（インターネットでの検索）、2020年5月に差別記事の数が最大になった。個人批判だけでなく、他府県の車が傷を付けられる（鳥越・足立・谷口編『コロナ時代の仕事・家族・コミュニティ』に写真を掲載した）というばかげたこともあったのである。

　機能合理主義という近代的考えが衰退する趨勢の中で、将来に向けて地域コミュニティの重要性は強化されていくと予想されるが、他方、今回生じた地域コミュニティでの強固な差別意識はなんら解決されていない事実に対して私たちは自覚的であるべきだろう。

大手前大学教授・早稲田大学名誉教授　鳥越　皓之

コミュニティ政策学会　第21回宮崎大会（2022年度）　基調講演、大会シンポジウム

【基調講演】

「地域自治区制度とコミュニティ政策のこれから」
　名和田是彦（コミュニティ政策学会会長／法政大学法学部教授）

【大会シンポジウム】

　パネリスト　矢方　　幸（NPOささえ愛生目台代表）
　　　　　　　帖佐　伸一（宮崎市副市長）
　　　　　　　石井大一朗（宇都宮大学地域デザイン科学部准教授）
　　　　　　　名和田是彦（法政大学法学部教授／コミュニティ政策学会会長）
　司会進行　　根岸　裕孝（宮崎大学地域資源創成学部副学部長）

　2022年7月2日（土）／於　宮崎市民プラザ　オルブライトホール
　　　　　　　　　　　　　　　　　　　※役職等は当時のものです。

挨拶

司会：「コロナ禍で問う 令和の地域コミュニティと新たなコミュニティ政策の
ゆくえ」と題し、2日間の日程で基調講演やシンポジウム、分科会を進めて
参ります。本日は学会会員をはじめ、宮崎県内のまちづくりの関係者の方々
にもお越しいただいております。初めに、本学会会長の名和田是彦がごあい
さつ申し上げます。

名和田：皆さん、こんにちは。会長の名和田と申します。これより、第21回宮
崎大会を開催させていただきます。どうぞよろしくお願いいたします。

　この間、コロナの影響で対面による開催ができないという事態に陥ってお
りましたけれども、この宮崎大会は対面で開催することができております。
本当に感無量であり、特に宮崎の関係者の方々に本当に厚く御礼申し上げま
す。対面ですと雑談もできますし、きちんと相手の顔を見て雰囲気を感じな
がら話を聞くこともできます。本当に豊かな学会になるものだなと実感して
おります。この大会はコミュニティ政策学会が主催いたしますが、宮崎大学
と宮崎市に共催をいただいております。それから宮崎県、公益財団法人宮崎
観光協会、綾町、西都市、宮崎日日新聞社、NHK宮崎放送局、時事通信社

宮崎支局、宮崎空港ビル株式会社、これらの皆さまにご後援をいただいております。多くの方々にご尽力いただき、対面の大会が久々に行われることになって、本当に有り難く思っております。内容も非常に豊富でありまして、宮崎市は地域自治区という仕組みを導入されていますけれども、それを中心にしながら他にも様々な企画が豊富に取り揃えられております。これからの１日半、われわれもしっかり学びたいと思います。どうぞよろしくお願いいたします。ありがとうございます。

司会：名和田会長、ありがとうございました。続いて本学会大会の共催者であります宮崎大学より、鮫島浩学長がごあいさつ申し上げます。

鮫島学長：ただいまご紹介いただきました、宮崎大学学長の鮫島でございます。まずはこの21回の学会大会の開催、誠におめでとうございます。特に名和田是彦会長はじめ学会関係者の皆さま、大変ご苦労されたのではないかと思います。心からお祝い申し上げますと共に、ようこそ宮崎にお越しいただきました。心から歓迎申し上げます。また今日、ご臨席いただいております清山市長をはじめ、宮崎市の方々にも大変お世話になったと伺っております。あらためてこの場を借りてお礼申し上げます。地域のコミュニティという言葉ですが、実は宮崎大学とも大変関係が深くあるところです。われわれの大学のスローガンは、「世界を視野に地域から始めよう」です。そして、地域から始めようというところの英語バージョンは、**Start of Community** です。いかにコミュニティ政策を生かすかということが大学の大きな課題になっており、そこに今回、桑野斉学部長はじめ地域資源創成学部ががっちりこの大会をサポートしていますが、そういう意味でも大学でも重要だと考えています。今日、明日の２日間、実りある学会となりますよう心から祈念申し上げるとともに、せっかくの宮崎ですから食べ物も飲み物も楽しんでいただきまして、記憶に残る学会になりますよう祈念して、簡単ではございますが、ごあいさつに代えさせていただきます。誠におめでとうございます。

司会：鮫島学長、ありがとうございました。続いて、開催地の宮崎市より、清山知憲市長にごあいさつをいただきます。

清山市長：皆さん、こんにちは。宮崎市長の清山と申します。コミュニティ政策学会第21回大会がここ宮崎で開催されますことを、心からお喜び申し上げ

ます。名和田会長がおっしゃっていたように、3年ぶりの対面での開催ということで、全国各地からこの宮崎においでいただいて、心から歓迎申し上げます。私もこちらに来る直前まで、午前中は青島と白浜の海開きに参加しておりました。台風の接近で悪天候、海もやや荒れ模様でしたが、青島も最近は風景が一変し、とてもおしゃれな空間になっております。ぜひ、これを機に青島、白浜、宮崎が誇るビーチリゾートを訪れていただきたいと思っております。

　さて、本市は2006（平成18）年1月に一市三町で合併したことを契機に、地域自治区制度を導入しまして、その時から名和田先生には大変お世話になっていると聞いております。それから16年が経過し、地域の課題も多様化し、地域自治区と地域のあり方も考えていかなければいけない、検討していかなければいけないと理解しております。本日、本市の地域コミュニティに深く携わっておられる関係者の皆様も、多数ご参加いただいていると聞いております。本大会での事例研究や議論を通じて、この地域コミュニティ政策への理解をぜひ深めていただき、今後の本市にとっても実り多い学会であることを心から祈念しております。最後になりますが、皆様のますますのご健勝とコミュニティ政策学会のますますのご発展を祈念申し上げ、私からのごあいさつといたします。

司会：清山市長、ありがとうございました。それでは皆様、次に予定しております基調講演の準備をいたしますので、そのままでお待ちください。

基調講演

『地域自治区制度とコミュニティ政策のこれから』

コミュニティ政策学会会長
名和田 是彦

司会：講演いただきますのは、本学会会長の名和田是彦先生です。名和田先生
は横浜市立大学、東京都立大学などを経て現在、法政大学法学部の教授とし
てコミュニティ論を専門に研究されております。宮崎市とのご関係も研究の
中で深められております。演題は「地域自治区制度とコミュニティ政策のこ
れから」です。それでは名和田先生、よろしくお願いいたします。

名和田：先ほどごあいさつをさせていただいたコミュニティ政策学会会長の名
和田です。これより、基調講演をさせていただきます。どうぞよろしくお願
いいたします。

宮崎市のコミュニティ政策と私

　最初にまず、自己紹介も兼ねて、私の地域自治区制度との関わりについて申
し述べたいと思います。私はもうずいぶん長いこと、宮崎市の地域自治区制度
に関する重要な委員会である地域コミュニティ活動交付金評価委員会の委員を
務めさせていただいております。そのきっかけは、2008年3月に宮崎市を訪問
させていただき、当時始まりつつあった地域自治区制度の運用の実際について
調査をさせていただいたことです。では、どうして地域自治区制度の調査のた
めに宮崎市を訪れようと思ったのか。ちょっと話は回りくどくなりますが、宮
崎市で行われている地域自治区のような仕組みを、学術的には「都市内分権」
と申します。これは、基礎的な自治体といわれる市町村の区域をさらにいくつ
かに区分する仕組みです。

　1980年代の半ば頃からコミュニティ政策の研究を志した私は、こうした地域
コミュニティへの分権の仕組みに大いに関心を持っておりました。ただ当時は

まだ、そうした仕組みが多くは存在していませんでした。1993年から95年まで
ドイツに留学する機会を得て、彼の地の都市内分権制度に接しました。大体ど
のようなことが都市内分権制度の研究上のポイントとなるか一応摑んだつもり
で帰国したところ、ちょうど日本でも、都市内分権の試みがいくつかの自治体
で先駆的に行われ始めているところでした。特に、1996年に訪れた北九州市の
「まちづくり協議会」、これは地域自治区ではありませんけれども、このまちづ
くり協議会の仕組みは、大いに参考になりました。この仕組みは、1980年代ま
でに定番的に行われていたコミュニティセンターの地元自主管理政策とよく似
ていて、当初はそれと同じだと思っていましたが、実はそれとはかなり違うも
のだったと思います。北九州市のまちづくり協議会の仕組みは、かなり本格的
な都市内分権と言っていいものでした。その後、北九州市のような取り組みを
行う自治体が増えていき、とうとう国レベルでも立法的な対応をすることにな
りました。それが2004年の地方自治法改正でできた地域自治区制度です。その
制度設計には自分でもちょっとだけ関与したことがありまして、それで関心を
持ち続けたということと、なんといっても日本初の法律による都市内分権制度
ですので、実際にどう使われるのかということに、大いに関心を持ちました。

　そこで当時、ネットであれこれ調べてみると、60ぐらい地域自治区制度を採
用している自治体がありました。ただそれらのほとんどが、予想通りというか、
おおむねコミュニティ政策というよりは、平成の大合併のソフトランディング
のために使われている例でした。当時、地域自治区を採用している自治体は先
ほど申しましたが、大体60ほどあったと思います。どれを見ても平成の大合併
で消滅する旧市町村を地域自治区にするというものでした。こうした市町村は
基本的にはすでに昭和の大合併を経ていますので、かなり大規模化しているわ
けです。ですから通常はコミュニティとは言えない規模です。地域自治区はか
なり大きな規模になってしまっている例がほとんどでした。正直がっかりしな
がらなおも調べていると、宮崎市の事例が目に止まりました。これはひょっと
したら本物ではないかと思ったわけです。コミュニティ政策のために地域自治
区制度を使っているのではないか。でもよく見ると合併特例区も導入されてい
ますし、それ以外の、「一般制度」と言いますが、普通の地域自治区の区域も
少し大きい。中学校区ないしはそれ以上の大きさでした。やはりコミュニティ

政策とは異なる政策なのかと疑心暗鬼に陥りまして、これは実際に訪問してみるしかないと思いました。

　おそらく当時、制度の稼働開始でお忙しかったと思いますが、図々しくも地域コミュニティ課に連絡をとり、訪問をご快諾いただいたのでした。当時共同研究をしていた何人かの研究者と一緒に訪問しました。元々私自身は九州育ちで、青少年時代は九州で暮らしていました。宮崎県も北部の延岡市にいたことがあり、そこで小学校を卒業しています。九州には親近感がありましたので、勇んで出かけていきました。訪問してみますと、まさに宮崎市はコミュニティ政策の仕組みとして地域自治区制度を採用したことがはっきりわかりました。その方向で、実に前向きかつ真面目に政策を追求しておられたのです。大袈裟かもしれませんが、地獄で仏にあった気分でした。当時私はすでに、地域自治区制度を採用しているもう1つの代表的な自治体である上越市ともご縁があり、地域自治区制度の運用に関する研究会に誘っていただいていました。上越市は、平成の大合併の中でも、最も大規模な合併を敢行された自治体の1つでありまして、13もの町村を上越市に編入され、それこそソフトランディングのために合併特例の地域自治区を採用しておられました。したがってその様相は、旧13町村の自治を尊重する、つまり合併前に持っていた自治権に類似したものを地域自治区制度によって各地区に保障するという意味合いが強くありました。13区の地域の声を上越市全体の政治の中で尊重するという方向性です。今どきの政策用語では、これを「参加」と言います。市民、住民の声を市政全体により良く反映させる、そういう取り組みの方向性です。上越市の場合は参加の意味合いが非常に強いと思いました。たとえば、地域自治区の地域協議会の委員を投票で選ぶ仕組みなどは、その典型だと思います。これに対して、宮崎市の地域自治区は、こうした「参加」の意味合いももちろんありますが、このあと述べて参りたいと思いますが、どちらかといえば「協働」の仕組みとしての意味合いが強いのではないか。その意味で、宮崎市は、全国のコミュニティ政策の定番に近い方向性を、地域自治区を用いて追求されようとしていると見ております。

　ところで、日本都市センターという組織があります。全国市長会のシンクタンクです。日本都市センターの調査では、全国の都市自治体で都市内分権制度

を採用している自治体は6割程度という結果が出ております。それから2019年に総務省が行った調査では、全市町村1724のうち4割程度が都市内分権をやっているという結果が出ております。これらの中に占める地域自治区制度の割合は、実はわずかです。現在、13自治体程度でしょうか。そういう意味では典型例とは言いがたいかもしれません。それでも法律上の仕組みだけあって、仕組みとしてははっきりしているのです。運用上の実態と法律上の仕組みのせめぎ合いに留意しながら研究を進めることができて、私のような法制度に着眼する研究スタイルの者には、とても好都合な研究対象であると言えます。

　他方で、宮崎市にも多少私の研究に期待していただいたのか、地域コミュニティ活動交付金評価委員会の委員にお声がけいただき、定期的に宮崎市に通って勉強を重ねることができました。一応、全ての地域自治区を回っております。こういうことで、宮崎市の地域自治区に関心を持ち、こうやって今日、基調講演をさせていただいているということです。これから、限られた時間ではありますが、地域自治区制度のポイントをいくつか取り上げ、宮崎市に即して検討し、日本のコミュニティ政策の現状での課題や将来の展望について考えてみたいと思います。

地域自治区制度の基本的な考え方と特徴

　まず、地方自治法に規定された地域自治区の仕組みの基本的な性格について確認しておきたいと思います。この仕組みを立法に先立って提唱した、第27次地方制度調査会答申は、次のように述べていました。

　「地方分権改革が目指すべき分権型社会においては、地域において自己決定と自己責任の原則が実現されるという観点から、団体自治ばかりではなく、住民自治が重視されなければならない。基礎自治体は、その自主性を高めるため一般的に規模が大きくなることから、後述する地域自治組織を設置することができる途を開くなどさまざまな方策を検討して住民自治の充実を図る必要がある。また、地域における住民サービスを担うのは行政のみではないということが重要な視点であり、住民や、重要なパートナーとしてのコミュニティ組織、NPOその他民間セクターとも協働し、相互に連携して新しい公共空間を形成していくことを目指すべきである。」

　このくだりは、中ほどの「また」という接続詞で大きく２つに分かれます。
　まず前半は、「住民自治の充実」が大切だと強調しています。この「住民自治」という言葉は、「団体自治」と対比されています。この言葉は、この文脈では、先ほど申した「参加」と同じ意味です。つまり平成の大合併で市町村の規模が巨大化して、住民の声が自治体政治全体に届きにくくなっている、これでは民主主義が薄くなり大問題だという指摘です。そこで、巨大化した自治体の区域をいくつかに区分して、その１つ１つに地域協議会という審議組織を置き、地域の声を市政全体に反映させやすくしようというのです。これは、私が勉強してきました、ドイツの都市内分権とも共通する狙いであり、おそらく世界的にみても国際的に共通する趣旨です。
　ところが地方制度調査会答申は、この仕組みの狙いはもう１つあると言っていますね。後半部分の「地域における住民サービスを担うのは行政のみではないということが重要な視点であり、住民や、重要なパートナーとしてのコミュニティ組織、NPO その他民間セクターとも協働し、相互に連携して新しい公共空間を形成」すべきだというくだりです。これはいわゆる「協働」の理念です。宮崎市でおっしゃっている「住民主体のまちづくり」もこれとほぼ同じ意味だと思います。つまり、行政も頑張るが、地域も地域課題解決活動に従事して頑張って欲しいというのです。こうした「協働」という政策傾向は、1990年代以降日本で支配的になってきました。ヨーロッパでも日本同様に財政が苦しいので、民間の力を借りたいということで、「協働」に似た政策的取り組みがあります。そこでは、「市民社会」という言葉がキーワードになっています。しかし、高福祉高負担のヨーロッパ諸国では行政が果たすべきだとされている役割は日本よりははるかに広く、地域コミュニティの関わりは限定的です。特に、ドイツの都市内分権に限って言うと、協働という理念はまったくありません。彼らは、住民から直接選挙された機関であり、ボランティアではありますが、民主的正統性を背負って行政に物申す政治家たちなのです。
　これと比べてみると日本の地域自治区制度は、「参加」とともに「協働」の理念を掲げて設計されている点で、国際比較的に特異と言えます。他方それだけに、日本の現在の実情に即した制度として設計されたとも言えると思います。しかし、実際に法律の制度にしようとしてみると、こうした制度設計の考え方、

「参加」と「協働」のバランスをとった仕組みの考え方は、すんなりとは実現しませんでした。地方自治法を所管している総務省と、内閣提出の法案の審査をする内閣法制局とのやりとりの中で、地域自治区制度は、やや使いづらい仕組みとなっていったように思われます。

　1つは、一般制度としての地域自治区の場合は、自治体の区域を区分してそのすべてに、一挙一律に地域協議会を立ち上げるという建前になったことです。宮崎市ではそこに苦労されたようには伺っておりませんけれども。宮崎市では、どの地域自治区でも地域協議会が選任されて活動をすぐに開始されたと思います。また、その実働を担う地域まちづくり推進委員会も、2007年度あたりに地域コミュニティ課から設立を求める問題提起に対して、各地域はすぐに応答されたようです。

　しかし、他の自治体を見ると、こうした住民組織がすぐに立ち上がるのはむしろ例外的で、地元の納得を得ながら、かなりの長期間をかけてすべての地域でようやく立ち上がっていくのが普通です。私が関わった範囲で見ても神奈川県の逗子市、茅ヶ崎市、東京都の調布市など、いまだに全地区で立ち上がっておりません。やはり、地域住民自らが地域の課題に取り組む以上、地元の納得を得ながら協議会組織を立ち上げていく他はないわけです。協働の仕組みとして機能させようと思えば、一挙立ち上げは難しいと総務省も見ていました。ところが内閣法制局は、同じ自治体なのに、市政に提言を行う地域協議会がある地域とない地域があるのはおかしい、同じ自治体の中で民主主義の度合いに地域差があるのはおかしいと主張したようです。総務省は「協働」に目配りしたのに、内閣法制局は「参加」を重視したのです。そうすると、一挙立ち上げを求められるのは辛いということで、地域自治区制度の採用を見送る自治体が多くなるわけです。総務省は、若干のタイムラグがあってもよいという解釈を示して困難の緩和を図っていますが、自治体にとっては採用しづらい仕組みとなったといえましょう。

　難点はまだあります。地域協議会の委員の選任の仕方です。法律上は「構成員」といいますが、宮崎市も上越市も、明日ご登壇いただく新城市さんも「委員」と呼んでいます。地域協議会の委員は市長が選任するわけですが、その際市長は、法律の条文には、「地域自治区の区域内に住所を有する者のうちから」

選任すると書いてあります。しかし、協働を推進する立場から見たらどうでしょうか。全国の事例を見ても、この種の協議会組織は、単に区域内に住む住民だけではなく、いわば当該地域にゆかりのある人たち、在住のほか、在勤、在学、在活動者も一緒に入ってもらうように設計したいところです。しかしこれも、内閣法制局流の考え方は「参加」の理念を重視しましたので、そこに住んでいる人だけが当該地域の意思決定に参加できるのだということになった。

　さらに、地域協議会は審議組織であって、実働組織ではないということが致命的です。地方自治法は、地方公共団体に関する法律であり、そこに規定される諸々の法人や機関は、地方公共団体ないしその一部だということです。認可地縁団体が規定されておりますが、あれは例外です。自治会は地方公共団体ではありませんが、便宜上、地方自治法上に規定されています。地域自治区の事務所はもちろん地域協議会も、法律上は、住民組織というよりは、むしろ行政の末端機関です。そしてその役割は審議であって、地域課題の解決のために実際に行動することではできないことになっています。そうすると、自治体にもよりますが、地域協議会の議決を実現する組織が別に必要となります。もう1つ別の住民組織を作るということになりやすいと思います。宮崎市でも、2009年度から地域まちづくり推進委員会が各地域自治区に組織されました。

　ちなみに、ドイツではこういうことはあり得ません。地域協議会の議決を実現する役割は、一元的に行政が担うからです。しかし「協働」という理念のもとにある日本のコミュニティ政策では、地域協議会の議決を実現する役割は一方で行政であり、他方で住民である。行政と住民とが分担して担うわけです。そうすると、住民が担う部分について、それ専門の住民組織を作るということになりやすいのです。これを私は「住民組織の二重化」と呼んでいます。住民組織の二重化は、協働という政策理念のもとで地域自治区の住民に自らまちづくり活動を要請する限りほぼ不可避、ただ上越市と新城市はやっておられないですが、ほぼ不可避な傾向だと私は思っています。たしかに上越市は作っておられませんが、恵那市、飯田市などには実働組織が別に存在します。そうなりますと、実際に活動していて、その事業の企画立案までも担う実働組織のほうが目立ってきて、地域協議会の影が薄くなりがちです。「協働」という方向性を追求する限り、地域協議会が余計なものに見えてしまう傾向があるようです。

そこで恵那市などは、地域協議会を廃止して地域自治区制度から離脱し、実働組織だけの独自の都市内分権制度に移行されたのです。確か2019年です。こうして、地域自治区制度を採用している自治体はどんどん減っていきました。では宮崎市はどうでしょうか。これから、宮崎市に即して、いくつかのポイントを取り上げて検討していきたいと思います。

宮崎市の地域自治区制度の運用の特徴

その1 地域協議会重視

　私は、宮崎市の地域自治区の運用の特徴を、地域協議会の重視と見ています。地元から見るとそう見えないかもしれませんが、そこは明日以降の議論の中で深めていければと思います。先ほど確認しましたように、法律上の地域協議会の役割は審議機関であって、実働ができないのですが、それでも第27次地方制度調査会答申では、地域協議会は地域での「協働の活動の要」であることを期待されていました。では、地域協議会は「協働の活動の要」という役割をどのようにして果たすのでしょうか。従来、地域自治区制度を研究するにあたっては、どのくらい市長の諮問に答えたか、どのくらい市長に政策的な提言をしたかの件数で、地域協議会の活動を評価する向きが多かったと思います。こうした観点から評価すると、宮崎市の地域協議会は、答申や意見具申の活動はそれほど多くないと思います。上越市などと比べて少ないので、地域協議会活動が活発でないように見えてしまいます。

　しかし実は、特に地域自治区制度導入当初、宮崎市の各地域の地域協議会は、実に活発に活動しておられました。予定された年間の開催回数をはるかに超えて開催された地域もたくさんあります。それは、2006年度から2008年度にかけての時期で、「地域魅力アップ事業」という事業費の補助金が手当されていた時期です。毎年度その報告集会が開かれ、その際の資料集が私の手元にまだ残っています。2008年度には実際に参加もさせていただきました。この3ヶ年の報告書を拝見しますと、各地域の地域協議会は、実に真摯に、それぞれの地域の課題を系統的に整理し、いかにそれに取り組むことができるかを審議されています。その中で、2つのことが明確になっていったように見えます。

　1つは、地域協議会の委員は20人ぐらいであり、人数の上でも、法律上の位

置付けの上でも、自分で整理した地域課題を解決する活動に従事するのには限界があるということが明らかになりました。そうした認識が定着する中で、行政のほうも、実働を専門に担う「地域まちづくり推進委員会」を各地域に作ってもらうようにしなければならないという考え方を固め、2009年度中に提案して、すべての地域にまちづくり推進委員会が立ち上がりました。

　もう1つは、「地域魅力アップ事業」の金額に関わることです。当初の額は30万円ほど、その後少し増額されましたが、この程度では地域協議会が整理した地域課題を住民側が系統的に取り組んでいくには不足であるということが明らかになったと思います。報告書を拝見しますと、地域によって対応が異なっていたように思います。地域協議会が地域魅力アップ事業とは無関係に検討を進めたところもありました。地域から応募される提案の中から、地域協議会が自ら整理した地域課題に即する取り組みを採用したところもあります。さらには、初めから地域魅力アップ事業の枠組みを用いて、地域協議会が整理した地域課題解決活動を系統的に進めようとされていたところもあります。これが一番、はっきりしていますよね。地域協議会が整理した課題に合致した事業として取り組まれた地域魅力アップ事業の中には、その後も存続しているものが多数あります。これこそまさに、地域協議会が「協働の活動の要」として機能しているということではないかと思います。宮崎市の地域協議会は、不活発どころか、地域自治区制度の理念を最も忠実に実践した事例だと言っても過言ではありません。それに対応するためには、わずか30万円の「地域魅力アップ事業」はあまりにも非力でした。そこで行政のほうも、新たに「地域コミュニティ税」を徴収して原資とし基金を作って、各地域自治区に数百万円単位の大きな交付金を配布すること、そして地域協議会の指導のもとにこのお金を独占的に使用できる「地域まちづくり推進委員会」を各地域自治区に組織すること、こうした構想を立てて地域側もこれに呼応して、2009年度中にはすべての地域自治区で地域まちづくり推進委員会が立ち上がったのでした。この時の、地域コミュニティ税の導入と、その後の廃止なども、私にとっては忘れ難い思い出です。税が廃止された後も、同様な額が一般会計から基金に積まれて、今も各地域自治区に交付金が配布されていることは皆さんもご存じの通りです。

　さて、実働を専門とする地域まちづくり推進委員会ができて、それが事業の

立案まで担うようになると、やはり宮崎市でも地域協議会は、その計画と実績報告を「単に承認するだけ」の機能しか果たしていないとの評価が、地域コミュニティ活動交付金評価委員会報告書の中でもだんだん見られるようになります。各年度の報告書は、宮崎市のウェブサイトで公開されていますので、誰でも見ることができます。先ほども述べましたように、「住民組織の二重化」が起きると、地域協議会は余計な存在に見えてしまい、地域自治区制度をやめてしまって、実働組織だけによる都市内分権に移行するところも出てきています。

　それでは、宮崎市でも、地域協議会は余計な存在になってしまったのかと言いますと、私はそうではないと思っています。地域コミュニティ活動交付金評価委員会で、各地域自治区の書類を見ると、地域協議会が地域まちづくり推進委員会の活動をきちんと点検し評価して、細かく意見を述べているところもあります。地域協議会はきちんと機能しているわけです。こうした「協働の活動の要」としての役割を今後強化していくことが望まれると、私は考えております。そうすれば、地域協議会と地域まちづくり推進委員会とが車の両輪として、民主的に運営された地域コミュニティでの協働の活動を推進していくことができると思います。「先生、そうは言ってもなかなかそうならない」とお叱りを時々受けたりしますが、私は今でもこのように考えております。

宮崎市の地域自治区制度の運用の特徴

その2 地域自治区事務所

　次は、宮崎市の地域自治区事務所に話を移したいと思います。これも法律上、地域自治区事務所を置くということになっていますが、宮崎市では1つの地域自治区に事務所が1つずつ配置されています。これは実は当然ではありません。法律でもそういうことは書いてありません。1つの事務所が5つとか6つとか、管轄していても構わないということです。上越市でも、合併された13区にはそれぞれの事務所が置かれています。これらは、昔の役場です。その後一般制度に移行して、それまでは地域自治区がなかった合併前上越市にも地域自治区を置く必要が出てきて、15の地域自治区が置かれました。しかし、合併前上越市の部分では、15の地域自治区に対して3つの事務所しかありません。外国の例

ですが、私が留学していたブレーメンでも、1946年に周辺自治体を編入合併した旧町村には1つずつ地域事務所が置かれましたが、その後1971年に都心区域にも制度が導入されると、そこの都心部には2つないし3つの地域をまとめて1つの地域事務所が置かれただけです。

　宮崎市の地域コミュニティ支援の体制はなかなか充実しています。実は地域自治区の事務所だけではなく、ほぼ各地域自治区内に交流センターもあり、また地区社協もあります。地区社協というのは、普通は住民組織であって、特に社協の職員が配置されるわけでもないし、拠点施設があるわけでもないのですが、宮崎市は1人ないし2人の職員が常駐されていて、実に恵まれていると思います。また昨今では、宮崎市ではまだ始まったばかりかもしれませんが、地域包括ケアの展開の中で、生活支援コーディネーターも地域の中で活動しています。この動きも、今後期待されると思います。こうした様々な地域コミュニティ支援の中で、地域自治区事務所はどのような機能を果たしてきたか、またこれから果たすべきであるかを考えてみたいと思います。

　私が宮崎市を初めて訪問したときには、各地域自治区に、「地域コーディネーター」が嘱託として置かれていました。そういう人を置かれていると聞いて、私は、実に充実した支援体制だと思いました。さらに、その後できた地域まちづくり推進委員会での事務局員の配置を、アルバイト賃金を手当して保障することになっていました。私が住んでいる横浜市は何事もケチケチ路線でやりますので、こんなことはまず考えられず、宮崎市をとてもうらやましく感じました。確かに私の出会った地域コーディネーターの方々や、地域まちづくり推進委員会の事務局員の方々は、いずれも地域のために熱心に働く素敵な方々でした。ただし、宮崎市としてこうした人材に対して、どのようなコミュニティ支援を期待しているのか、どういう専門性やスキルが求められるのか、という政策的な考え方ははっきりしていませんでした。実はそこが肝心ではないのかと思うわけです。行政側もそれに気づかれたように思います。地域自治区事務所に地域コーディネーターに代えて、行政経験豊かな再任用職員1名を「地域調整担当職員」として配置する体制に移行しました。これの評判はいまひとつだったようで、今は廃止されているようです。地域の人である地域コーディネーターをやめて、行政の人が、言葉は悪いけれども天下り先を確保した

と見えるわけです。それで評判がいまひとつだったということでした。ただし、こういう試行錯誤は、コミュニティ支援の専門性という問題を行政が自覚したという意味では、重要な第一歩だったと私は評価しています。今後、どういうコミュニティ支援、コーディネーターを置いていくかを考えますと、行政側の出先がコミュニティ支援にあたるというのは、従来の日本の公務員のあり方からして、限界があるのではないか。公務員はそういうことを期待されて採用されていないと思います。職種にもよりますけれども。

　私の住む横浜市でも、横浜市には都市内分権は一見するとないのですが、それに代わるものと私が見ているのは、地域福祉計画を地区別に策定するという仕組みです。その支援には、区役所の職員のほか、区社協、地域ケアプラザ——これは包括支援センターのことです——が一体となって地区支援チームを作って、それぞれの地域に入っております。また、私はコロナ前に、高松市で自治会活性化に関する事業のお手伝いを致しましたが、その際に、高松市が自治基本条例に基づいて行っておられる都市内分権の仕組み、地域コミュニティ協議会についても、いくつかの地区を訪問させていただき、勉強しました。高松市では小学校区に1つの密度で整備されているコミュニティセンターが、郊外部では出張所と合築されているようでした。しかし地域コミュニティ協議会の支援は出張所ではなく、コミュニティセンターが行なっています。この姿のほうが、「協働」という政策理念に基づく都市内分権においては、役所が支援をするよりも、必要な専門性が得られやすいのではないかと、今のところ考えています。少し大胆なことを申したかもしれませんが、今後、学会や、こういった場でも議論していければ幸いだと思っています。

宮崎市の地域自治区制度の運用の特徴
その3 地域まちづくり推進委員会

　さて、事務所や活動拠点の問題に話が移っていきましたので、その検討をしていきたいと思います。宮崎市の地域自治区制度の運用の3つ目の特徴は、地域まちづくり推進委員会です。地域まちづくり推進委員会が設立された経緯については、先ほど申し述べました。地域協議会が「協働の活動の要」となって各地区のコミュニティ活動を活性化していくときに、上越市のように、地域協

議会が地域課題を示して地区内で事業を公募し、交付金から資金を提供して進めていくというやり方もあると思います。しかし宮崎市の初動期、つまり2006年から2008年までの「地域魅力アップ事業」の時代の経過をつぶさに検証すると、そういうやり方は限界があると思われます。つまり、地域協議会が認識し、確定した地域課題に取り組んでくれる提案が出てくる保障がないのです。そこで、2007年度の段階ですでに市側から、地域コミュニティ税を原資とした交付金の確保とセットで、地域まちづくり推進委員会の設置が提唱され、すべての地域自治区がこれを受け入れたのでした。しかし、地域まちづくり推進委員会にも事務局が置かれ、事務局の人件費も手当されたものの、アルバイト程度であり、地域コミュニティ活動交付金評価委員会の毎年度の報告書を見ても、このところ事務局員の労働条件が厳しいことが指摘されています。行政も努力して、賃金の補助を増額してきているのですが、もう少し抜本的なことを考えざるを得ないように思います。すなわち、高松市のように、コミュニティセンターを地域まちづくり推進委員会の活動拠点に純化させ、コミュニティセンターの職員を地域まちづくり推進委員会の事務局員とする方向性です。これが高松市型の究極の姿ではないかと思います。

このところ宮崎市は、交流センターの改組に熱心に取り組んでおられ、本大会でも明日、分科会Eでは拠点の問題をテーマにしています。これは、交流センターをどうしていくかに突破口を見出そうとしておられる宮崎市役所側の問題意識を示す分科会だと思います。ただ、この方向性は、難しいことは確かです。日本全国の状況を見渡すと、それほど容易なことではありません。それは、この種の拠点が背負っているコミュニティ政策の歴史があるからです。一般的に、1980年代までのコミュニティ政策で定番だったのは、公民館やコミュニティセンターを身近な地域に配置し、住民による管理運営への関与の仕組みを作ることでした。センターに生涯学習活動に来館する「お客様」への「接遇」という働きぶりであったのです。これを、地域まちづくり推進委員会とともに地域に入って課題を見出し、解決するためのコーディネートを行うというスタイルに変える必要があるということであり、それほど容易ではないと思います。地域活動をコーディネートするということの専門性の解明とともに、そうした人材を地域の中に豊富に育成し、交流センターをまちづくりの拠点としていく

ことが、宮崎市のこれからの「住民主体のまちづくり」のポイントとなると思います。

宮崎市の地域自治区の展望

　さらに２つ、将来を展望する際にポイントとなる論点があると思っていまして、その１つ目が自治会です。自治会の強化と再生です。自治会は、日本の都市内分権の民間側の基礎となっている組織です。諸外国の都市内分権とは異なりまして、日本のそれは地域社会側の力を当てにして「協働」の仕組みを作るものです。「参加」だけを考えるのであれば、諸外国のように、地域コミュニティにも選挙制の住民代表組織を作ればよいのです。直接選挙で選ばれた合議体ほど民主的正統性の強いものはありません。市に物申す仕組みとしては最善でしょう。しかし、地方制度調査会でもこのことはたびたび話題に上りながら、いつも先送りされてきました。この地域協議会を選挙制にすることを選択的に可能にすべきだとか、そういう提言をまとめようとしてもいつも先送りされることがあったかと思います。それは政治の世界では、自分らの足元に自分らが十分にコントロールできない権力が生ずるのを認めるのは勇気がいるということもあると思います。その点は、私が研究してきたドイツでも同様です。そうした抵抗を振り切ってコミュニティレベルの住民代表組織を強化してきたのが、これまでの欧米の都市内分権制度の歴史であったと思います。しかしこれ以外に日本ではこうした都市内分権の機能として、参加とともに協働という政策理念が含まれているという事情もあると思います。選挙で選出された人々が、地域課題の解決活動に実際に携わる、汗を流してくれるという保証はないわけです。ですから選挙制の問題がいつも後景に退いてしまうということになると思います。そこで協働型の都市内分権を作るためには、選挙制の住民組織を作るよりは、実際に協働の活動に汗を流してくれる地域の人たちの力を結集するという作り方をするのが現実的であると考えられたと思います。当てになる組織としては、まずなんといっても自治会であり、さらに民生委員・児童委員等々の委嘱委員の方々ないしその協議連絡組織、さらに、子ども会や老人クラブ、障害者関係団体、PTA等々の各分野の活動団体、さらに協働の理念に共鳴してくれた公募委員、こういった人たちによってコミュニティ組織が組織されると

いうことになります。これはもう1970、80年代からの日本のコミュニティ政策の定番的な作り方です。

　こうした総合的な組織を新たに地域コミュニティに作るということは、自治会にとっては、また余計な仕事と負担が行政から降ってきたと受け止められることも多々あります。いわゆる屋上屋論です。他方でそれは、自治会の存在感を地域で示すチャンスでもあるはずです。そういう風に私は都市内分権をお勧めしています。自治会は民間組織ですから、会員になってもらわないとまちづくりの当事者になりません。加入率低下が続いている現状では、地域の中でその大切さを示す機会がどんどん減っているわけです。これに対して、地域自治区をはじめとする都市内分権は、公式の制度ですから、すべての人が当事者です。すべての人が当事者であるような舞台で、自治会が地域のために活動する姿を示すことができるのです。これは大きなメリットではないかと私は申し上げています。日本の都市内分権は、自治会が基礎にあるから、あらゆる地区でともかく仕組みが立ち上がり、稼働することができる。他方で、自治会にとっても都市内分権によって加入率低下の中でその存在感をアピールする場を与えられる。このようにして、自治会と都市内分権は、持ちつ持たれつの関係にあります。

　都市内分権制度から見れば、自治会を基礎にしていればこそ仕組みが成立するという事情は明らかです。地域まちづくり推進委員会でもそうですが、都市内分権の住民組織は、各地区に1つだけ立ち上がることが期待されています。他の自治体の制度設計でも一定の地区に1つだけ立ち上がることが期待されています。こういう仕組みがすんなり実現するのは、自治会の存在抜きには考えられません。また宮崎市の地域まちづくり推進委員会は、その活動の財源のほぼすべてが市から配布される交付金ですが、他の自治体の例を見ると、交付金の額が十分でないこともあって、自治会が資金的に援助しているケースが結構あります。さらには、「会費」をとっているケースもあります。地域の全員ではないにしても、非常に多くの人々から、会費などと称してお金を集めることのできる組織に、自治会以外の何がありうるでしょうか。こういう点でも自治会は、日本の都市内分権に大きな貢献をしているわけです。このように、都市内分権にとって不可欠の基礎なのですが、自治会側から見ると、都市内分権は

本当に自治会の存在感を高めるための舞台として機能しているかというと、そんなことはなくて、ただただしんどいというお叱りをまま受けるところであります。なんと言っても都市内分権をやったからといって加入率低下が止まったとか、向上したとか、そういう証拠はほとんどないと思います。若干、積極的な事例を私も聞いておりますけれども、ほとんどない。

　かように、自治会の加入率低下は全国的にもなかなか根深い問題です。よくアンケート調査をしますと、特に若い人たちの中には、そもそも自治会の存在すら知らないという人が一定ボリュームいます。それから生活上、必要性を感じないという回答も多くあります。しかし、たとえば、宮崎市の自治会加入率の1980年以降の経年変化を見ると、全般的に下がっているのですが、つぶさに見ると持ち直している時期があります。それは、1995年と2011年、つまり大災害があった年なのです。そういうときに人々は、自治会があって助けてくれる方が良いと思い直すようで、加入率も持ち直すということです。横浜市でも、自治会加入率が1995年と2011年に少し持ち直すという現象が見られました。

　ただ、自治会加入率の低下には、自治会の大切さが伝わっていないという問題以上に、別の日本社会の構造変化が影響しています。世帯規模の縮小や地域のボランティア層の縮小などです。世帯規模の縮小と言いますのは、一人暮らしの人にとっては、自分の世帯に回ってくる役職がそのまま自分自身に回ってくることになり、柔軟な対応ができない。俺はできないから、じゃあ辞めるとなるのです。それで加入しない、あるいは脱退すると。世帯会員制という、本来は自治会の大きな強みであったことが、弱みになっているわけです。個人会員のような仕組みを設けるとか、何か自治会の組織原則を見直していかないと、この問題には対応できない。自治会の存在感を示すだけでは対応できないと思います。また、ボランティア層の縮小と申しましたけれども、地域でボランティア活動ができるのは24時間地域にいる人たち、リタイアした高齢者、専業主婦、自営業者、そういった方々です。でも、これらの社会層はいずれも大きく減少しています。リタイアしても、社会保障制度にいまひとつ信頼がおけないので続けて働きたい、このように考えるわけです。今日では、女性も普通に仕事に出ていますので、専業主婦という存在に頼って活動を進めることが難しくなっている。自営業者について言えば、グローバル競争の中で地域の自営業

者がどんどん減っています。

　こういう構造変化があって、これが自治会に困難をもたらしている。これは、自治会の存在感をアピールすればどうにかなる問題とは少し違っているわけです。自治会の大切さを実感してもらうことがままならなくなっている現状があるわけで、これまでの活動スタイルを大胆に見直して、工夫をする必要があると思われます。都市内分権制度を通じて自治会の姿をアピールしても、すぐに加入率向上につながるわけでもなさそうです。では、どうしたらいいのか。自治会としては、人々の望んでいる、ニーズに合った活動をしていくほかないのではないかと、私は今のところ考えています。最近のいくつかの調査を見ておりますと、自治会への期待や関心がないわけではないことがわかります。それと同時に、多くの人、特に若い世代が、現状の自治会活動は自分らのニーズに合っていないと感じていることがわかります。人々のニーズという点から見ると、関心が高いのは防災、防犯、地域福祉的な活動、地域公共交通問題、空き家問題、買い物問題などです。2014年に名古屋市役所が20歳以上の市民に無作為抽出アンケートを行い、町内会や自治会について、どのような観点から必要性を感じますかという質問をしています。回答集計をみると、お祭り、情報共有、回覧板や掲示板、地域清掃等の定番的な自治会活動よりも、防犯、防災や見守りなどの地域福祉活動の方に期待が高いということがわかります。もちろん、これまでの活動がだめだというのではありません。それは当然重要な活動です。私自身も地元で参加しております。ただ、それよりも求められている活動があるけれどもなかなか手がついていない、そのために加入率が下がっているという面が少なくとも部分的にはあるのではないかと考えています。

　もっとも、防災はもちろんのこと、地域福祉活動や空き家問題等、様々な新しいニーズに取り組む自治会の事例報告も増えていると思います。そのきっかけとして都市内分権の仕組みがあって、この仕組みの中でいろんな人が地域内で議論をしたり、アンケート調査が行われたりしています。そこから新しいニーズに気づき、自治会を中心に活動を始めたという事例を、私もたくさん聞いております。こうした、自治会の地道な取り組み、都市内分権的な仕組みを使って専門的な支援を受けたり、多くの知恵を集めたり、人材を新たに得たりして、自治会活動のバージョンアップを図る取り組みは、実はすでに始まって

いるのです。その結果、自治会の加入率が向上するかどうかは今、瀬戸際と言うか、重大な局面だと感じております。そういった方向でしばらく頑張ってみるしかないのではないかというのが、私の現在の見解です。

　最後の論点に移ります。地域自治区制度の核心とも言うべき地域協議会について、その役割への期待を込めて述べておきます。地方制度調査会答申の言う「住民自治の充実」という点では、市長への提言機能が注目されるかもしれませんけれども、それだけが地域協議会の役割ではないと思います。宮崎市の地域協議会は、各地域自治区に配分される地域コミュニティ活動交付金の使途を決定する権限を通して、地区内の課題を系統的に整理し、それを解決するための方策を検討し、市役所が行うべきものは市に提言することができる。あるいは、地域が行うべきものは、交付金を使用して事業を組み立てるよう、地域まちづくり推進委員会に要請することができるのです。このような形で、地域協議会は大きな役割を果たしているのです。このように、地域の協働の活動の要である司令塔機能が可視化されているところに、地域自治区制度のメリットがあると思っております。

　残念ながら2009年以降、地域協議会のこのような機能がやや低調になったのは否めないところです。地域協議会には、毎年度の交付金事業に関する地域まちづくり推進委員会とのやりとりで、より主導的な役割を発揮するように努めていただくことを期待したいと個人的には思います。その文脈で重要なことは、「地域魅力発信プラン」、計画作りが大切なのではないかということです。「地域魅力発信プラン」の策定主体は、地域まちづくり推進委員会ではなく、地域協議会なのです。市の呼び掛けに呼応して、2013年度にはすべての地域自治区でプランが策定されています。そして2015年度から、地域コミュニティ活動交付金評価委員会が各地域自治区の地域まちづくり推進委員会にヒアリングをする際に、事業がプランに沿って行われているかどうか必ず尋ねることになりました。だから、我々は必ず尋ねているのです。最初のうちは、そんなことは全然関係ないとおっしゃる地域も、皆無ではありませんでした。今はどの地域も、このようにしっかりとプランに沿ってやっているということをお答えいただいています。「計画」というツールを使い、地域協議会がまちづくりの司令塔としての役割を発揮し、宮崎市の地域コミュニティが地域の民主的な総意によっ

て運営され、かつ住民のニーズに沿った生き生きとした地域活動が行われるよう、さらに発展していただきたいと思います。計画を作るということは、地域コミュニティにとり、なかなかハードルの高いことではあると思います。それでも、地域自治区制度がある程度軌道に乗った2013年に、すべての地域が計画を作るという体験をし、今は計画の改訂を推奨されているかと思います。いままた、改訂を経て、計画というツールの用い方をさらに高度化することが求められているのではないでしょうか。そのようにして地域をさらに発展させていただくことを、よそ者ながら宮崎市の人々に期待しております。以上をもちまして、私の基調講演を終えたいと思います。ご清聴ありがとうございました。

シンポジウム『宮崎市における新たなコミュニティの潮流と自治体政策』

司会進行	根岸　裕孝
パネリスト	矢方　幸
	帖佐　伸一
	石井大一朗
	名和田是彦

登壇者の紹介

司会：名和田会長の基調講演に続き、本シンポジウムのコーディネートを、宮崎大学地域資源創成学部の根岸裕孝先生にお願いいたします。

根岸：皆さん、こんにちは。宮崎大学の根岸です。本日はよろしくお願いいたします。私は2001年に宮崎大学に着任し、昨年、勤続20年の表彰も受けました。地域経済や地域経営を専門としております。まちづくりや地域づくりにも関わる中で、ある方から、まちづくりとかいろいろ言っているのはわかるけれども、お前は自治会長をしたことがあるのかと言われたことがありました。これはやっぱりやらにゃいかんなということで1年間、まなび野というところの自治会長をさせていただきました。自治会加入率の向上をはじめ、様々な地域の課題に向き合うことの大変さを、やってみて実感しました。本日は、コーディネーターを務めさせていただきます。

　それでは、パネリストの皆様のご紹介をさせていただきます。お名前をご紹介いたしますので、お一言ずつ自己紹介いただければ幸いです。初めにNPOささえ愛生目台代表、矢方幸様です。お願いいたします。

矢方：ご紹介にあずかりました矢方と申します。生目台で地域活動をやっております。現在、ささえ愛生目台という地域総合型NPOの活動をしております。よろしくお願いいたします。

根岸：ありがとうございます。続きまして宮崎市副市長、帖佐伸一様です。

帖佐：ご紹介いただきました、副市長の帖佐と申します。宮崎市は2006（平成18）年から合併と同時に地域自治区制度を導入しておりますが、私は2007年と2008年に地域自治区を担当する市民部長をしておりました。当時、地域自

治区税という税でまちづくりをしていこうということで、地域コミュニティ税の立ち上げにも関わりました。地域コミュニティ税は2年で廃止になりましたけれども、当時は、地域自治区制度を導入した新しいまちづくりをするんだと、いろいろな方々のご協力をいただきました。今日は元市長の津村重光様もおいでですし、当時、たくさん協力していただいた皆様方もお越しになっているのではないかと、懐かしく思っております。今後、宮崎市の地域自治区制度をどのように進化させ、運営していくのか、皆様方のいろいろなお知恵を拝借できればと思っております。

根岸：ありがとうございます。続きましてコミュニティ政策学会会長、法政大学法学部教授、名和田是彦様です。

名和田：名和田でございます。基調講演で自己紹介は散々やりました。今日、壇上にいらっしゃる方は皆さん、根岸先生も含めて旧知の仲ということで、リラックスして参加させていただきたいと思います。

根岸：ありがとうございます。最後に宇都宮大学地域デザイン科学部准教授、石井大一朗様です。

石井：皆さん、こんにちは。栃木県にあります国立大学、宇都宮大学から来ました。私は6年前に宇都宮大学に移りました。それまでは横浜、神奈川で協働のコーディネーション、NPOや自治会、町内会のまちづくり支援といった実践活動を15年ぐらいやっておりました。今日は、研究者としてだけでなく、実践の経験も踏まえて発言をできればと思っております。ところで、宇都宮大学は、宮崎大学、高知大学とともに、地方創生の流れで誕生したまちづくり系の学部を有する最初の国立大学です。そうしたこともあり、今回この場にいられることを本当にうれしく思っております。

根岸：ありがとうございます。ご登壇いただきました4人のパネリストと、「宮崎市における新たなコミュニティの潮流と自治体政策」と題してシンポジウムを進めてまいります。

　このシンポジウムでは、宮崎市の地域コミュニティの現状や市が取り組んできたコミュニティ政策の効果などを考察して、今後の地域コミュニティや自治体のコミュニティ政策の在り方を展望してまいりたいと思います。本日ご参加の皆様の中には、宮崎市に初めてお越しいただいた方も多くいらっ

しゃるかと思います。まず宮崎市の概況につきまして帖佐副市長と、市内の生目台地域で長年コミュニティ活動を実践してこられた矢方様にご説明いただきたいと思います。はじめに帖佐副市長から、宮崎市の地域コミュニティ施策についてご説明いただきます。よろしくお願いいたします。

宮崎市と地域自治区の概況

帖佐：宮崎市の概要、取り組みも含めまして、ご説明を申し上げます。宮崎市はご案内の通り、宮崎県の県庁所在都市で、中核市に指定されております。人口は約40万人で、世帯数は約18万5千世帯です。自然が豊かで日照時間も長く、この特性を生かしてプロ野球やサッカー、ラグビー、スポーツキャンプの誘致に力を入れているところです。

　宮崎市は1924（大正13）年に市制を施行しております。その後、5回の合併を経て1998（平成10）年4月に中核市に移行し、2006年1月には3町の合併により地域自治区制度を導入、さらには2010年3月に清武町と合併して人口40万都市となり、新たなスタートを切ったところです。2024年4月には市制施行100周年を迎えます。

　人口は2017年に人口40万3千人を超えていたものが、2060年には30万人を下回ることが想定されております。それから年齢各歳別人口推計では2045年を区切りに年少人口、生産年齢人口、そして老年人口、全ての区分で減少に転じていくという状況です。

　次に、自治会の加入率です。2005年には67.8％でしたが、直近の2021年6月においては52.4％と減少傾向です。要因としては、賃貸アパートや分譲マンションの増加があり、地域の結びつきが希薄化する中で単身世帯が増えました。そして分母となる総世帯数が増加してきているため、加入率が低下しているということです。各地区別の自治会加入率を見ていきますと、中心市街地に位置する中央東は加入率が33.1％です。一方で団地造成により開発された生目台はなんと92.6％であり、地域間で大きな差があるという状況です。

　地域自治区制度導入の背景について述べます。地域において自治会、PTA、地区社協、各種団体がそれぞれの役割を担って様々な活動に取り組んでいただいていますが、組織加入率の低下、担い手不足による特定人材への負担の

集中とリーダーの固定化、高齢化という課題も少なからずあります。住民ニーズや地域課題も多様化、高度化しています。さらに、地域の特性や産業構造が異なっているために、行政が市域を一律に捉えて対応することは非常に難しくなっています。こうした状況の中で、合併を契機に、地域の特色や特性を生かした魅力ある地域づくりが必要となってきました。そういうことで、2006年１月に地域自治区制度を導入しました。

　地域自治区における主要なステークホルダーについて述べます。一方には、地方自治法に基づく地域協議会があります。地域協議会は、市の付属機関として市長からの諮問に答申し、地域のまちづくりの方向性や地域の課題解決に向けた協議を行います。地域協議会は、住民や各種団体の代表者で構成されています。地域協議会の事務局として、地域自治区の事務所が設置されています。本市では公立公民館等が生涯学習、地域活動の拠点となるように、公民館での管理運営もこの協議会が事務所の中で行っています。もう一方には、本市独自の制度になる地域まちづくり推進委員会が組織化されております。地域まちづくり推進委員会は、地域協議会の承認を受けた公共性の高い団体として、住民ニーズへの対応、あるいは地域課題の解決に向けた活動を行います。地域協議会と地域まちづくり推進委員会については、それぞれ協議の機関、実践の機関としての役割があり、地域の要として協力、連携をしながら取り組んでいます。

　本市では、地域自治区事務所に事務局としての役割を持たせています。地域自治区事務所は、その形態から、地域事務所、地域センター、総合支所に分類されます。地域協議会の庶務はもとより、地域まちづくり推進委員会をはじめとする地域の各種団体の連絡調整等を担っています。地域協議会は行政の所属機関として設置されており、地域住民や各種団体の代表で構成されています。地域課題の解決に向けた住民や団体の意見の調整や、５年後、10年後の将来像を示したまちづくりの計画である魅力発信プランに関することをやっていただいています。

　地域まちづくり推進委員会は、各地域の個別の団体で対応できない事業に取り組んだり、複数の団体で協力することで事業の拡充を図ることができるように、地域の多様な主体によるネットワーク組織として、本市では27の団

体が活動しています。住民ニーズや地域課題解決に向けて取り組むために、活動資金が必要となります。このため本市では、地域コミュニティ活動交付金を創設しまして、地域自治区ごとに配分額を定めて、地域まちづくり推進委員会に交付しています。

　2022年度の地域コミュニティ活動交付金については、予算額の3割を各地域自治区ごとに均等に配分し、7割を人口に応じて配分しております。同年度の総額は約8,500万円となっており、小さいところでは青島の170万円、大きいところでは檍の710万円となっています。

　また、地域まちづくり推進委員会の体制を確保できるように、本市では事務局運営費の補助をしております。補助金額は、地域自治区内に複数のまちづくり推進委員会がある場合には1団体当たり191万2千円、1つの地域自治区に1つのまちづくり推進委員会がある場合には1団体当たり321万円を補助しております。必要な経費については人件費や事務費となっておりまして、地域では2名から4名の事務局職を雇用し、事業の企画運営を担っていただいています。

　次に、各自治区におけるまちづくりの現状と課題をまとめてみます。地域自治区制度を導入して16年が経過しており、取り組みが成熟していく一方で、課題も見受けられます。地域協議会が地域課題の把握に努められて、その解決に向けて協議が進んでいるところもありますが、一方では名和田先生からもご指摘がありましたように、コミュニティ活動交付金の承認にとどまっているところもあるようです。まちづくり推進委員会については、組織の基盤強化を図るため人材育成に取り組み、事業への寄付金、協賛を得るなど、自主財源の確保に取り組んでいるところもありますが、やはり担い手の高齢化、人材不足ということで課題も見えております。

　地域課題の多様化、高度化につき、付け加えさせていただきます。1つは、高齢者が住み慣れた地域で自分らしく暮らしていくために、地域包括ケアシステムの構築が求められているのではないかと考えております。もう1つは、地震、集中豪雨などの大規模災害の被害を最小限に抑えるために、災害に対する備えの強化も求められているということです。これは、すべてのまちづくり協議会の中で取り組んでいただいています。また、地域によっては乗り

合いタクシーなど、地域の交通機関の確保を課題として取り上げていただいているところもあります。地域の特性や資源、住民ニーズや課題は地域ごとに大変異なっており、さらにいろいろな専門性が求められるものも出てきておりますので、非常に難しい状況になっているところです。以上、現状と課題を含めてお話させていただきました。

根岸：ありがとうございました。続きまして、地域のまちづくりの状況について、矢方様からお願いしたいと思います。

生目台地域自治区のまちづくり

矢方：「生目台における住民主体のまちづくりのこれまでとこれから」ということでお話させていただきます。生目台は、宮崎市の西方にあります住宅専用団地です。37年前に開発、造成されまして、10年かけて1つの町となりました。市内でも比較的新しい団地となっております。地域自治区制度が導入されたときには、お隣にうちよりも20年古い住宅団地があったので、大塚台・生目台地域自治区というふうにくくられてしまったんです。ところが団地というのは年度によってかなり造り方が異なり、生目台と大塚台の地域課題が全く違っておりました。それで市に掛け合いまして、2010年に生目台として分離しております。特徴としては、住宅専用団地の坂の町で、戸建てがほぼ1,700戸、集合住宅の県営住宅が3つ、市営住宅が1つ、共済住宅が1つということで、大体3,300世帯あります。自治会加入率が先ほどのご説明にもありましたように92.6％、何でこんなに高いのかと問われても即答はできません。食事ができるところ、病院、店舗等が団地の中には不足しております。住宅専用団地の宿命で、少子高齢化が急速に進みました。20年前に大体5％から8％ぐらいだった高齢化率が現在では30％、そのときの住民は1万人を超えていましたが、現在では7千人弱と、かなり急速に進んでいます。

　生目台では大塚台と分離した時に、これからどういうまちづくりをしていくのか、地域の皆さまに方向性を示さないとまずいよねということで、地域協議会が設立されると同時にまちづくり構想10年計画を作りました。将来を見据えて、こういうふうにまちがなっていくといいよねと第1期計画を作り、その5年後に、急速に進む少子高齢化に対応するためにもう一度それを見直

して、第1期後期計画を地域協議会で作っております。それから10年が経った2021年度に、第2期計画を新しく作り上げました。この少子高齢化を乗り切るために私たちは一体何をしたらいいのか、これからのまちづくりに向けてということで、第2期計画を作り上げたところです。

　生目台のまちづくりの特徴をお話しします。地縁団体、自治会や公民館、消防団、いろんな団体が地域の中にはありました。それらの団体とは別にまちづくりの組織を作るとなると、皆さん非常に負担感があるのではないかと考えました。地域の中の団体にはそれぞれ専門分野がありましたので、福祉に関しては地区社協、青少年のことに関しては青少協、地域の安心安全面に関しては自治会やPTAというふうに、それぞれの団体をまちづくりに位置付けて、地域課題解決のためにそれぞれがやってきた事業を進化させていく形で事業化を進めました。

　2番目に、地域で関心のある方々を募って事業を行うという特徴があります。生目台には4つの部会がありまして、その部会で提案された事業は、それぞれ興味のある人たちを募って、実行委員会を作り具現化していきます。部会の委員が動くのではなくて、地域の方々を募集してその中で実際に事業を行っていくという形を作っています。

　地域全体として取り組むべき事業については、これはまちづくりとは別に組織を整備しました。地域の中でそれぞれ4月になりますと、いろんなところで役員さんが交代されます。合同懇親会という形で、地域協議会が音頭を取って自費でやります。それと夏祭り、祭りについては自治会連合会の方が主催をしていく。総合文化祭、成人式については生涯学習推進委員会の方で推進していただく。うちの場合の特徴的なことは、まちづくりの部会の中に防災に関する部分がなくて、防災対策委員会を全体で立ち上げているということです。これは団地の宿命でありますが、台風14号で18日間の断水を経験し、これでは防災に関して私たちは何もできないではないかということから、防災対策委員会を設置しておりました。これについては、自治会員から100円を毎年いただいております。総合防災訓練の企画や運営、防災の広報活動をし、自治会ごとに持っている自主防災隊に対する支援と中学校の全校生徒への防災訓練をします。そして保育園との防災協定、これは災害時に赤ちゃ

んを抱えた保護者の方が避難できる協定ですが、地区内の2つの保育園と結んでおります。そして防災用備品、これを独自に整備しております。社協では福祉の方で防災用備品の整備をしておりますし、防災対策委員会の防災訓練の時には、福祉の方として見守りの防災訓練をするという、2つのルートを使ってやっております。これが大体、生目台の中での総合的な取り組みになります。

　それではNPOは何をしているのかと言われそうです。NPOでは、いろいろなところと共催をしながらお宝事業でサポートセンターを立ち上げましたので、その継続があります。それから、県からお借りできた県営住宅の一室での居場所づくり、食事サービスに関する調理場の提供といった形で共催をしております。

　生目台地域まちづくり推進委員会は、先ほど申しましたように4つの部会で成り立っております。まず安心安全環境部会ですが、団地の中の里山の整備事業があります。里山の整備では、実行委員会が募集すると、20名程度のボランティアの方たちが参加して整備作業をしてくださっています。それから西小学校の4年生、東小学校の5年生が安全点検をします。さらに地域の方たちが夜の安心安全点検をして、地域安全マップを作り上げます。これを毎年作り上げて各学校に配布し、PTAには各戸配布します。また、駐在所、公民館等に掲示しております。この他に社協の方では、防災マップを別に作っております。これは、災害が起きたときに見守り対象者を共同で見守れるようにする防災マップですが、個人情報がかなり含まれますので、自治会長と民生委員さんと社協で保管しています。

　福祉部会の方がメインになってやっていますのが、ふれあいカフェのサロンです。会場となる「ふれあいルーム」は、商店街の空店舗をお借りしています。営利目的ではないということで、家賃を半額に値切って運営しておりますが、それでも補助金200万円のうちの半分をここにつぎ込んでおります。家賃に補助金の半分をつぎ込むことに対して、ふれあいルームを開設するときに住民の皆さんにお願いしたところ、快く合意を得ております。この中でやっているのが、放課後の子どもたちが自由に使える、PTAさんの夜の集まりもできる、趣味のサークルにも利用されている「カフェさくら」です。子

ども食堂の「カフェさくらんぼ」も、ここでやっております。鍵管理と清掃はボランティアで、鍵を開けてくれるのが商店街の理事長、閉める時にお掃除するのが地区ボランティアです。地区ボランティアは常に募集しておりまして、現在9名の方が登録されています。開いてから閉めるまで管理者はおりませんので、年間利用者は数えていません。商店街の一角ですのでご自由にお使いくださいということで、今日まで来ております。特に今まで問題になったことはありません。中の改装とかいろんな道具については、地域のボランティアが全部作ってくれています。明日の朝、壁紙の壊れているところの修理をしてくれると、うちの大工さんが言っておりました。そういった形で現在のところ進んでおります。

　高齢者の生活教室は社協との共催事業です。昨年度はコロナ禍ということもあり、内容を部員研修という形でしています。生き生きサロン事業、これはカフェです。生目台には食べるところがないので、カフェさくらで毎週金曜日に食事サービスを行っています。昨年度はコロナのために、市が補助金を出している部屋だから公民館が閉まった時には閉めてくださいと言われて、営業できない日が多くて非常に苦労しました。この隣にNPOが持っている調理場がありますので、ここでボランティアさんが調理してくれて、ふれあいルームで提供しています。カフェさくらんぼは子ども食堂で、50円カレーを提供しています。子どもたちは50円で食べられますが、同伴の大人は200円です。これが月に3回か4回、土曜日に開いております。

　健康増進部会には、地域内に高齢者が多くなってきたということで、ノルディックウォーキングの講習会など、健康管理に関するいろいろなことをやっていただいています。かつてはスポレク生目台という事業をやっていましたが、コロナで屋内競技ができないため、現在は中止しています。ラジオ体操をもうすぐ始めます。今年はスポレク生目台をウォークラリーに代えて公民館めぐりをするという企画で、屋外なら問題ないだろうということで進めました。

　青少年育成部会は、青少協がメインになってやっている部会です。子どもまつりは例年8月に段ボールで家を作らせて、小学校の運動場でキャンプをします。コロナでキャンプができませんので、夏の企画をやめて宮崎大学の

気球部と連絡を取り、子どもたちに気球体験をさせていただきました。生目台には、電線のない広い公園があります。熱気球を上げるのにとてもよく、2年続けて気球体験をさせていただきました。今年度は、子どもまつりを夜限定でやるように企画しております。寺子屋事業は中学3年生の受験のフォローで、子どもたちの居場所づくりがメインになっています。ここでも、宮崎大学の教職大学院生の方たちや地域の方々の、ボランティアでの支援を行っています。この事業は、交流センターの空いている午後5時から7時までを活用して週3回、8月から翌年の2月までやっています。これを聞きつけた看護ステーション、校長会さん、個人の方たちからいろんな差し入れをいただいております。子どもたちにとっては、おなかの空く時間ですので、非常に喜んでいます。12年継続している事業ですが、全員、高校合格を果たしました。それぞれ目的は違いますが、卒業する時に言うのは「やめるなよ」、その一言です。

　生目台は、先ほど言いましたように、地の人がおりません。いろんな行事に関して、今の保護者の方たちが疎いということで、子ども歳時記事業をしてまいりました。6月の七夕飾りでは、学校にお願いして子どもたちにお願い事を書かせたものを竹につけて、小学校2校、商店街、交流センターに飾っております。この時期、生目台にお見えになったらキラキラと光っておりますので、どうぞおいでください。里山探検は、整備をしてもらった里山を子どもたちで散策する、その中でいろんな木やどんぐりで遊んでおります。季節の行事としてはもちつき、昨年度はもちをつかせて、自分で丸めて持って帰って食べなさいと、コロナ禍でもできるやり方でしました。商店街が材料を全部出してくれます。門松、しめ縄づくりは、生目台には神社仏閣がありませんので、近くの神社仏閣に父ちゃんたちが研修に行って、いろいろと教えてもらって、それを子どもたちに伝授しております。門松は小中学校の玄関に設置しております。季節の行事として凧揚げを例年は2月にしますが、日南の凧作り名人にお父ちゃんが弟子入りして凧作りを伝授されました。その凧作りの名人は亡くなりましたが、生目台では脈々と息づいております。獅子舞は密度がとても高くなるということで、ほとんどやっておりません。

　このように、コロナ禍でも工夫すれば事業は中止しないで継続できるとい

うことで、それぞれの実行委員会が工夫を凝らしながら地域活動を進めております。事務局の運営でLINEを始めておりますので、今こういう事業があるということはご確認ください。ご静聴ありがとうございました。

根岸：ありがとうございました。生目台地区のまちづくり、またコロナ禍の中での様々な工夫についてもお話しいただきました。ここからは、パネリストの皆様のご意見をいただきながら、テーマ別のディスカッションを進めていきたいと思います。

　まず取り上げますのは地域自治区制度です。名和田先生の基調講演にありました通り、地域自治区制度は宮崎市のコミュニティ政策の基盤となっています。住民自治の拡充やコミュニティの活性化に大いに寄与し、成果をもたらしてきたと思います。改めて名和田先生から、宮崎市における地域自治区制度の意義や効果についてご意見いただければと思います。名和田先生、よろしくお願いします。

宮崎市の地域自治区制度の特徴

名和田：帖佐副市長のお話を聞いて頭に去来したのは、宮崎市の地域自治区制度は大きな転換点にあるのではないかということです。日本のコミュニティ政策にある程度共通することですが、行政側が渡した交付金だけを使って、かつ地域課題の解決活動を住民がボランティアでする、このボランティア原理と交付金主体、この2つが共通する特徴で、ここに日本の都市内分権の限界があるのではないかと最近考えています。宮崎市はしかし、それを今、突破しようとしている。たとえば財源については、自主財源や、あるいは委託を可能にするとか、あるいは特例交付金のような制度について、昨年か一昨年に交付金評価委員会で話が出ております。ボランティアについても、有償ボランティアや先ほどの委託とか、そういう方向で少しずつ変わりつつあって、宮崎市独自で地域自治区制度の使い方をブラッシュアップしようとしている。それがどういう形で着地するのか、非常に期待を持って見ています。

　もう1つあります。宮崎市全体の傾向とまでは言えないかもしれませんが、地域自治制度が始まってから3つ、分区しています。それとは意味が違うかもしれませんが、佐土原は地域自治区としては1つでありながら、地域ま

ちづくり推進委員会は5つあります。自分の活動しやすいように、住民たち
が地域の区割りを実践的に見直していくスタイルが存在している、これは意
外と珍しいことではないかと思います。私もそんなに確信があるわけではな
いですが、通常は都市内分権の区域を連合自治会の区域で区切る、旧村単位
で区切るのが定番で、宮崎市も最初はほぼそうしていました。しかしその後、
住民側の活動のしやすさを考えて分区をし、かつ連合自治会の区域も分けて
いるということをしてきて、そのあたりは非常に柔軟だなと思っています。

　私は22の自治区を最低一度は回っていますが、生目台は最も多くおじゃま
した地域自治区です。さすがにいろんなことをされています。NPOも作ら
れ、もちろん地域まちづくり推進委員会があって、自治会や青少協といった
多元主体的な構造の中で地域協議会が司令塔になってうまく差配しておられ
る、そういう構造のように思います。制度の説明だけを聞くと、地域協議会
と地域まちづくり推進委員会だけで進めているように見えますが、実態はそ
うではない。各地域自治区が柔軟に、今ある地域資源を活用している、そこ
が宮崎市の強みなのではないかと感じております。

根岸：ありがとうございます。3点ほどあったかと思います。まず、ボラン
ティア原理という部分と交付金を踏まえながら、それをさらにバージョン
アップする形で宮崎市独自の取り組みがなされようとしているということ。
2番目に、住民の活動のしやすさという観点から分区が行われていること。
そして3番目に、地域の様々な団体が地域の事情に合わせた形で連携し、活
動しているということです。

　続きまして、行政の視点から、帖佐副市長からご意見をいただければと思
います。市として地域自治区制度を導入された意図や経緯、そして導入後16
年が経過した現在、制度によってもたらされた具体的な成果などについて、
どのようにお考えでしょうか。

地域魅力発信プランの策定と実施

帖佐：地域自治区制度導入による具体的な成果について、少しお話させていた
だきます。本市は、2006年1月の合併を機に地域自治区制度を導入しました。
各地域でそれぞれの課題や特性がありましたので、一律に地域、市域を捉え

て運営するのではなくて、各地域の多様性を含めて、それを生かしたまちづ
くりを推進していきたいということで、区割りを少し細かくして立ち上げま
した。地域では、地域協議会と地域まちづくり推進委員会に、地域自治の要
として住民主体のまちづくりの推進をしていただいています。地域協議会に、
将来ビジョン策定のお願いをしております。これは魅力発信プランという各
地域の計画になります。2012年度から作っていただいています。地域のいろ
いろな方々のご意見を取り入れていただきながら、それぞれの地域の５年後、
10年後のあるべき姿を描いていただいて、その姿に向かっていろいろな事業
を進めていただくというものです。事業を進めるのはまちづくり推進委員会
ですが、そのビジョンを描いていただくのは地域協議会の仕事でした。これ
は１回きりで、まだ継続されているところもありますが、矢方さんの地域自
治区においては改訂をしていただいて、2021年度に第２期計画を作っていた
だき、事業を運営していただいています。

　もう１つ、生目地区の交流センターについてお話しします。本来、交流セ
ンターの建設については市が行うわけですが、建設にあたって交流センター
の場所なり規模なり、どういう集合施設にするのかといったことにつき議論
していただく必要があります。そこで、市から地域協議会にお願いして、い
ろいろなご意見を集約していただいて、今年の４月にめでたく開館できたと
ころです。地域自治区制度を導入して16年になり、少しずつではありますが、
都市内分権も進み、地域課題の解決に向けていろいろな団体で協議をしてい
ただいている状況だと思っております。それでもなお、新たな課題に向けた
対応を考えていかないといけないというところで、さらに地域協議会あるい
は地域自治区制度の制度設計に進化を求めていく必要があると思っておりま
す。

根岸：中核市としての都市内分権を進める中で将来ビジョン、地域魅力発信プ
ランをすべての地域で作っていく、また拠点整備を進めていく、こういった
ことをしながら新しい課題にこれからも対応していくというお話だったと思
います。

　続きまして、石井先生に、宇都宮市など他都市の状況と比較しまして、宮
崎市における地域コミュニティの課題でありますとか、地域自治区制度の活

用や都市内分権の現状につきましてお話しいただければと思います。

協働の原則の実践

石井：大きなテーマをいただきました。実は宮崎市には15年前にも来ておりま
して、そのときに生目台に伺っていました。宮崎市の地域自治区制度や地域
まちづくり推進委員会の取り組みを聞く中で、これはすごいな、他の自治体
と比較してもすごいなと思うのは、協働、あるいは協働の実装ということだ
ろうと思います。協働という言葉は、2000年頃から盛んに言われてきたもの
ですが、それをしっかりと体得し、実践に移している自治体やリーダーは、
実は決して多くないのではないか。私も、地元栃木県内の自治体さんとお付
き合いをしますが、市民やNPOのつぶやきを受けとめて想像力を働かせて
コーディネートしている行政職員が育っているかというと、なかなか「は
い」とは言えないのではないか。それに対して、宮崎市の中では、地域まち
づくり推進委員会さんとお付き合いをする中で、本当の協働が備わってきた
のではないかと私は感じております。対等の原則、目標の共有、情報の公開
等と言われますが、こうした原則の重要性を真に理解し実践している人がど
れだけいるだろうかということです。宮崎市では、こうした原則を実践でき
る人が育ち、協働の足腰が十分に鍛えられたのではないか。宮崎市の都市内
分権の次のステージに向かう準備が十分に整っているのではないかと感じま
した。他方で、基調講演の中にも出てきた住民組織の二層化という観点から
は、特に住民自治組織の意思決定機関の役割は何かということが、あらため
て論点になると思います。もちろん、意思決定機関の役割は、審議して決定
するということです。しかしさらに一歩進んで、審議し決定することで、何
か実りのある効果を生み出しているかということが、今後の検証に際しての
重要な論点であることが確認できました。

　もう1点あります。私自身が協働やまちづくりの現場、市民活動の現場に
関わる中で反省するのは、協働が一部の市民に特化した活動になっているこ
とが少なからずあるということです。その意味で、協働とはくせ者だと思う
のです。一部の人は非常によく理解し高め合ってきた一方で、協働を通じて
新しい主体が関係性を紡いでいくようなことがどれほどできているのか。現

状の地域まちづくり推進委員会だけでは、この点が不十分ではないだろうか
ということも、少し感じておりました。協働の盲点というか、一部の人に特
化した活動になりがちであるという課題があり、この点をどうするのかとい
うことです。

根岸：ありがとうございます。宮崎市において、協働の実装ができているので
はないかというお話であったと思います。考えてみれば、宮崎市は九州一の
ボランティア都市ということで、ボランティア活動を一所懸命やっていこう
という歴史的なものがあり、その中で市民活動が出てきて、協働のためのマ
ニュアルや原理原則の勉強会をする、といったことがありました。そのよう
な土台が、他市と比べてもしっかりとある方ではないかと私も感じていると
ころであります。それが地域自治区という制度の下の地域づくりにも生かさ
れているのではないかと感じます。一方で、石井先生のご指摘にありました
ように、くせ者的な部分という話があります。一部の特定の人たちに限られ
てしまっているのではないか、二層と言いますか、全くそういったところと
遠くなってしまっている人と、近くで一生懸命協働をやっていこうという人
と、こういったこともあるのかもしれません。そうしたことを踏まえて、ど
のようにして協働をさらに実装化させていくかということが課題ではないか
と感じたところです。

　矢方さん、いま、帖佐副市長、名和田先生、石井先生からお話がありました。
これらを踏まえて感じたことがありましたらご発言いただきたいと思います。

協議する場としての地域協議会

矢方：まず地域協議会ですが、90分で議論するのに定員20名として作っている
ところが多いです。うちは10名に絞りました。なぜか。一言も喋らないで
帰ってはいかんというのが、うちの協議会のやり方だからです。議論するた
めには、20人では多すぎるんです。自分たちの母体を代表してきたはずの委
員が、母体の課題をきちんと吸い上げていなければ、この協議会に来て議論
ができないんです。ですから委員を10名に絞りました。地域協議会が議論を
する場にならないと、地域課題を今後どういう形で解決していくのか、どの
ようにまちづくりの事業化をしてもらうのかという提案ができないと思いま

す。ここもやはり同じ人がずっとやっていてはまずいということで、私も今年度は後継者ができましたので、きっぱり協議会の会長職は降りました。というのも、今後の5年間の計画を立てたということと、生目台の当初からの課題でありました学校統合の話を具体化するように今、進んできているからです。公民館のあり方も、地域の人材発掘の場に結びついているんです。生涯学習が自分だけの楽しみ、自分だけの研鑽の場であってはならない、そこから地域に向き合う人材が育っていけば一番いいということです。そうした見通しがある程度ついて、次はまちづくりの方で下支え、NPOの方で協働できることをやっていきたいということで、今年交代しました。

　宮崎市内の課題としては、地域自治区の区割りが中学校区割りと違っている分野、要するに自治会が主体となったために非常にそこで軋轢が生じている。なぜかと言えば、青少協や地区社協というのは、PTAさんもそうですけれども学校区割りです。あれだけ中学校区だの小学校区だの、新たに決める時には議論を地域でやるのに、なんでこの地域自治区だけは自治会主体で進んだのか、それが今でも疑問です。生目台は幸いにして中学校区と自治区が同じ、最初に大塚台から分離をしましたので1つになった。民生委員さんたちにも、大塚台、生目台という民協組織だったのを、生目台の民協組織に変わって欲しいと要望して、生目台独自の民協組織にしていただいて、すべてを生目台の中で地縁団体がうまく活動できるようにセットしてスタートしたということなのです。果たしてこの区割りが地域住民のニーズに沿っているのか、活動しやすい状況なのか、そこは宮崎市として十分に点検して欲しいです。地域協議会の委員の人数も、地域協議会が議論する場であるべきという点から、行政には考えて欲しいと思います。

根岸：ありがとうございます。協議会の実質的な議論というものが大切で、委員の定数もそれができる人数にするということ、そして住民が関わりやすい区域割りが重要ということでした。私も、自身の関わりの経験から、中学校区で完結していると様々な活動がしやすいと感じていました。住民が関わりやすい区割りというのが非常に大切だと、矢方さんのお話からも感じました。ありがとうございました。

　次に、地域まちづくり推進委員会の話を進めていきたいと思います。地域

自治区制度を地域に根付かせる、実装させるという意味で地域自治区ごとに地域まちづくり推進委員会があって、その組織化を進めて具体的な地域活動の展開を行っていくことが、宮崎市の地域コミュニティの活性化に大きな役割を果たしてきたと思います。そうした中、地域自治区制度と表裏一体の関係の地域まちづくり推進委員会の組織化の目的と、具体的な成果や今後の期待について、帖佐副市長からご意見いただければと思います。

地域まちづくり推進委員会への期待

帖佐：地域まちづくり推進委員会については、地域自治区の実践活動の要として地域協議会で承認していただき、地域コミュニティ活動交付金を受ける唯一の団体として認定していただいております。多様な主体を組織して、個々の団体では対応が難しい事業に取り組むことが求められています。高齢者等の見守りや生活支援に係る部分で、たとえば大学や医療機関、民間の企業と連携した取り組みも見受けられます。近年、各地域で災害が多発しておりますので、防災訓練や備蓄品の確保などに、すべての地域まちづくり推進委員会で取り組んでいただいています。

　他方で、コロナ禍でいろいろな事業が中止になり、また、形を変えての実施を余儀なくされました。たとえば、高齢者の外出自粛によって引きこもりや運動不足による身体機能の低下が見られますが、こういう新たな社会課題に向き合う中でまちづくり推進委員会と地区社協と連携をしながら、いろいろな事業、活動に取り組んでいただいています。今後も住民ニーズ、地域課題が多様化してきますので、行政と地域で協議をしながら新たな視点で工夫しながら持続可能なまちづくりに取り組みたいと思います。

　先ほど名和田先生から、地域まちづくり推進委員会の分割、区割りのお話もありました。最初、どういう区割りでやっていくのが一番いいのか、議論を重ねました。理想は小学校区単位なのか、あるいは中学校区単位なのか、自治会の単位なのか、地区社協の単位なのかと、いろいろ議論しました。やはり理想は小学校区単位なのかもしれませんが、これでは予算等が莫大にかかってしまうことも含めて、できれば中学校区単位ということでスタートさせていただきましたが、やはりこの区割りでは使いづらいというご意見が出

まして、今の形になった次第です。今の形でも、たとえば青木地区は人口5万人ぐらいになりますので、大きな事業費がかかりマンパワーもなかなか見つからないという状況もあります。区割りをどう細分化していくのか、あるいは活動しやすい形にしていくために何が必要なのかというところは、今後考えていかなければいけないと思っております。

根岸：ありがとうございました。住民主体の取り組み、多様化している住民のニーズに対して、多様な連携をしながら地域まちづくり推進委員会の事業が行われているということ、そして区割りについても、これは当初から議論があったところですが、いろいろな意見、要望があるということですので検討していきたいということであったと思います。

　矢方さん、地域まちづくり推進委員会の活動によって生目台地域にどんな変化があったのか、お話しいただければありがたいのですが。よろしくお願いします。

生目台の中の地域まちづくり推進委員会

矢方：まちづくり推進委員会にとって、補助金が出るということは、いままで財源のなかった事業にこれを使えるということになります。家賃は一切補助金の対象にならなかったのが、使えるということになって、うちの場合はふれあいルームを借りることができた。もう15年、ふれあいルームという居場所が何の問題もなく運営できているのは、家賃補助があったというのが大きなことです。そして、地域合意でふれあいルームを自分たちの居場所として使えるという意識があります。ふれあいルームは、昼間は高齢者のサロンとして、夕方からは子どもたちの居場所として、夜は飲み会があったりします。公民館は飲食が禁止です。子どもたちがなんでルームに来るのかと思ったら、おやつを食べながら宿題をしている、そういうことができるのがこのまちづくりの補助金のすごく良かったところです。

　そして、まちづくりをやることによって、地縁団体の方が一緒に協賛する、お金も出すし口も出すという形で、協働事業を通じて双方が成長しました。というのは、地域まちづくり推進委員会の事業としてやるのなら、必ずそれを年度ごとにきちんと遂行しなければならない。今年、この事業をやったけ

れど、地域住民を巻き込む事業になったのか、地域住民にプラスになる事業なのか、それを必ず考えないといけない。そして、名前は一緒でも去年と同じものを提案することはない。要するに去年の課題を、解決できない場合もあるし、継続しながら解決する場合もあるけれど、とりあえずはいい方向に向けようという意識が、まちづくりの方たちと共有できる。それは、地域協議会も地域まちづくり推進委員会も同じことです。知らないでは済まない。そして知っている人を増やす。それでも生目台の中で「何やっちょっと？」と言われることは多い。それでも、地道にいろんな事業を精査することによってみんなで育ちあう、地域住民が育っていく。だからうちの場合は、最初のボランティアの入り口であるPTAさんをどうやって地域活動に育て上げていくのか、そこに結構重点を置いています。いろんな部会の部長にPTAの人を入れたり、そういう形でつながりを作っていくという方法をとっています。忙しいからできないのではなく、忙しい中でできることは何なのか。それと、1人の人にたくさん負担をかけると潰れますので、いかに多くの方たちで分散しながら1つの事業を作り上げていくのか、そういったことを重点的に考えながら、まちづくりをやれるように少しずつなってきたかなと思います。

根岸：ありがとうございます。地域まちづくり推進委員会の取り組みによって、今まで補助金が使えなかったところに使えるようになり、そこに自分たちの居場所ができ、いろんな人たちが集まるようになる。協働で取り組んでいろんな人たちが関わる、そこから人が育っていく。それだけではなく、事業を点検して去年よりもいいものを作っていこう、評価をしながらよりよいものを作り育てていこう、そして人が育っていくということでした。非常に参考になりました。

　では名和田先生、コミュニティ活動評価委員のお立場から長年、地域まちづくり推進委員会の役員の方々と意見交換をされていると思いますが、先生からご覧になって地域まちづくり推進委員会の先進性や具体的な成果、効果についてどのようにお考えなのか、お話いただければと思います。

地域協議会の主体性

名和田：まず、矢方さんの発言が非常に印象深かったので、それについて述べます。1つは区割りの問題です。随分前に横浜市のある区で、中学校向けの協議会を作ることになったのですが、中学校区のコミュニティ政策というのはほとんどうまくいかないという経験則があるのです。そこで、中学生のためにこの取り組みをするのだと、よほど気をつけていないとすぐに風化しますよと言っていたら、やっぱりそうなってしまった感があります。区域割りというと、どうしても自治会の区域に引っ張られる。だから、全国的に都市内分権を作るときは連合自治会の区域になる。矢方さんが中学校と合っていないからうまくないとおっしゃるのは、おそらく生目台の活動は真に子どもたちの方を向いているということの現れではないか、それはすごく素晴らしいと思います。子どもはなかなか自分では選べませんので、大人の方が合わせるべき、本来は大人の方が寄せるべきだと思います。

　それからもう1つ、矢方さんの地域まちづくり推進委員会についての考え方は、私が聞いていると、地域協議会サイドからきちんと見ておられるという気がします。地域協議会として、この地域をどうするかと考えた時に、地域まちづくり推進委員会は何のためにあってどんなことに使えるのかということをいつも考えておられるなと。交付金の半分をふれあいルームに突っ込んで、それで十分地域住民のニーズに合っていて誰も文句を言わない。そういう判断を地域協議会として行い、ずっと続けておられるわけです。地域まちづくり推進委員会を地域がどう使うかという視点があって、それが地域協議会の主体性というか、地域の主体性と結びついていると感じました。

　地域まちづくり推進委員会そのものは、地域ニーズの多様化、複雑化と言われるものに向き合っています。日本都市センターの調査でも、地域課題の専門性が高まっています。特に、ニーズの高い分野で専門性がやや高くて、純粋なボランティア活動にとってはややハードルが高いという結果が出ております。そうすると地域まちづくり推進委員会の活動もそれに適応できるような形にする必要があり、この間、たとえば地域まちづくり推進委員会の活動を委託できるという活動を始められています。これは専門的な力を持っている人に委託してやっていくという方向であり、そうやって制度を進化させ

ているわけです。

　もう1つは法人化という話であって、これも専門性の高まりに対応する方向性だと思います。これには、地域まちづくり推進委員会全体を法人化するのか、あるいは、地域まちづくり推進委員会の中の専門性と事業性が特に高い分野をスピンアウト、つまり切り出して独自の法人にするのか、二通りあると思います。全国的にも、地域まちづくり推進委員会にあたる組織そのものを法人化している例がいくつか見られます。生目台の場合は、ささえ愛生目台というNPO法人にスピンアウトしている方のタイプですよね。私はそっちの方がいいような気がしています。先ほど日本型都市内分権の限界のようなことを申しましたが、ボランティアで交付金だけを原資に活動するというように、地域まちづくり推進委員会はそのような作り方に一応なっているわけです。その限界を突破するために、たとえば委託を認めるとか、あるいは地域まちづくり推進委員会ではない、ある法人にスピンアウトするとか、そうしたことを柔軟にやることによって、地域まちづくり推進委員会の良さを保ちながら地域自治区制度を進化させていこうとしている。今の宮崎市のいろんな試み、試行錯誤されているのを見て、私はそのように感じています。矢方さんの発言からも、地域協議会、地域が主体となってそういった方向を模索していると感じました。

根岸：ありがとうございます。地域まちづくり推進委員会自身を、どう位置付けながら地域自治区のまちづくりを考えていくか、そういった視点もお持ちであるということですね。活動の取り組みの中で地域のニーズの多様化、専門化というものが出てきていると、これは全国的な動向で、それに対してどう対応していくか。委託をしていく、あるいは法人化の動きもあるということです。その中で、生目台の取り組みは最先端を走っているというお話だったと思います。ありがとうございました。

　それでは、石井先生にお話を伺いたいと思います。地域自治組織、住民自治組織の最近の動向を、全国的に先進地域の取り組みについてご紹介をいただければと思います。こういった組織が実効性のある活動を継続的に行っていくための条件やヒントがありましたら、お話しいただければと思います。

議論する仲間を増やす

石井：宮崎の現場で語り合うに際して、どのあたりにフォーカスして先進事例を考えればよいのか、思いをめぐらせていました。矢方さんの話に刺激を受けて、先進事例とはこういうものではないか、地域まちづくり推進委員会や地域協議会が力を入れるべきところはここではないかという観点を、誤解を恐れずに言います。これは、僕の大事にしている部分でもあります。まちづくりは課題解決をしなくていいと、僕は思っています。先ほど、議論の場が大事という話がありました。課題解決を急ぐあまり、大事な人と意見が折り合わず議論すらやめてしまって仲間を減らしたり、その結果、一緒にやるパートナーが減っていくことも往々にして起こります。ただでさえ人口減少、担い手の固定化という話があるのに、課題解決を急いだ結果、まち全体として中長期で見た時にマイナスになってくるということは十分あり得るんですよ。僕が地域で一緒に伴走してまちづくりをやっていくとき一番大事にしていることが、この先の1年間一緒に活動して、1年後に課題は解決していなくていいということです。ただし、議論に参加している人が現状よりも1人増えた、3人増えた、そういう状態を目指そうよということを言っています。もし宮崎市が協働の舞台で次のステージに進み、さらに専門的な課題解決を目指すのであればこそ、そこに対話する、議論する仲間を1人でも多く増やしていく関係性を、今までにない関係性を作っていくことが求められているのではないか。それこそが先進事例として学ぶべき要素なのかなということを思いました。じゃあそれはどうやるのかという時に、なかなか新しい人を巻き込んだり、関係性を変えていくのは難しいですよね。そこは、宮崎市さんが力を入れようとしている公民館の地域拠点化などと結びつけて進めていけるタイミングにあるのではないかと思います。

根岸：ありがとうございます。あっと思いました。必ずしも課題解決をしなくてもいい、急がなくていい、まず議論に参加する人を増やすというお話はなるほどなと思いました。先の矢方さんの話にもつながりますが、議論する人を増やすこと、話し合える関係性を作っていくこと、これを先に目指すことが大切だということがわかりました。ありがとうございました。

　時間もだいぶ来ていますが、テーマ別ディスカッションとして、3番目の

地域コミュニティの活動拠点に移りたいと思います。石井先生のコメントにありました地域コミュニティの活動拠点についてですが、宮崎市では地域と行政の協働の力を発揮するために、公民館の機能に着目しています。地域自治区事務所と公立公民館を一体的に運営し、地域での学びを地域活動につなげ、持続可能なまちづくりを目指すということです。そこでテーマ3として、地域コミュニティの活動拠点を取り上げたいと思います。最初に、石井先生から先進事例のご紹介をいただき、考察を進めていきたいと思います。石井先生、よろしくお願いいたします。

地域コミュニティの活動拠点

石井：宮崎市で進めている公設型の拠点という点でお話しします。このような拠点にどのような機能が求められるかかというと、おそらくまちの事務局になっていく必要があるだろうと思います。その場合に、拠点のリーダーや職員さんが持つべき視点がいくつかあると思います。まず拠点についてですが、そこでは、それまで知らなかった人と新たに出会う機会が増えます。拠点、空間を設置することで新しい関係性が生まれます。そのなかで、そこで出会った人のつぶやきやニーズを受けとめて、地域の資源を把握してマッチングしていくコーディネーションがあるとよいのではないか。拠点をコーディネートする人は、空間を設置することで「まちの中にどんな循環が生まれるか」を考えながらプログラムをつくる、あるいはサロンを運営することが大切だと思います。

　2つ目は、拠点を、人が育っていく場にしたいということです。貸館を利用して、仲間同士で楽しむことも大事ですが、それだけではないということです。異なる世代や異なる組織の人が対話し、熟議する力を養っていく必要があります。私が関わっている事例で説明すると、第一世代の人たちばかりが頑張っていろいろな事業を組み立てて、若い世代はサービスを受けるだけの関係になってしまっているものもあります。サービスを受ける側の参加者は少なく、参加して終わりということにもなりかねず、ここにミスマッチが生まれます。若い世代と共に考える機会が不足しているのかもしれません。また、別の事例では、6つの自治会で空き店舗を活用してプログラムをつく

るということをしているのですが、そこではお互いに相手をどう思っている
かを話し合い、異なる価値をぶつけあったりしています。こうした「出会い
や話し合いをファシリテートする力」こそ大事だと思います。

　私が研究でよく使う、複数参加動機アプローチと言われるものがあります。
一般的に、若年層、高年層、壮年層で動機や欲求が異なると言われており、
そうしたことも含めてファシリテートする技術が大事だということです。名
和田先生の実践活動の場でもある横浜市の港南台で、私は地域の行事で、新
しい出会いや関係をつくりだそうと、「たたえ合いパーティ」というものの
ファシリテーションをしていました。中学校区ぐらいの地域の中のすべての
活動団体さん、行政が作っている組織だけではなくて、図書ボランティアさ
んや地域の見守りをする人たち、いろんな人に集まってもらって2分ぐらい
のスピーチをしてもらい、全員で褒め合うんです。1人1枚付箋に書いて褒
めるので、50人が参加すれば49枚の褒め言葉が残ります。それをA2判の紙
に貼ってもらいます。参加した人たちは、「こんなに褒めてもらったことは
ないわ」と思ったり、連携したいというコメントをもらったりして、ものす
ごくモチベーションが上がりますし、新しい関係性も生まれます。こういう
出会いをつくる取り組みもあります。

　このように新しい関係性と循環に注目して活動拠点をデザインする際に、
紹介したい事例があります。山形県川西町の吉島地区の地区交流センターを
核とした地域づくりです。吉島地区では、交付金の見直しとともに実働する
部隊として地域経営母体が設立されて、地区交流センターの指定管理をして
います。宮崎市が目指している1つの方向性かもしれません。この地区交流
センターを運営する地域経営母体は、宮崎市における地域まちづくり推進委
員会に相当するものです。既存の住民組織はもちろん、様々な個人やボラン
ティアさんともお付き合いをしています。館の運営という視点だけではなく
て、地域全体を運営、経営していくという観点をもって進めていることがよ
くわかる事例でした。ここでやっている人材育成の仕組みも、非常にユニー
クです。身近な自治会公民館等で18歳から35歳の若者が何名か推薦されて、
地区交流センターの主に教育部会で、自分たちで事業を企画し運営していき
ます。そういった仲間のうちの何人かが、さらに活動を続けたいという意思

を持って事務局のサポートに入ったり、そこで雇用されて働くようになるという状況があります。こういう循環を継続することで企画力、コーディネート力が養われ、さらには地区交流センターのスタッフのようになっていくということも、実際に行われてきているようです。

根岸：ありがとうございました。石井先生から、活動拠点についての考え方、運営についてお話いただきましたが、矢方さん、生目台では実際に拠点整備や運営を実践されていますが、矢方さんから見た石井先生のお話の感想やご意見をいただければと思います。

交流センターと人の交流

矢方：貴重な事例をありがとうございました。生目台でも交流センターの指定管理をささえ愛生目台で欲しいなと思っています。地元住民が地元の方たちに沿った企画運営ができるのが一番大きいのではなかろうかと。どこの公民館でもやっている講座ではなくて、地元住民がこういうことに興味があって、今こういうことをやりたいというニーズを一番把握できるのは地元住民ではないかと思っております。生涯学習では、交流センターでは市が一律に企画したものを講座化している。講座にお見えになった方たちは終わったらそのまま帰って行く。だから自己研鑽にしかなっていない。それが地域活動にどう還元されていくのか、人と人との結びつきができる公民館、交流センターでありたい。そのためには一番手っ取り早いのは、カフェではないかと思っています。交流センターは今まで飲食が禁止でしたが、一応、交流センター、公民館というのを取っ払っていただきましたので、そこで飲食を介していろんな人たちが交流できる場をセットして、昼間は幼稚園や学校に行っているママたちがいろんなスポーツをしに来るんです。片や高齢者の方たちが自分たちの趣味の講座をやっている。ところがそこに接点が生まれない、来たら帰るだけ。そうではなくて来て立ち止まれる、そういう場がその交流センターにできると、もっと生きた、人と人との結びつきが生まれてくるのではないか。それをコーディネートするのが地域のNPOだったりまちづくりだったりしたらいいなというのが今の夢です。

根岸：ありがとうございます。帖佐副市長さんから、地域コミュニティの活動

拠点のあり方や今後の整備の方向性についてお話を伺いたいと思います。よろしくお願いいたします。

帖佐：2006年から地域自治区制度を設けまして、地域の拠点のあり方について変化を求めてきました。当時は、公民館を核にした地域自治区の事務所的なところで拠点整備を図ろうという思いでスタートしました。2009年4月からは地域まちづくり推進員会が設立され、推進委員会も公民館の中に入れて、一体的な活動をしていく。そして2021年4月からは、公民館と地域自治区の事務所、地域まちづくり推進委員会、地区社協、そして包括ケアセンターも入れるというつくりになっています。たとえば、生目台地区の交流センターには包括も入っておりますし、地域まちづくり推進委員会の事務局もあります。また、高齢者のふれあい室、子どもの遊戯室、多目的ホール、体育館、これらもすべてまとめました。地域をこのようにまとめて、いろいろな方々の出会いの場をコンパクトにまとめていこうということで、交流センターを新しく建て替えるところについても進めていきたいと思っております。公民館で古くなっているところの改修も行っていく予定です。ハードの整備ができれば、その後はソフト、人材育成や、多世代の市民にどのように集まっていただき、拠点を機能させていくのかが課題になるのではないかと思っています。

根岸：ありがとうございます。次に名和田先生から、宮崎市における地域コミュニティの活動拠点の今後のあり方や機能についてご意見を伺いたいと思いますが、いかがでしょうか。

生涯学習から地域福祉へ　施設の役割の変化

名和田：基調講演でも触れましたが、そもそも公民館の、特に社会教育主事という専門職がついていて、その究極の目的はまちづくりだったはずです。現にそういう理念に忠実な自治体では割とうまくいっているわけで、有名な自治体がいくつか知られていると思います。ただ一般に社会教育、生涯学習はあまりそういう方向に行っていなくて、特に1980年代にコミュニティ政策で定番だった公民館やコミュニティセンターの身近な地域への配置とその地元での自主管理というのは、それほどうまくいっていたわけではないと考えて

います。そういう時代から今世紀の都市内分権型のコミュニティ政策は、端的に言うと、地域福祉型だと私は思っています。生涯学習から地域福祉へと、課題が変わっていっている。その転換の中でコミュニティセンターがまちづくりの拠点になっていくことが求められているけれども、その転換はそれほど容易ではない。ただ文科省では2000年辺りに舵を切っています。本来の社会教育の理念に立ち戻ったような公民館の運用が必要だということです。宮崎市が目指しているのは、まさにそれに合っているわけで、そちらを追求していかないといけないと思います。やはりお客様への接遇という態度から、まちづくりの同志として共に頑張ろう、しかも専門的なコーディネート力を持った人がきちんとした給料をもらってそこにいるという、このような方向に変わっていくことはすごく難しいことだと思います。それでもやっていかないといけない、それは宮崎市だけではなくて、やっていかないといけないと思います。

　横浜市では1つの試みとして、各区内で様々な施設が一堂に会する施設交流会をやっています。私もいくつかお手伝いしています。すごくよくやっている区とそうでもない区がありますが、ともかくすべての区でやっている。その中で生涯学習系の地区センターという施設が、福祉系の地域ケアプラザ、包括と出会って、そんなことやっているんですかと、そこで初めて目を見開かされて、単なる貸し館ではなくて人を育てるような館の運営に変わっていったということが結構あります。そういうことが宮崎市でもまさに課題となって進められようとしている、この様子を今後もぜひ勉強していきたいと思っています。

根岸：ありがとうございます。まちづくりの同志、共に頑張ろうという施設、そこで人材が育っていく場所、こうした点に留意して、宮崎市のこれからの取り組みに注目ということだったと思います。ありがとうございます。最後に皆さんに一言ずつ、お願いをしたいと思います。それはアフターコロナを見据えた地域コミュニティとコミュニティ施策の展望であります。本大会の共通テーマも「コロナ禍で問う」と題しているところです。コロナ禍が地域コミュニティに与えた影響、問題はいろいろあったかと思います。そうした中で、アフターコロナを見据えた地域コミュニティとコミュニティ政策の展

望について、それぞれお考えになっていることをお話いただいて、それをもって締めたいと思います。それでは順番に、矢方さんからお願いしたいと思います。

アフターコロナのコミュニティ政策

矢方：コロナ禍で、いろんなところが事業を中止していきましたよね。やめることを判断することはすごく簡単です。だけど1回やめてしまって、新たに作り出そうとすれば、やめる時以上にエネルギーが必要になる。みんなで知恵を寄せ合って、コロナはこういうものだとある程度わかった時点で、うちではこれならできるよねと判断すればよいのではないか。今まで通りの形ではなくて、ここを変化させればやれるのではないかという形で事業を継続してきました。今日も75歳以上の生目台の1人暮らしの高齢者に、民生委員さんが事前に弁当の注文を取って、それを中学生と一緒に配達に行くという行事を午前中にしてきました。以前は、中学生も一緒にお弁当作りをしていました。けれども密になるということで、今は青少協のスタッフが弁当は作る、だけど配達に行く作業は中学生と民生委員さんに頼もうよということで、中学校にも快くご協力いただきまして、今日も中学生は30人、民生委員さんが15地区うちにはありますが、その方たちがそれぞれの高齢者のお宅にお弁当を配達してきました。高齢者の方たちも、おばちゃんよりも中学生が来てくれる方が、やっぱり喜ばれるんですよね。そこでいろいろ外でお話しをしておばあちゃん、おじいちゃんたちがお土産をくださるんですね、子どもたちに。気を遣わないでくださいと言ったら、その高齢の方は、これがなかったらこういう物を買いにスーパーに行かないんだよと言われて、ではありがたくいただきますということで、またそれを中学校に届けるというふうにしています。事業というのは、やらないことを決断するのは誰でもできるけれども、やる方法を考えるのは、それこそ地域住民の知恵の出し合いかなと思います。これから先、コロナがどうなるかわかりませんけれども、やはりこれができないなら、これだったらできるよねという方法を探していく、これがアフターコロナに向けての、いろんな事業の視点ではないかと私は思っています。

根岸：ありがとうございます。では続きまして帖佐副市長さん、お願いします。

帖佐：このコロナ禍で2年半近く、いろんなイベントが中止され、あるいは延期され、そして市の行事を含めて非常に多大な影響がありました。学校でも公民館でも、いろいろなイベントが行われていますが、その区分によって対策を講じながら、こういう条件ならイベントしていただいていいですよと、少し背中を押してあげるのも大事だと思っています。もちろん感染対策を十分にしながらということが大前提ではありますが、たとえば食事をすることも、公民館等あるいは交流センターの中でできるのが望ましいと思っておりますので、そういう形で市もバックアップさせていただきながら、平常に、普通の生活に戻れるような対策を考え、市民の皆様方と一緒にいろんな工夫をしていきたいと思っているところです。

根岸：ありがとうございます。では名和田先生、お願いいたします。

名和田：大震災とか激甚な災害と基本的には一緒で、コロナ禍でそれまでの構造的な問題があぶり出されたのだと考えます。そのため、かねてより地域力が弱かったところはコロナをきっかけに活動をやめてしまう、あるいは活動団体であれば解散してしまうということがかなり見られます。2001年と2020年に、同じような市民活動団体調査をやりましたが、2020年の方では回答団体が激減しました。回答のない団体は、ひょっとしたら解散したのではないかとも推測されます。特に身近な活動エリアで活動されている団体が、高齢化して弱り、解散されたのではないかということが見られます。結局、大災害と同様で、その中でまさに矢方さんがおっしゃったように、地域力を見直して工夫をしてやり続けることが必要だし、この間、IT化が進みましたよね。役所も援助してくれたし企業も売り込みのいいチャンスですので、ただでやってくれたりしました。それにより、特に若い人たちを巻き込む機会が広がっているのではないかと思います。そういう意味で、禍転じて福となす機会も出てきているのではないかと、そういう感じを持っております。

根岸：ありがとうございます。それでは石井先生、お願いいたします。

石井：学会の理事会でも話題になったのですが、やはり対面での雑談が大事だということにあらためて思いが至りました。これを宮崎市の中に増やしていくということがポイントなのではないか、コロナから学んだことではないか

と思います。人と人が対面で出会い雑談が生まれるようなコミュニティをデザインしたり、雑談というものを空間化することが大事なのではないかと思いました。

　もう1つ、コーディネーターの重要性がこれから公民館等で重要になるという話がありました。また、コーディネーターとの関わりで、専門性というキーワードも出てきました。でも、それは果たしてどういう専門性なのか。ニーズが複雑化し多様化する中で、コーディネーターがそれらをすべて把握するなんて無理じゃないですか。解決するのはコーディネーターじゃないんですから。そういう意味でも、これからの公民館等に配置されるコーディネーターの専門性とは何かを議論することが必要だろうと、あらためて思いました。

根岸：ありがとうございました。大変、長時間にわたりましてパネリストの皆さんありがとうございました。市民が主体となって地域づくりを進めていく、その単位としての地域自治区は、全国でみると数は少なくなってきているようです。しかし、宮崎市はしっかりとこれに取り組み、進化、発展の方向性が見えつつあるということが、名和田先生、帖佐副市長のお話から見えてきたように思います。また矢方さん、石井先生からは、協働や関係性の構築、議論の実質化、いろんな人たちとの議論や雑談の大切さがあげられました。雑談や話し合いから、人と人との関係性が構築され、新たな取り組みが行われるなかで人が育ち、さらには信頼関係が構築されるきっかけが生まれるのかと思います。

　そのための拠点づくりや人材の育成等、多くの課題もありますが、地域自治区をベースにした市民主体の地域づくりは、さらに発展していくのではないかと思います。また、そのことを祈念いたしまして、本日のパネルディスカッションを終了したいと思います。本日はパネリストの皆さん、どうもありがとうございました。

司会：パネリストの皆さま、司会進行の根岸先生、熱心な討議をありがとうございました。皆さま、今一度大きな拍手をお願いいたします。

┌─ 特集論文　対話づくりとしての場づくり ─────────

解題

編集委員長　宗野 隆俊

　この特集は、宮崎市で開催された第21回学会大会の分科会「人と地域がつながる場とこれからの地域まちづくりについて」に起点をもつものである。

　本誌序盤に掲載された大会シンポジウム記録でも述べられているように、宮崎市は現在、22の地域自治区を設置している。各地域自治区には市長の諮問機関としての地域協議会が置かれるとともに、種々のまちづくり事業を実行する地域まちづくり推進委員会（名称は、地区によって異なる）が組織される。地域自治区の仕組みのなかで地域協議会が重要な位置を占めることは言うまでもないが、宮崎市においては、これに劣らず地域まちづくり推進委員会の果たす役割が期待されている。こうした事情を反映して、分科会では、広瀬小学校区地域づくり協議会の井上聖子会長と、宮崎市地域振興部の川越晴美主幹（地域まちづくり推進室長）にコメンテーターとしてご登壇いただいた。

　お二人の報告からは、人と人のつながりを生み出す「場」をいかにつくり、育てるかという課題に日々向き合う姿が垣間見えた。特に井上会長からは、中学校の部活動の受け皿を地域がいかに準備するのか、その際の人材を地域（すなわち地域自治区）の内外からいかに確保するのかという新しい課題も紹介された。「人と地域がつながる場」という分科会タイトルからは、宮崎市における代表的な地域づくり拠点である地区公民館や地区交流センターなどが想起されるところであるが、お二人の話からは、ここでいう「場」が公の施設に限定されず、また物理的な空間にとどまらない含意をもつことが示唆されたように思われる。

　さて、分科会では、井上会長と川越主幹に加えて、一般社団法人明石コミュニティ創造協会アドバイザーの佐伯亮太氏をパネリストとしてお招きした。さ

らに、本学会から石井大一朗会員と役重眞喜子会員がそれぞれコーディネーター、コメンテーターとして登壇した。

　本特集は、井上会長と川越主幹から示唆された課題を、石井会員、役重会員、佐伯氏にあらためて意識していただき、自身の研究や実践に基づき応答、執筆していただくものである。　論考の執筆に先立って、石井会員、役重会員と宗野で２回打ち合わせを行い、さらに佐伯氏にも加わっていただき議論を進めた。以下、４名によるミーティングのなかで出てきたキーワードを紹介しながら、役重論文、石井論文、佐伯論文へとつなぐこととする。

　最初のキーワードとしてあげたいのが、対話づくりとしての場づくりである。分科会で井上会長や川越主幹から示されたのは、地区のなかの公共の「場」を、多彩な契機で様々な人が集まる場にしたいという問題意識であった。公共政策のなかで語られてきた「場」は、ややもすると地域のなかに整備された公共施設と同義のものとなり、ともかくそこに住民が集まって何かしらの事業が行われることが、とりわけ行政によって期待されがちである。これに対して分科会では、人と人との緩やかな対話を内包する場づくりの必要性が示唆されたのであり、対話を醸成する場は必ずしも物理的空間としての公の施設とは限らないことも示唆された。

　ところで、人と人の緩やかな対話が成立するとき、そこには、「ひとりの人としてあなたを尊重する」という態度が必ずあるのではないか。それは、たとえば、「自分の前にいるすべての人に等しく接しようとする態度、ずっと押し黙っているようなお年寄りにも倦まずに働きかけるような接遇のあり方」ではないか。

　このような対話のあり方を伝える言葉として、私たちの議論のなかで出てきた言葉が、小文字のコミュニケーションである。言うまでもなく造語であり、これだけでは意味不明であろう。そこで、人と人の間に成立するコミュニケーションを「大文字のコミュニケーション」と「小文字のコミュニケーション」に分けてみよう（**表１**）。

表1　「大文字のコミュニケーション」と「小文字のコミュニケーション」

大文字のコミュニケーション	討議・議論、明瞭な言葉の交換から合意形成へと至るプロセス。
小文字のコミュニケーション	明確な言葉のやりとり以外の交渉をも含む、場合によっては完結のない相互作用。

出典）筆者作成

　大文字のコミュニケーションを、当事者間の合意形成を目指して行われるものと考えてみよう。たとえば、都市計画法上の地区計画に関わる合意形成や、地域自治組織による地域計画に関わる合意形成を目指す住民間のコミュニケーション、あるいは住民－行政間のコミュニケーションである。これらは、目標が設定された公的な（あるいは準公的な）合意形成過程のなかで交わされるコミュニケーションといえるのではないか。これに対置するならば、小文字のコミュニケーションとは、（明確な合意形成という目標のない他者とのやりとりのなかで）対話が得意でない相手に対してさえ、何らかの反応が生まれることを信じて待つような態度といってもよいだろう。対話としての場がいかに生成するかを考えるとき、このような意味での小文字のコミュニケーションを念頭に置くと、イメージが豊かになるのではないだろうか。この点は、とりわけ役重論文において強く意識されるであろう。

　3つめのキーワードは若者と場（公共空間）である。若い世代、とりわけ中学・高校生や十代の市民は、これまでコミュニティ政策の担い手として光が当たることが十分にはなかった。同様のことは、女性や外国籍の市民などにも言えるであろう。従来のコミュニティ政策の枠組みでは、十分に注意を払われなかった存在であり、だからこそ、これらの人たちを包摂する場づくりを考えることには意義があるのではないか。

　ここには、場づくりを通じて「見えない市民」「気づかれなかった市民」をエンパワーするという発想があり、それは自ずと場の捉え直しにもつながるであろう。なぜならば、公共施設を主たる舞台とするこれまでの場づくりでは、「見えない市民」「気づかれなかった市民」はどうしても埒外に置かれがちだからである。

　さらに付言するならば、若者と場を考えるためには、シチズンシップへのセンスも不可欠になるだろう。本特集では、特に石井論文がこの点を論点として扱う。

　4つめのキーワードは、地域コミュニティにおける中間支援と公正さの確保である。これについても、若干の説明が必要であろう。この十数年来、全国の多くの自治体で協議会型住民自治組織が導入されてきた。その大部分は小学校区や中学校区に設置され、住民、地縁団体、地元企業やNPOを構成員とし、地域コミュニティが直面する様々な課題に取り組むことが期待されている。とはいえ、学区というそれなりに大きな区域での合意形成や事業の実施は大きなコストを要するのであり、自身の生活を営む市民がこれを中核的に担うのは実に困難なことである。ここに、中間支援組織が学区レベルでの地域づくりを支援する1つの意義がある。

　しかしながら、中間支援組織が地域コミュニティを支援する本来の意義は、担い手（住民）のコストの削減にとどまらないであろう。すなわち、中間支援が行われることによって、コミュニティの合意形成や事業の実施を公正なものにするという意義もあるのではないか。ここにいう公正さとは、合意形成や事業実施過程での手続き的な正しさにとどまらない、だれもが不安なく参加できるという意味での心理的な安全性が担保されることである。このような合意形成の場を醸成するためには、「皆が対等な当事者であり、その過程でだれひとり疎外されていない対話」、先の言葉を用いるならば、「小文字のコミュニケーションをないがしろにしない対話」を目指す中間支援が求められるだろう。

　では、そのような対話が生まれるために、中間支援者にはどのような態度と技法が求められるのか。本特集では、佐伯論文においてこの課題が論じられるであろう。

┌─ 特集論文　対話づくりとしての場づくり ─────

制度づくり・組織づくりから「場づくり」へ
── 令和のコミュニティ政策を考える ──

From Institutionalization and Organization to Making better Places: thinking about community policy in Reiwa period

Keyword　場づくり　対話づくり　居場所　地域自治組織　制度化の逆機能

岩手県立大学　役重　眞喜子

1　はじめに[1]

　我が国の戦後のコミュニティ政策の展開については多くの論考があるが、高度経済成長期、低成長期、人口縮減期など、その時々の時代背景と絡み合いながら、概観するならば昭和の「ハコ（施設）づくり」から平成の「制度づくり・組織づくり」へと展開してきた。本稿は、そのような大きな流れをふまえ、今後の令和のコミュニティ政策のありようを見通してみようという意図を持っている。

　もちろん、こうした単純化には多くの留保が伴う。例えば"ハコモノ行政"と批判されがちな1970年代の国のコミュニティ施策も、真摯に取り組んだ地域には住民自治の定着をもたらし、今日に続く成果を残したことが指摘されている（中田2014：366-369）。また、自治体内分権制度の導入や、それを担う地域住民組織の設立は2000年以降に急増を見ていることから、「平成の」制度づくり・組織づくりという冠を付するのはやや乱暴かもしれない。だが、平成の大合併など時代を象徴する出来事や90年代からの協働論、ガバナンス論の隆盛などをふまえれば大きく外れてはいないだろう。

　平成期に進んだ自治体内分権の制度づくりや組織づくりは、自治体や地域現場の努力により人口減少や高齢化社会の課題に向き合う実に多様な取組みを生んできた。しかし、一方で活動の担い手の不足、一部住民への負担の集中、参加の拡大や合意形成の難しさなど、根本的な課題は解決には向かわず、次章に見るように"頭打ち"、あるいはむしろ深刻化している地域も少なくない。ハコ

をつくり、しくみをつくり、組織をつくったが、まだ何かが足りない。それは何だろうか。

　「ひとづくり」、つまり自治を担う人材育成や次世代リーダーの確保が不可欠であることは論を俟たない。加えて、今後求められるのは、リーダー的な人材だけではなく多様な人々を地域に包摂し、その一人ひとりがコミュニティに足場を置きながら主体性を持って自分の生をより良く生きていくための「場づくり」ではないだろうか。

　格差と競争による社会の萎縮が目立つようになった2000年代、それに抗うように、地域で孤立し、切実な課題を抱える人々のための居場所づくりの取組みが現場から生まれている。地域の誰もが集うことのできるコミュニティカフェ、学校に居場所がない子どもたちのためのフリースペースなどである。それは単に物理的な空間ではなく、日常で声を上げにくい人々へのアプローチ、すなわち「対話」や「包摂」を含む場であり、福祉領域メインで行われてきた取組みをコミュニティデザインの文脈で捉え返す試みであるとも言える[2]。コロナ禍による貧困や格差の顕在化は、高齢者だけでなく若者世代にもそうした取組みが求められることを一層強く浮かび上がらせた（宮本ら2021）。

　そこでは、多様なバックグラウンドを持つ人々が安心して声を出せる「場」をどうつくるか、どのように目線を合わせ、豊かで双方向的な「対話」を生み出すかという知見と実践が希求されている。つまり、昭和の「ハコづくり」、平成の「制度づくり・組織づくり」から、令和のコミュニティ政策は「場づくり」とそこに叢生する「対話づくり」へと重心が変化しつつあるのではないだろうか（図1）。また、こうした取組みに関する各地の実践報告は多数あるものの、それらがコミュニティ政策にとってどのような新しい意味や論点を付加するのか、必ずしも具体的に明らかにはされていないのではないか。

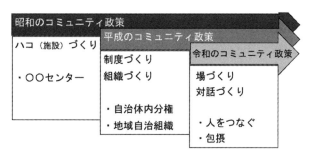

図1　コミュニティ政策の変遷
出典）筆者作成

　以上より、本稿はまず平成の制度づくり・組織づくりの典型としての自治体内分権の事例を取り上げ、なぜそれが所期の目的から乖離し、あるいは形骸化するのかを「制度化の逆機能」という観点から論じる（第2章）。その上で「場づくり」は地域の実践の場でどのように立ち上がってきたのか、その経緯と意義を先行文献から整理・分析し、そこでも逆機能の課題が生じうることを指摘する（第3章）。これらをふまえ、場づくりがコミュニティ政策にもたらす意味と、その具体化における論点を考察し（第4章）、第5章で本稿のまとめを行う。

2　平成のコミュニティ政策─自治体内分権の帰結と課題

2.1　地域自治組織の現在地点

　地域自治組織[3]の全国的な動向についてはこれまでいくつかの調査があるが、直近のものとして金川ら（2021）による全国市区町村を対象としたアンケート調査（2020年、回答率53.9%）を参照する。設置状況については、全体の39.6%が地域自治組織を設置しており、そのうちの70.2%が2000年度以降の設置であるという（同：38-40）。年度別に見ると、2012年度をピークに設立は減少傾向にあり、未設置の567自治体のうち、その理由として「設置を検討・準備している」「すでに順次設置が予定されている」などの回答は15件（2.6%）にとどまっている（同：47）。

　活動状況を見ると、設置してからの活動が「全体的に活発になってきてい

る」は24.2％、「低調になってきている」は12.4％、「活発になっている地域と低調になっている地域が混在している」が48.1％である（同：43）。一方、設置からの年数との関係を見ると、年数が経つほど活性化度が低下する相関が見られたという[4]（金川ら2022：55）。これらの現状からは、2000年以降拡大してきた地域自治組織の設置は、飽和状態とまでは言わないものの一種の均衡状態にあること、ピークから十数年を経て活動状況が停滞するケースも少なくないことが読み取れる[5]。

平成のコミュニティ政策は、良くも悪くも平成の大合併抜きに語ることはできない。合併による旧町村部の不安や利害対立など、困難な政治的状況の中で「新市の一体化」を求められる当局が、自治体内分権という"魔法の小づち"に期待をかけ、全国的に導入が進んだことは疑い得ない。そして、組織化、制度化を足掛かりに、住民自治の活性化に結び付いた地域も生まれたことは事実である[6]。

しかし、十分な地域自治の基盤を欠いたまま一律にこれを導入することは、分権を集権的に進めるという一種の自家撞着を起こすことにつながる。地域自治の内実は地域と行政の関係の歴史的な形成過程によって特徴づけられており、この固有性が新たな制度導入により一律・性急に転換を迫られた場合、そこにズレが生じ、新たな組織やしくみは根付きにくいことがわかっている（役重2019）。こうした問題は一時的なものであり、時とともに解消に向かうものであろうか。

2.2 花巻市の事例調査にみる直近の動向

2.2.1 花巻市の自治体内分権の導入と現状

そこで、2015年に筆者が調査検証を行った岩手県花巻市を事例として、その5年後の状況変化を追ってみたい。

岩手県の中央南部に位置する花巻市（2023年2月末人口92,158人）は、2006年1月に1市3町の合併により誕生した。その翌年、小学校区を中心として27のコミュニティ地区を設定し、各地区に地域自治組織（コミュニティ会議）を設立した上で、総額2億円の「地域づくり交付金」を配分して地域課題の解決に充てるという、当時としてはかなり本格的な自治体内分権のしくみを導入した。

一方、それは合併後わずか1年余という短期間のうちに、性急な行政主導で導入が図られたものでもあった[7]。

とは言え、各地区はその後工夫を重ね、世代交流や高齢者の見守り支援などそれぞれの地域課題に沿った広範な活動を行っている（**表1**）。その結果、少しずつではあるが取組みは住民に浸透し、直近ではコロナ禍による活動自粛の影響も見えるものの一定の定着を見るに至っている（**図2**）。

表1　2021年度コミュニティ会議の活動（一部抜粋）

コミュニティ会議	人口 高齢化率	交付金 （千円）	活動の例
花北地区コミュニティ協議会	9,685人 24.6%	12,080	AED救命講習、心肺蘇生訓練の実施
湯口地区コミュニティ会議	6,603人 38.8%	12,290	郷土史講座の講演集の発刊
湯本地区コミュニティ会議	6,555人 38.8%	12,020	都内で開催の移住・定住相談会に参加・PR
笹間地区コミュニティ会議	2,798人 40.8%	6,970	笹間フォトコンテストの開催
外川目地区コミュニティ会議	636人 47.8%	4,260	子供会と合同で親子水生生物観察会を開催
大瀬川活性化会議	616人 44.6%	3,736	女性限定のワークショップ『わたかふぇ』を開催
新堀地区コミュニティ会議	1,899人 43.0%	6,189	地元ゆるキャラのイルミネーションの設置
成島地区コミュニティ会議	1,035人 42.8%	4,870	高齢者のいきいきサロンを毎月継続開催
浮田地区コミュニティ会議	785人 44.8%	4,120	地域の文化継承のため『疫病祭』の復活推進

注）交付金額は2021年度決算。人口及び高齢化率は2022年3月末現在。
出典）花巻市統計書（令和4年版）、花巻市HP「各コミュニティ会議の活動と決算」をもとに筆者作成

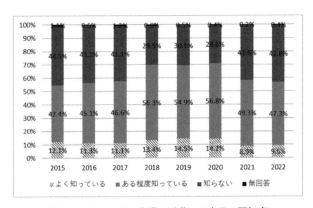

図2　コミュニティ会議の活動への市民の認知度
出典）花巻市HP「花巻市まちづくり市民アンケート結果報告書」（各年）をもとに筆者作成

　一方、年数の経過とともに担い手の不足、役員の高齢化等の課題も蓄積していたことから、市では2014年より制度の検証と見直し作業に取り組んできた[8]（**表2**）。その結果、2019年には①コミュニティ会議の負担軽減、②創意ある住民活動とのマッチング、③職員の地域との関係育成の3本を柱に見直しを進めることとなり、早速行政区長へのアンケート等に着手した。しかし、その直後からコロナ禍への対応に重心が移り、職員や地域も忙殺されてしまう。また、地域の負担軽減のための既存組織等の整理に関しても、担当部局の熱意はあったものの全庁的な取組みに至らず、現時点で目立った成果は上げられていない[9]。

表2　花巻市における自治体内分権のしくみの見直し経過

年度	作業	その内容
2014〜	内部協議	
2016	モデル4地区でのWS	コミュニティ活動のふり返り
2017	モデル3地区でのWS	同上
	ファシリテーター育成研修	職員、コミュニティ会議対象
2018	地域づくりサポート事業開始	中間支援の導入、展開
	庁内職員ワーキングGの設置	地域と職員の関係の課題検討
	地域自治に関する懇談会開催	有識者等による検討
2019	懇談会報告書提出	3項目を柱とした提言
2020	行政区長アンケート、地域カルテ作成	既存組織等の整理の検討

出典）役重（2019）第7章をもとに筆者作成

2.2.2　自治会長等へのアンケート調査結果

　筆者は2020年2月に市内の自治会長・町内会長等を対象としたアンケート調査を実施し、2015年7月に実施した同内容の調査結果との比較を試みた。花巻市において自治会長・町内会長等は、地域により若干の違いはあるもののコミュニティ会議の役員、部会員等主要な構成メンバーとして参画しており、実態を知悉する存在である。調査対象は、2015年調査が287名、うち回答者222名（回収率77.4%）、2020年調査が271名、うち回答者230名（回答率84.9%）である。以下、その概要を紹介する[10]。

1）コミュニティ会議による取組みの成果

　はじめに、コミュニティ会議による地域づくりの効果を尋ね、「当てはまる」
「やや当てはまる」「あまり当てはまらない」「全く当てはまらない」「わからな
い」の回答選択肢のうち、「当てはまる」「やや当てはまる」の計が全体に占め
る割合を示した（**図3**）。2015年と2020年を比較すると「課題発見や解決の促
進」のみ若干上向いたものの、それ以外の項目はいずれも低下している。

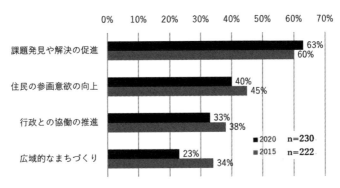

図3　コミュニティ会議による地域づくりの効果
出典）2015年調査、2020年調査より筆者作成

2）コミュニティ会議による取組みの課題

　次に、コミュニティ会議による地域づくりの課題について尋ね、1）と同様
に「当てはまる」「やや当てはまる」の計が全体に占める割合を比較したとこ
ろ、全体の傾向に大きな変化は見られないが、総じて2015年より2020年の方が
課題感が高まっていた（**図4**）。中でも「役員不足、高齢化で負担が大きい」
については、2015年時点で既に8割を超えていたが、今回87％と9割近い回答
に上った。回答者である自治会長等のうち60代以上が94％、さらに70代以上は
43％に上り、高齢化が著しいことに加え、57％がコミュニティ会議の役員を兼
務しており、いわゆる"屋上屋"の荷の重さが極まりつつあると推測される。

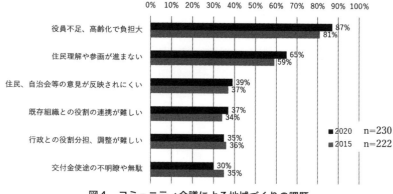

図4 コミュニティ会議による地域づくりの課題
出典）2015年調査、2020年調査より筆者作成

3）地域と行政の関係

　さらに、制度導入後の地域と行政の関係の変化について、「行政の関与が薄れた」「下請が増え連携が弱体化」「きめ細かな調整や対話の減少」など、行政との連携や対話が後退したと感じる割合が前回調査よりも際立って増加している（**図5**）。地域と行政の間のコミュニケーションの低下が深刻な状況にあると考えられる。

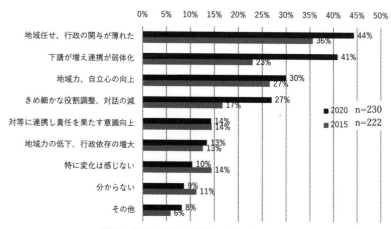

図5 地域と行政の関係の変化（複数回答）
出典）2015年調査、2020年調査より筆者作成

4）地域づくり交付金の使い方

　地域自治組織内の民主的なガバナンスに注目すると、地域づくり交付金[11]の使い方については、約半数が「地域住民の意見を聞き公正公平に使われている」と答えた一方、「短期的な事業に使われがちで効果が上がっていない」との回答も46％に上った[12]（**図6**）。

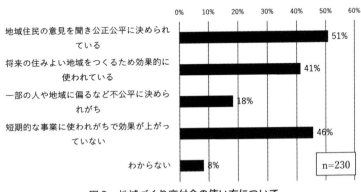

図6　地域づくり交付金の使い方について
出典）2020年調査より筆者作成

　さらに、この結果を回答者の属性（自治会長等の在任期間／コミュニティ会議役員の兼務状況）でクロス分析すると、在任期間が2年未満の人より2年以上の人の方が否定的な回答割合が高く、同様にコミュニティ会議の役員を兼ねる人の方が兼ねない人よりも否定的な回答割合が高いという傾向が見られた[13]（**図7、図8**）。このことは、長く地域活動に携わっている人、コミュニティ会議の内部状況に詳しい人の方が、そうでない人と比べて否定的な評価をしているという傾向を示しており、交付金の使途の決め方、つまり地域自治組織の民主的ガバナンスという点からは少なくない懸念が残る。

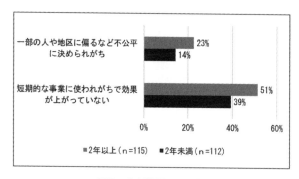

図7　在任期間による差
出典）2020年調査より筆者作成

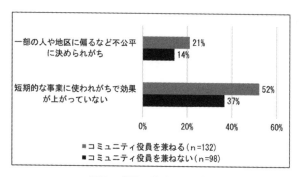

図8　役員の兼務による差
出典）2020年調査より筆者作成

2.3　小括──制度化の逆機能という陥穽

　以上の調査からは、地域課題の解決など一定の成果は見られたものの、全体としては5年前と比較して活動成果、参加意欲ともに低下の傾向にあることが明らかになった。これは5年間で地域の高齢化が5年分進んだことの（ある意味自然な）帰結と見ることもできる。しかし、地域と行政の連携に関する明らかな悪化傾向は、この政策が掲げる「協働」という大きな目標の達成からは遠ざかっている可能性を示していよう。自由意見の記述（**表3**）には「自分たちの地域は自分たちでと言う…行政は予算が無いからなにもできません」「地域と行政の立場を分けて、仕事を増やさないように隔たりをつく」るという、身もフタもない表現が見られる。

表3　自由意見（一部抜粋）

交付金執行は不正が無い限りゆるやかに。三社以上の相見積もりを提出とか。
自分たちの地域は自分たちでと言うことで、行政は予算が無いからなにもできませんと言うばかり。
分配金の使い方で大変格差が有り不公平等を感じています。使用目的の内容が片寄りすぎていると思います。
コミュニティ事業が予算消化に走らなければいいのですが。
コミュニティ会議の行事が多く、最近は行事を消化するだけのように思う。
近年パブリックコメントが強調され、その為会議アンケートがやたら多い。それぞれ市役所各課から依頼が来る。
行政は、地域と行政の立場を分けて、仕事を増やさないように隔たりをつくって話しをする。（中略）この点で話しが合わず、感情的となる。

出典）2020年調査より引用

　もとより花巻市の結果はあくまで部分的なエビデンスにすぎないが、金川ら（2021）の全国調査の自由意見にも「『自治』組織であることから、つかず離れずの立場での対応が必要」「地域自治組織のほとんどが、市からの交付金に頼りきった運営」などの悩みが吐露されており（同：233）、地域と行政の関係のあり方は自治体内分権につきまとう課題であることがわかる。その背景として、ここでは「制度化の逆機能」という視点から考えてみよう。

　逆機能と言えば、M.ウェーバーの官僚制論に対する批判としての「官僚制の逆機能」が思い浮かぶが、コミュニティの制度化の場合、例えば「交付金の逆機能」があり得る。多額の交付金の予算化によって担当課は内外（内は財政部局、外は議会等）から地域の「自立」を求められることとなり、上述のように地域との間に「一線を引く」態度につながる可能性である。また、「代表性の逆機能」もあり得る。条例等で自治組織に地域代表性を付与することは、当然説明責任も伴うことから形式的な合意形成手続きや作業を多大化させ、本来身軽な地域活動を「役所っぽく」してしまう可能性がある。

　つまり制度化は当然に、その立法措置や予算措置の合理的な根拠と効果を住民や議会に説明する責任を、行政に要求する。これにより、常に説明可能な"成果"——例えばイベントの参加人数やアンケート結果など——を地域自治組織に求めがちになる。財政支援の規模が大きいほど、あるいはその使途の自由度が高いほど説明責任は増大し、多くの書類や調査や手続きが発生する（官僚制の形式主義）。次第にイベントの実施や交付金等の消化そのものが目的化す

る（R.K.マートンによる「目標の転移」）。表3の中に交付金に関する「予算消化」
「行事を消化」などの指摘が目立つことは、その証左であるとも言えよう。

　官僚制の典型的な逆機能とされる「繁文縟礼」、いわゆるレッド・テープに
ついて、H.カウフマンは著書『レッド・テープ』[14] の中で、その増殖の要因
の一つに民主主義が要請する「代表性」を挙げている。つまり民主的な参加プ
ロセスの保障と結果のアカウンタビリティが求められるにつれ、レッド・テー
プも不可避的に膨張するのである。これは近代国家の政府の宿命でもあり、地
域自治組織とて制度化によって法的な代表性を措定されるようになればなるほ
ど、その例外ではあり得ない。役員の負担感は高齢化のためだけではないので
ある。

　もとより制度化は自治体の意思とぶれない姿勢を示し、トップの交替等にか
かわらず関係者が安定感と長期的な見通しをもって活動することを可能とする
ためのものであり、その効果を過小評価してはならない。しかし、当たり前だ
が制度化は万能ではないし、ゴールでもない。逆機能の存在を自覚し、組織の
維持が目的化しないよう常に注意を払うことが不可欠であり、それが平成のコ
ミュニティ政策の経験に我々が学ぶべき教訓の一つであろう。

3　令和のコミュニティ政策──「場づくり」に着目して

3.1　「場づくり」の概念と「居場所」への注目

　前章までをふまえ、制度づくり・組織づくりの次なるムーブメントとして、
その逆機能を乗り越えるための「場づくり」が重要視されるであろうとの認識
に立ち、本章では特に2000年代から拡大してきた「居場所づくり」に注目して、
先行文献から動向と課題を整理する。その上で、令和のコミュニティ政策にお
ける場づくりの可能性や課題を示してみたい。

　コミュニティにおける「場づくり」という言葉は、改めて考えると相当に幅
広い概念である。コミュニティ政策における「場」の議論は、伝統的に地域コ
ミュニティの「活動拠点」としての場を主な対象としてきた。昭和のコミュニ
ティ政策における「ハコづくり」がまさにこれであったし、平成のコミュニ
ティ政策においても制度や組織を動かす活動拠点としての「場」が注目されて

きた[15]。これは、本特集の解題（宗野）にいう「大文字のコミュニケーション」になぞらえれば「大文字の場づくり」と言い換えられるであろう。そこで行われるのは主として地域の代表たる地域自治組織を媒介とし、地域に認知された活動であり、あるいはその展開、外延としての活動として想定されていた。

　これに対し、コミュニティ政策学会編集委員会（2018）は、「多様な寄り合いの場」というテーマを設け、これまでの「自治体内分権の枠組みに必ずしも包含されないアクター」（同：43）に注目して京都府伏見区の「ふしざく」（谷 2018）など、従来の地域拠点としての「場」にとどまらない多種多様な場のありようを論じている。これは「小文字の場づくり」とでもいうべき、新しい着眼であるように思える。そして、これらは物理的な空間をどう設えるかという観点に加え、そこでの人々のより良い「出会い」をどう設えるかという問題意識も含む議論である。以上を概念的に示したのが**図9**である。

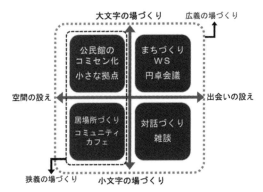

図9　コミュニティ政策における場づくりの概念と内容
出典）2020年調査より筆者作成

　ここで注目する第3象限の「居場所づくり」は行政や地域自治組織などの公的な主体ではなく、個人や比較的小さなコミュニティにおいて自然発生的に取り組まれてきた「小文字の場づくり」であり、サードプレイスやコミュニティカフェなど多様な形態で普及しつつある。良く知られるように地域福祉や教育の現場では長い間、こうした多様な場づくりは必要に迫られた人々によって実践が積み重ねられてきた。すなわち、「既存の制度や施設の枠組みでは上手く

対応されない要求に対応するために開かれてきた家（家庭）でも、職場や学校でもない第三の場所」（田中 2021：3）としての「居場所」づくりの歴史である。次節では主に田中（2021）第7章を参照し、居場所づくりの経緯と現状を概観する。

3.2　「居場所」の発祥、拡大と制度化

　田中（2021）によれば、「居場所」という言葉は1980年頃から「学校に行かない・行けない子どもたち」のために、その親や関係者らが設営したフリースペースを指すものとして使われ始めたという。「居場所」をタイトルに含む図書の出版は1980年代中頃から断続的に現れ、90年代後半から急増する。この時期には不登校との係わりに限らず、「コミュニティカフェ」「地域の茶の間」「まちの縁側」など、様々な人々にとっての居場所づくりが全国で同時多発的に展開した。たとえばコミュニティカフェは2000年以降増え始め、その総数は定かではないものの一説には全国に3万か所以上とも言われるという。さらに宅老所や子ども食堂など、居場所は既存の制度や施設では対応できない切実な要求に応えるため、その当事者、もしくは当事者の家族、周囲住民など地域主体の動きとして作られ、運営されてきた。即ち「居場所とは既存の制度や施設の外側の場所」であった（田中2021：178）。

　2000年前後より、こうした状況に徐々に変化が訪れる。住民主体の居場所づくりを行政が施策として取り込むようになるのである。新潟市の河田珪子氏が創始し、継続してきた「実家の茶の間」が高齢者等の居場所づくりとして注目され、2000年に新潟県の長期総合計画で「地域の茶の間」として全県普及が打ち出されたことは一つの典型例である。さらに2015年には厚労省の介護予防・日常生活支援総合事業に、地域の茶の間をモデルの一つとした「通いの場」が制度化された。

　また同じ頃、不登校やいじめ自殺等の増加を背景に子どもたちの「心の居場所」が注目されるようになり、文科省は2004年度に「子どもの居場所づくり新プラン」を開始する。これはのちに、それまで地域の公園など多様な「学校外」の場で行われていた活動を「学校内」に囲い込むことにつながった（田中2021：178-180）。これらは「居場所の制度化」、つまり制度の外側に自助努力で

作られた居場所（の一部）が、後追い的に制度の内側に取り込まれたことを意味している。

　ほかにも「孤食を防ぐ」をモットーに始まった子ども食堂の取組みが、その後子どもの貧困対策推進法の成立（2013）とともに貧困対策に結び付けられていくなど、制度化とともに制度の"外側"にあった活動に変質が生じるケースを田中は複数指摘している（同：182-184）。居場所は、制度化により安定的な財源や社会的認知を得ることができる一方、政策目標や他の諸制度との整合、安全管理など様々な要請から一定の制限や方向づけを受けるようにもなるのである。これは前章で指摘した「制度化の逆機能」と通ずるものであろう。

　このことを「施設化」における「機能」と「要求」の倒立関係として指摘したのが建築学の大原（2021）である[16]。大原は、宅老所を例に、地域で生まれた居場所としての本来の存在意義は「提供されるサービス機能ではなく、地域の要求を引き出すための装置」（同：170）としての有効性だとした。しかし、これを行政や福祉事業者が施設化しようとすると、多くの場合「機能」が先行し、機能に合わせて居住者が募集され、類型化されることになる。これでは利用者に「ケアする・される」という「関係の絶対性」（同：163）がもたらされてしまう。この機能と要求の倒立関係を批判し、そこから解放されることが利用者の「主体性回復」に不可欠とする大原の議論は、制度化の逆機能と同様、施設化の盲点を突いている。

　このような「要求の先取り」をしないために、前出の新潟県の「地域の茶の間」の普及に際しては、設置や運営の補助金支援に加え、河田氏の経験に裏打ちされた多くのノウハウが徹底して伝えられた。一例として、茶の間では食事の時に誰かがほかの人の食事を勝手に取り分けないようにしている。何をどれくらい食べるかは本人が決めることであり、取り分けてもらうことが当たり前になると「一人ひとりの表情がどんどん受け身態の表情に変わってくる」（河田氏の言葉）からだという（田中2021：206）。こうした一つひとつのふるまいや、細やかなプロセスの意味を行政担当者が真剣に理解・共有し、現場に出向き根気よく伝える。制度化とは本来そのような手間暇を必要とするのであり、それが逆機能に陥らないための要諦であることを新潟県の例は示している。

3.3 小括—主体・場・しくみ

　本章では、「居場所」は既存の制度や組織の外側にあって孤立しがちな人々が再び社会に参加し、包摂されるための切実な要求を原点として立ち上がり、広まってきたことを見てきた。そこでは、まず何より当事者の主体性の回復が尊重されなければならず、その要求にもとづく機能（場）が編み出され、実践されるプロセスそのものが居場所の実質化に寄与していた。そして、制度化・施設化（しくみ）のフェーズはそれらの現場知に対する十分な尊重・参照の上に進められるのでなければ、逆に本来の活動を変質させたり主体性を侵したりする可能性もあることを、歴史的な経過の中に観察することができた。

　つまり主体があり、機能（場）があり、そしてしくみがある。言い換えれば、居場所とは「主体を伴わないしくみ」に対するディフェンス機能であり、主体としくみをつなぐ媒介でもある、そのような可能性を持つということであろう。

4　コミュニティ政策にとって「場づくり」とは何か

4.1　「場づくり」のもたらす意味

　前２章をふまえ、場づくりの重視という潮流と実践はコミュニティ政策にとってどのような新しい意味をもたらすのか。そして、その具体的な取組みを進める上でどのような論点が明らかにされる必要があるのか。本章ではネイバーフッドデザインの考え方を参照しつつ、これらについて検討したい。荒（2022）は、ネイバーフッドデザイン[17]の具体的なプロセスとして、「未来とゴールのデザイン」「機会のデザイン」「主体性のデザイン」「場所のデザイン」など６つの要素を挙げ、まずはビジョンを共有した上で「機会」「主体性」「場所」「見識」をデザインし、さらにそれらを継続するための「仕組み」をデザインするという基本的な枠組みを示している[18]（同：85-90）。その大枠を**図10**に整理する。図中①と②は、主体性が機会や場、学びを豊かにし、機会や場、学びがさらに主体性を育むという往還関係にあることを示している[19]。これを前述の大原（2021）による居場所づくりの実質化のプロセスと比べてみると（**図11**）、両者は良く似た考え方に立っていることがわかる。

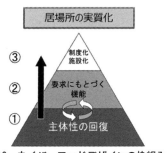

図10　ネイバーフッドデザインの枠組み
出典）荒（2022）を参考に筆者作成

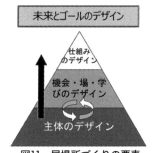

図11　居場所づくりの要素
出典）大原（2021）を参考に筆者作成

　ここから共通して言えるのは、制度化や施設化はいずれも目的ではなく補完であることを明確にした上で、制度が機能する前提として、一人ひとりの主体性を引き出し、それを伸長するための具体的なプロセスのデザインが不可欠だということだろう[20]。そして場づくりは主体性によって実質化されると同時に、良くデザインされた場は主体性を涵養する機能も持ち得る。両者は往還しながら、組織づくりや制度づくりの内実を支えることになる。つまり、図9にいう「小文字の場づくり」はより良い「大文字の場づくり」を促し、「制度化の逆機能」というコミュニティ政策の隘路に風穴を開けることができる可能性が大きい。コロナ禍が落ち着きつつある今、改めて場づくりがもたらす意味と機能を問い直す必要があるのではないだろうか。

4.2　具体的な「場づくり」に関する論点

　一方、主体や場のデザインとは言うのはたやすいが実際には簡単なことではない。それは個人の内心にも関わることがらであり、本学会宮崎大会のセッションでも問われたように、公共政策として果たして何ができるのか、何をすべきかは自明ではない（だからこそ、目に見えやすいしくみのデザインがどうしても先行してしまうのである）。その具体的な知見や処方箋については筆者の能力にも紙幅にも限界があり、本特集の石井、佐伯の論考に譲りたいと思う。ここではいくつかの論点とキーワード、事例を挙げる。

1）場の目的をどこに置くか　―「場の脱目的化」

　行政や地域自治組織が場づくりをしようとすると、「目的」を設定しがちである。しかし、活動目的やそれに応じた参加プログラムを周到に用意することは、人を「お客さん」にしてしまう（坂倉2021：83）。そうではなく、場を「50％程度の完成度」にしておくことや「曖昧さや分かりにくさ」を排さないことでむしろ参加者の主体性、創造性が引き出されるという（同：73、86）。こうした状況は、別の言葉では「居合わせる」と表現される。それは「場所と時間を共有し、お互いどの様な人が居るかを認識しあって」いる状況であり、疎外や排除を生まないために敢えて「親密」にならないことが大切だという[21]（田中2021：238-239）。

　「脱目的」「未完成」「曖昧」、これらはどれも、これまでの行政には一般的に受け入れがたい価値である。明確な目的、高い完成度、曖昧さのない説明責任こそが長く行政の追求価値だったのだから、発想の転換は容易ではない。また、「居合わせる」だけでは「地域課題の解決」には結びつかないではないかという疑念もあるだろう。しかし、多様な住民が疎外されることなくありのままで地域の中に「居合わせる」ことを許容し、何か困ったときには自然に手を貸し合える程度のゆるやかな関係を保つことは、社会関係の希薄化に突き崩される地域自治の基盤を支えることになる。そこから、地域課題へ向き合う動機も生まれるであろう。

2）場にはどんな人が必要なのか ―「場の脱コーディネート化」

　具体的に誰が（どんな人材が）場を運営するのか。大文字の場づくりでは、地域課題の解決という目的に向けて参加者の議論を活性化させるコーディネーターやファシリテーターなどの人材が重要視され、その育成や派遣が図られてきた。一方、脱目的化した小文字の場づくりでは、参加者は何かの目的に向けて動員されるのではなく、一人ひとりが話したいことを話し、好きなことをやる。そこには放置でもなく介入でもない、絶妙な距離感でその声に耳を傾け、ふとした言葉を拾い、対話することのできる人材が必要である。筆者はそれを、「雑談デザイナー」「つぶやきキャッチャー」と呼んでいる。

　その力を実感した一例として、本特集でも取り上げている兵庫県明石市が市

内28の全小学校区で進める「校区まちづくり」[22]の一つ、魚住まちづくり協議会の事例を挙げたい[23]。魚住地区（2019年7月人口12,648人、世帯数5,648）は明石市の西部の海沿いに位置する地域であり、まちづくりの「ちょこっとお助け人（マン）」の募集など、積極的な住民への声がけに取り組んでいる[24]。協議会の事務局は魚住小学校地内の一角に置かれており（**図12**）、筆者らが訪ねた際も下校中の小学生の姿が近くに見られた。ちょうどその動線に当たる通路に面した窓際に、さり気なく置かれた植物の鉢を指して、事務局員の女性の方がこう説明された。

　通りがかった男の子が鉢についたチョウの青虫を見て、「わあ、これいつサナギになるのかな」と言ったんです。「いつだろうね」「白いチョウになるかな、黄色いチョウかな」「一緒に観察してみようか」そんなやりとりをして、その子は毎日ここに寄って色々お話していくようになったんです。

　幼虫のついた鉢も、地域の人の敷居を低くして入りやすくする工夫なのである。そのようにして一つのつぶやきから対話がふくらみ、つられて親たちもPTAの集まりの帰りに立ち寄るようになると「PTAも結構大変なのよね」など、学校の先生には言えない雑談が飛び出すようになり、そこから地域の活動に関わる親世代も出てきたという。そこに見られたのはまさにつぶやきのキャッチであり、雑談のデザインであり、それができる人材が魚住まちづくり協議会の事務局にいたということである。

図12　通路側から見た魚住まちづくり協議会事務局
出典）筆者撮影

3）場はどこにあれば良いのか　―「場の脱中心化」

　これまで場づくりというと住民の集まりやすい地域の中心である公共施設や集会施設などが想定されてきた。しかし、こうした場所は住民にとっては実は目的がなければ「行きにくい」場所でもある。「集まりやすい」は集める側にとっての「集めやすい」であり、「集まりたい」場所とは違うということが往々にしてある。

　筆者は数年前に長野県阿智村清内路地区[25]を訪れ、地区の中心部からは少し離れた雑貨・食料品店に地区住民が誰彼なく立ち寄り茶飲み話をしている光景を目にした（**図13**）。滞在した2時間ほどの間に地域のお年寄り、実家に帰省中の若い親子、出張所の村職員など、小さな地区としては驚くほど多様な人が訪れ、買い物ついでにレジ横の6畳ほどの小上がりに座り、炬燵でお茶を飲み、女主人とおしゃべりをしていった。会話は他愛無い地域の話題だったが、村職員は裏の川で始まった工事で何か影響がないかというようなことを漬物をつまみながら尋ねていた。

　そこは村の中心ではなく、もちろん公的な支援を受けている訳でもなく、ただ住民が自然に集まる場所に職員がちょくちょく来て、地域の様子を聞いたり情報を伝えたりしていくだけである。しかし、情報があるところにはさらに人が集まる[26]。そこは明らかに地域の居場所として機能していた。そのようなインフォーマルな場はどの地域にも割合あるのではないか。

行政は居場所を作ったから来てね、ではなく「既にある居場所」を見出して自ら足を運ぶ努力が必要である。それは行政職員にとってはかなり大きな発想の転換を要すると思われるが、「場の脱中心化」とはそういうことである。

図13 阿智村清内路地区の商店の様子
出典）筆者撮影

5 まとめと考察

本稿は、地域自治の制度化・組織化を追求した平成のコミュニティ政策から「場づくり」「対話づくり」を重視する令和のコミュニティ政策への流れを捉えた上で、先行研究と事例調査から制度化の「逆機能」の問題が生じている可能性を指摘した。また、居場所づくりの展開経緯をふまえて主体性と場が丁寧にデザインされてこそ、しくみや制度も機能し、居場所の実質化が担保されることを示し、コミュニティ政策にとって場づくりがもたらす意味と、具体的な場づくりに取り組む上でのいくつかの論点を取り上げて論じた。これらにより、これまでどちらかというと実践が先行してきた場づくりの知見を、コミュニティ政策論が蓄積してきた理論的な座標軸のなかに位置づけ、両者を架橋することができたと考える。

一方、本稿が論じ切れなかった課題も多い。最後にその中から何点かを考察し、本稿のまとめに代えたい。

第一に、政策への落とし込みに関することである。この点は前節で論点を挙げるにとどまり、本稿の成果には限界がある。しかし自治体や実践に携わる関

係者にとって、平易かつ具体的に取り組める処方を示せなければ、むしろ場づくりが昭和の「ハコづくり」に先祖返りして「目標の転移」を招き、またもや逆機能に陥りかねない。政策現場との協働による地道な事例検証が今後も望まれる。また、その際に不可欠なのは福祉政策との連携であるが、この点も本稿ではほとんど踏み込めなかった。社会保障制度のほころびが露呈するにつれ、そこからこぼれ出る福祉ニーズを地域が取り戻す実践が求められており[27]、現状では地区社協やCSW（コミュニティソーシャルワーカー）など福祉リソースとコミュニティの協働は試行錯誤の過程にある[28]。制度のタテ割りを乗り越える知見の蓄積が求められる。

　第二に、このテーマに関するコミュニティ政策学としての学問的貢献に関することである。場づくりとは極めて個別的・具体的な営みであるだけに、制度や組織づくりと比べて政策的に「ヨコ展開」しにくい。この難点にこそ学問としての追究や貢献の余地があると筆者は考えているのだが、本稿はそこまで及ばなかった。一つだけ記しておくと、他の学問領域との交流に可能性が見出せる。例えば、近年の社会言語学やコミュニケーション論において、「制度的談話」と「非制度的談話」を分けた中で後者の典型として「雑談（small talk）」の重要性が注目されていることは、重要なヒントになり得る（村田2023：26-28）。また前章の「脱目的化」に関連して、場づくりの効果・成果をどう捉えれば良いのかという疑問が出そうだが、参加者一人ひとりの安心や受容感覚を指標と考えるならば、人の相互行為としてのコミュニケーションを微視的に分析するインタラクション分析（高梨2017など）の手法も応用可能性がある[29]。

　第三に、コミュニティ政策における伝統的な論点である「参加」と「協働」との関係である[30]。居場所づくりは一人ひとりのWell-beingに起点を置くものではあるが、その中から公共的なことがらに目を向け、小さな一歩をふみ出すこともまた大切にされなければならない。小文字の場づくりと参加・協働の間にどのような橋を架けるのか、この点に関してもこの後の石井と佐伯にバトンを渡したいと思う。

【注】
1）本稿は、2022年7月2〜3日に宮崎県宮崎市で開催されたコミュニティ政策学会第21回学会大

会セッションE分科会「人と地域がつながる場とこれからの地域まちづくりについて―公立の地域拠点（公民館等）」における議論から多くの示唆を得ている。コーディネーターの石井大一朗氏（宇都宮大学地域デザイン科学部）をはじめ報告者の皆様、会場で質疑等をいただいた皆様ほか、多くの大会関係者の皆様に感謝申し上げる。

2) 金谷（2019）は、世論調査の結果をもとに社会貢献を考えている人がその対象として「町内会などの地域活動」より「社会福祉に関する活動」に関心を寄せる近年の傾向を指摘し、これを「地域コミュニティと福祉コミュニティのオーバーラップ」と称している（同：79-80）。

3) 地域自治組織には様々な定義が与えられてきた経緯があり、類語も多いが、金川ら（2021）では「小学校区、中学校区、旧町村など、基礎自治体の内部の一定の区域（指定都市の区の単位を除く）を単位として、住民、自治会等の地縁団体、住民活動団体、PTA、NPO、地元企業などを構成員として、地域課題の解決やまちづくりなどを行っている組織・体制を指し、自治体が何らかの関与（条例等での制度化、資金交付、認証など）を行っているもの」としており、本稿もこの理解にならっている。

4) 金川ら（2022）はこの背景として役員の高齢化、マンネリ化、首長の交代等を指摘している（同：55）。

5) ただし、本調査の回答者ははあくまで自治体なので住民組織側の実状を反映しているかどうかは不確かである。また、調査対象も「自治体が何らかの関与を行っているもの」であり、自治体が関与しない住民組織の動向については不明である。

6) ここではそれらに立ち入る紙幅はないが、最近の多様な取組み事例については中川（2022）に詳しい。また、神戸市真野地区の住民自治の足取りをつぶさに検証した乾（2023）は、行政からの働きかけで地域組織を制度化することには一定の意味（有効性）があると指摘している（同：236-239）。

7) 導入の背景、経過や、制度の詳細については、役重（2019）第6章を参照。

8) 筆者は2014年より花巻市コミュニティアドバイザーとしてこの検証作業に市担当課とともに取り組んでおり、以下はその参与観察による。

9) この点に関し、沼尾・花立（2019a）、同（2019b）は長野市の自治体内分権の導入に際し、その「機能発揮」のために全庁的な体制構築のもとで諸制度の整理や地域の負担軽減に取り組んだ経緯を当事者目線で詳述しており、示唆に富む。

10) 以降、2015年調査のデータに関しては基本的に役重（2019）からの出典である。

11) 地域づくり交付金は基本割と人口・面積割にもとづき各地区に配分されており、原則として使途は自由でコミュニティ会議にゆだねられているが、飲食、政治・宗教に係わるものには充当できないなど最小限の制約を設けている。

12) なお、前回2015年調査では交付金の使途に関する項目は設けなかったため、直接の比較はできないが、図4で見たように「地域づくり交付金の使途の不明瞭や無駄」に該当する回答割合が35％から30％に減少しており、全体で見れば民主的統制がやや浸透したと見ることもできる。

13) 肯定的な回答割合については大きな差はなかった。

14) 原著は1977年、今村都南雄による日本語訳は2015年。

15) 乾（2023）ではこうした拠点機能の重要性を指摘し、「公民館の活用」「地域コミュニティ施設の管理委託」などいくつかのタイプを示している（同：252-253）。

16) 大原の議論は田中（2021）においても主要な知見の一つとして参照されている。

17) 近隣のコミュニティの中で「互いに存在を認知し、挨拶を交わすなど顔見知りで双方に信頼がある関係性」を育む活動をいう（荒 2022：14）。

18) 荒（2022）によれば仕組みの主なものは「協働」「財源」「組織」であり、それらは「運営継続の基盤であると同時に活動の制限にもなり得る」とする（同：90）。本稿にいう「制度化の逆機能」に通じる指摘である。

19) 荒（2022）は、「『機会』『主体性』『場所』『見識』という4つのデザインは相互に深く関係し合っており、実際にはそれらの要素は行ったり来たりしながら設計して」いくとする（同：85）。ここでは本章の議論から主体性の発現をより基層の要件と位置づけた。また、荒における「見識」は、知識と経験が相互に奏効して課題を自分ごととして考え、行動できる力として捉えられているが（同：208）、ここではそれらを含み込みつつ、より具体的に「学び」という言葉を使う。

20) 地域自治についても同様の指摘がある。三浦（2021）は協議会型住民自治組織の活性化の要件として、「マネジメント」、他の活動主体との「パートナーシップ」、そして行政による「エンパワーメント」という3ポイントを挙げ、どんなしくみもそれを活かす自治の基盤と持続的なしかけがなければ機能しないと結論付けた（同：47、202-204）。対象は異なるが共通項の存在は明らかだと思われる。

21) このため、そこに仲良し同士のグループが形成されることはその周辺に対しては孤立や排除といった反作用を生むとされ、例えば前出の「実家の茶の間」ではいくつかのルールで慎重に避けられている。「親密さは、居合わせる状況を崩してしまう」おそれがあるというのである（田中2021：240）。

22) 明石市では小学校区ごとに協働のまちづくり組織を設立し、自治会、PTA、高年クラブ、ボランティアグループなど、さまざまな団体や個人が連携・協力しながらまちづくりを進めている（明石市HP）。

23) 2022年10月26日、明石コミュニティ創造協会のご紹介をいただき、協議会事務局を訪問し川島幸夫事務局長、同松澤公恵事務局次長にお話を伺った。

24) 明石市コミュニティ・生涯学習課（2019）『まちコレ』より。

25) 阿智村は人口6,109人（2022年3月末）、清内路地区は平成の合併前の旧清内路村であり、人口520人、世帯数212戸（2022年10月末）。阿智村HPより。

26) そしてもちろん、それは商店の売上げにも寄与し、地域内経済循環の拠点維持にもつながる。

27) 渕元（2021）は、人々の属性、職域等で細分化された社会保障制度の成立によって福祉が場所を必要としなくなったことから、居場所づくりの営みは「『福祉』が地域に再定位されようとしているプロセス」（同：89）であると指摘する。

28) たとえば地域福祉計画の策定を一つの契機として、社協の専門職員と地域自治組織の協力関係を構築し、地域内の支え合いとまちづくり活動の豊富化を進めている鳥取県八頭町の事例では、CSWと行政職員が共に地域に入りワークショップで互いのスキルを補完することや、集落支援員を配置し防災拠点機能も担わせるなどの分野横断的な行政の工夫が有効であったことが報告されている（竹川2018：87-88）。一方で、コミュニティ政策と福祉政策の連携がタテ割り組織によってうまく進まない例も少なくないという（同：90）。

29）筆者は高梨らの科研費研究である「相互行為分析を用いた地域高齢者の複層的調査に基づく地域コミュニケーション学の確立」に参画しており、その成果をいずれはコミュニティ政策学へ還元したいと考えている。
30）コミュニティ政策における参加と協働の理論的整理については、役重（2020）を参照。

【参考文献】

明石市コミュニティ・生涯学習課（2019）『まちコレ』。
https://www.city.akashi.lg.jp/community/s_kyoudou_shitsu/kurashi/community_machizukuri_shimin/machidukuri/matikore.html　（2023年5月1日最終閲覧）
明石市ホームページ「『協働のまちづくり組織』とは」。
https://www.city.akashi.lg.jp/community/s_kyoudou_shitsu/kurashi/community_machizukuri_shimin/houshin/suishinsoshiki.html　（2023年5月1日最終閲覧）
阿智村ホームページ「阿智村の統計2022」。
https://www.vill.achi.lg.jp/soshiki/2/20230222muranoto.html#iti　（2023年5月1日最終閲覧）
荒昌史（2022）『ネイバーフッドデザイン―まちを楽しみ、助け合う「暮らしのコミュニティ」のつくりかた』英治出版。
乾亨（2023）『神戸市真野地区に学ぶこれからの「地域自治」―地域のことは地域で決める、地域の者は地域で守る』東信堂。
大杉覚（2021）『コミュニティ自治の未来図―共創に向けた地域人財づくりへ』ぎょうせい。
大原一興（2021）「福祉施設と制度：高齢者施設を例として」『法政大学多摩論集』37、151-172。
H.カウフマン（2015）『官僚はなぜ規制したがるのか―レッド・テープの理由と実態』（今村都南雄訳）勁草書房（※原著は1977年刊『レッド・テープ』）。
金川幸司・後房雄・森裕亮・洪性旭編著（2021）『協働と参加―コミュニティづくりのしくみと実践』晃洋書房。
金川幸司・洪性旭・井本智明・森裕亮（2022）「地域自治組織の活性化要因に関する研究」『計画行政』45（3）、51-57。
金谷信子（2019）「コミュニティは失われた楽園か―"地域コミュニティ"の実態と政策の再考」『コミュニティ政策』17、67-86。
E.クリネンバーグ（2021）『集まる場所が必要だ―孤立を防ぎ、暮らしを守る「開かれた場」の社会学』（藤原朝子訳）英治出版。
コミュニティ政策学会編集委員会（2018）「特集論文　解題」『コミュニティ政策』16、43-44。
坂倉杏介（2021）「都市部のつながりを形成する場づくり」飯盛義徳編著『場づくりから始める地域づくり―創発を生むプラットフォームのつくり方』学芸出版社。
高梨克也（2017）「インタラクション分析に基づく科学コミュニケーションのリ・デザイン」村田和代編『市民参加の話し合いを考える』ひつじ書房。
竹山俊夫（2018）「中山間地域における地域福祉推進基礎組織づくりの現状と課題―鳥取県八頭町における地域福祉計画実践の事例研究」『地域学論集』15（1）、81-91。
田中康裕（2021）『わたしの居場所、このまちの。―制度の外側と内側からみる第三の場所』水

曜社。

谷亮治（2018）「多様な寄り合いの場からコミュニティを考える―京都市伏見区『伏見をさかな
　　にざっくばらん』の実践事例報告から」『コミュニティ政策』16、65-89。

中川幾郎編著（2022）『地域自治のしくみづくり　実践ハンドブック』学芸出版社。

中田実（2014）「自治省コミュニティ施策の到達点と新たな課題」山崎仁朗編著『日本コミュニ
　　ティ政策の検証―自治体内分権と地域自治へ向けて』東信堂、356-377。

沼尾史久・花立勝広（2019a）「『都市内分権』の論理（1）―いかに委嘱制度は廃止されたか」
　　『信州大学経法論集』6、143-169。

沼尾史久・花立勝広（2019b）「『都市内分権』の論理（2・完）―いかに委嘱制度は廃止された
　　か」『信州大学経法論集』7、33-103。

花巻市ホームページ「花巻市まちづくり市民アンケートの結果を報告します」。

https://www.city.hanamaki.iwate.jp/shisei/shisei/keikaku/1002803.html（2023年3月28日 最 終 閲
　　覧）

花巻市ホームページ「コミュニティ会議による地域づくり　地域づくり交付金の使いみちと活
　　動紹介」。

https://www.city.hanamaki.iwate.jp/shisei/chiiki/1008011/index.html（2023年3月28日最終閲覧）

渕元初姫（2021）「時間の中のコミュニティ―横浜市鶴見区における居場所づくり」『コミュニ
　　ティ政策』19、73-91。

三浦哲司（2021）『自治体内分権と協議会―革新自治体・平成の大合併・コミュニティガバナン
　　ス』東信堂。

宮本みち子・佐藤洋作・宮本太郎編著（2021）『アンダークラス化する若者たち―生活保障をど
　　う立て直すか』明石書店。

村田和代（2023）『優しいコミュニケーション―「思いやり」の言語学』岩波新書。

役重眞喜子（2019）『自治体行政と地域コミュニティの関係性の変容と再構築―「平成大合併」
　　は地域に何をもたらしたか』東信堂。

役重眞喜子（2020）「問題設定―参加と協働の分析視角」コミュニティ政策学会地域自治区研究
　　プロジェクト「『参加』と『協働』の地域自治区制度―長野県飯田市を事例に」『コミュニ
　　ティ政策』18、23-98。

┌─ 特集論文　対話づくりとしての場づくり ─────────

「見えていない市民」を照らすコミュニティ政策
── 高校生の活動参加を事例として ──

Community policy shedding light on invisible citizens:
featuring high school student's activities

Keyword　市民参加、すごす、やってみる、高校生、活動参加

宇都宮大学　石井　大一朗

1　固定化・特権化する参加を超えて

　本稿は、宮崎市で開催された第21回学会大会の分科会「人と地域がつながる場とこれからの地域まちづくりについて」に起点をもつ。分科会では、宮崎市における公立の地区公民館や地区交流センターを紹介しつつ、今後、地域づくりの拠点として期待されるこうした場に必要な観点として、貸し室ではなく居場所や機動的に利用できる空間の整備、建物管理ではなくエリアをマネジメントする公立拠点のあり方、学習にとどまらない多彩な活動への展開、地域外はもちろん地域内のあらたな関係人口を育むこと、などが議論された。特に後者の3点は「新しい市民層」を含んだ対話やコーディネートの機能を高めていくことの重要性を示唆している。

　令和のコミュニティ政策の論点の1つとして「場づくり」がある。本稿では、本特集が掲げる「対話づくりとしての場づくり」は、そこに集う人をエンパワーし、これまでとは異なる新しい参加を育むという観点から、場の意味と場の支え方を論じたい。本稿では、これまでの市民参加や住民参加において、参加の機会を十分に得てこなかった若者・子ども、女性、国際移住者などを、これまでに地域自治や政策決定を主導してきた側から捉え、「見えていない市民」と呼び、見えていない市民の参加につながる「対話づくりとしての場づくり」はどのように実現できるのか、特に筆者が近年、実践や調査研究において多く関わりを持つ高校生を対象として明らかにする。

　まず、「市民の参加」の現状を概括し、本稿が主題とする「見えていない市

民」の参加とはどのようなことを指すのかを**図1**を用いて把握する。市民の参加は、いわゆる「市民参加」として数多くの議論がされている。市民参加は大別すると、①市政運営における各過程の意思決定への参加を行政が保証すること、②市民自らが発意する公益的な活動を市民・行政が支えること、に分けられる[1]。①では、審議会委員、市民会議（市民討議会など熟議的な市民参加はさまざまある）[2]、パブコメ、あるいは、自治体が地域の暮らしに関わる施策を検討する際に、自治会長などの地域組織の代表に聞き取りを行うもの、また地域でワークショップを行い、意見を集約的に徴収するのもこれに該当するだろう。1970年代の審議会への専門家や市民の参加、1980年代のワークショップの広がり以降、数十年の間に多様な試みが実践され、それぞれにおいて課題も整理されつつある。審議会では、充て職や専門家に一部の公募市民が加わる。限られた数のなかで、ニーズをもつ当事者や現場のリアルな状況を伝えるメンバーが加わることは難しい。市民会議では、ミニ・パブリクスが重視する社会の縮図を構成することが容易ではない（小針2012：34）（松尾 2016：360）。また、地域で行われるワークショップも同様な課題がみられ、参加者は限定的となる。地域のワークショップについては、筆者は、数多くの企画・運営の経験をもつが共通する課題には次のようなものがある。主催者が特定の団体、そして自治体の特定の課となれば、それは必然的にそこを起点としたつながりの人選にとどまり、いつもと同じメンバーが集うこととなり、新しいアイデアやネットワークが得られることはない。こうした話し合いの場が繰り返され、一部の人にしか理解されない活動となることが少なくない。次に市民参加のもう1つの観点②の現状も把握する。これは市民活動の分野で特に顕著な進展があった。例えば、1998年のNPO法施行により、数多くの市民活動団体が生まれ（NPO法人の数は2022年度末時点で5万を超える）、またそうした団体を支援したり協働を推進する市民活動支援センターも整備された。自治体とNPO、企業とNPOの協働活動が多彩に展開するようになったが、自治体や企業は一部の団体と関係を構築するとその後も継続することとなり、新たなNPOの協働機会の獲得や成長が難しくなる状況もある。また、このことは、先述したNPOに関わりをもつことのできない人の参加の道を閉ざすことにもなる。①、②のいずれの参加においても、制度上は誰もが参加できるはずであるのに、既存の組

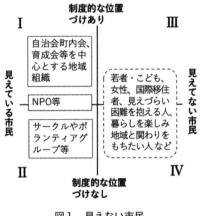

図1　見えない市民
出典）筆者作成

織や一部の市民による固定化・特権化した参加にとどまることが少なくない現
実がある。課題は数多くあるものの、こうしたこれまでの参加の試みは否定さ
れるものではない。SNSによる個をベースとしたネットワークや組織づくり。
ライフスタイルの変化に応じた参加の方法。これまでの参加のしくみでは、十
分に参加できなかった人たちへの対応。こうした現代の生活者の視点にたった
参加のしくみと現在のしくみにギャップが生じているのであり、そのギャップ
をどのように補うのか、あるいは新しい参加のルートをつくり出していけるの
かが、現在のコミュニティ政策や地域づくりの大きなテーマなのである。それ
は図1のⅠからⅢやⅣへ届く参加のしくみづくりである。既存の参加のルート
は、上述した①、②で紹介したような制度や組織を通してもたらされる。では
そのルートに入りづらい人たちとはどのような人たちだろうか。図1のⅢやⅣ
に該当する人たちである。若者・こども、女性、国際移住者[3)]、見えづらい困
難を抱える人、また、こんな人も当てはまる。既存の地域組織の活動には参加
しないが、暮らしを楽しみ地域と関わりをもちたい人、さらには地域企業など
である。固定化・特権化せず、アイデアに溢れ、新しい関係や活動が生み出さ
れていくためには、こうした人たちと新たな関係を築いていくことは不可欠で
ある。それは、見えている市民が集う既存の制度や組織に組み込むのではない。
見えていない市民の視点に立ち、その人自身のやってみたいこと、必要なこと

に寄り添い、参加の機会を創り出していく必要がある。それが結果として、その人たちが住み続けたい地域づくりにつながってゆくのである。

2　見えていない市民の参加のルート「すごす」、「やってみる」

2.1　自治の4つ原則を逆説的に捉える視点

　見えている市民は、行政や地域の会議に行けばいつもいる。ワークショップに行けばいつもいる。見えていない市民はいつもそこにはいない。

　いつも見えている市民しかいないのはなぜだろうか。自治会などの住民自治組織のもつ自治の4つの原則からそのような状況を生み出す要因を考えてみたい。自治の4つの原則とは、他と区別される統治する範域がある。そしてそこに暮らす人たちを構成員としてその範域を代表する。条例制定権などのルールを定めることができる。税を徴収することができる。といったものである。これを住民自治組織に当てはめれば次のようになる。第1に明確な管轄範囲がある。第2に範域内の人々を構成員とし、対外的にも体内的にも地域を代表する性質をもつ。第3は会則をもつ。第4は会費制により財源を確保する。これらの4つの特性は、参加を制限するものと捉えることもできる。そこに住んでいない人、会則に沿わない人、会費を納めていない人は参加できない。ひっくり返すとそのように読めなくもない。つまり、こうした組織が主宰する会合やイベントには、となり町の人や、活動には関心があっても会員でない人が参加できないのである。最近よく聞かれるようになった交流人口や関係人口を育みにくいのである。自治の特性を逆説的に捉えた組織や活動、すなわち、対象範囲はあいまい、地域外の人も参加できる、会員制でなく、会費制でもない、こうした組織や活動を用意することで、これまでとは異なる人と出会うことのできる会議やワークショップが実現するかもしれない。

2.2　「すごす」、「やってみる」とは

　では、「見えていない市民」の参加のルートをどのようにデザインすればよいのか。それは自治の4つの原則を逆説的に捉えることにヒントがある。

　まず1つは、すでにコミュニティ政策の分野で議論されている、コミュニ

ティカフェや○○サロンのような「すごす」を起点にした活動である。何か目的があるわけではなく、お茶を飲む、ひと息する、といったように、そこでゆったりとすごすことが大切にされる空間である。いつでも誰でも1人で行くことができる。そして地域内でこれまでに出会ったことのない人や、地域外から訪れる人とあいさつしたり、世間話しをできるかもしれない。コミュニティカフェは、自治の4つの原則とはすべて反対の特性をもつ地域の公共空間をつくり出している。日本で早くにコミュニティカフェをオープンし、15年以上営業を続ける齋藤保氏は、コミュニティカフェは、居場所機能だけでなく、一歩踏み出し成長できる機能があることとしている（齋藤2020：46）。齋藤氏を中心に作り上げたコミュニティカフェは、「すごす」ことを第1にしつつ、地域の人たちの表現の場であり小さなビジネスを実現する小箱ショップ、カフェ利用者の手作りの企画、そして心温まる手作りの軽食を楽しむことができる。専門職がつくり出すサービスでは味わえない、普段とは少し異なる、市民的でありつつ質の高い気持ちのよさを味わうことができる。こうした「すごす」空間は、特別な場ではなく、私たちの日常の延長にあることが大切であり、そうした空間にこそ、固定化・特権化された人たちとは異なる人がいる。そこでつぶやき、生まれる小さなアクティビティがその人たちの暮らしを豊かにしたり、身近な課題の解決につながるかもしれない。コミュニティカフェで多くの時間をすごした利用者や運営者の中には、地域への関心を高め、自ら市民団体をつくったり、行政や民間企業と協働したりする人もいる。自治体の審議会などのメンバーになる人もいる。コミュニティカフェでの経験は自分と異なる考えや経験をもつ人との対話や共同作業を経て、公益性や協働性を学ぶ機会にもなっていると考えられる。前章で述べた「見えていない市民」が「市民参加」に至るきっかけとなっているのではないか。私たちが暮らす地域社会には、これまでの2つの参加のルートとは別に、「すごす」を大切にした場を用意することの重要性を示すものである。同時にそこでは、カフェへの訪問者を受け止める、まるでコーディネーターのようなスタッフの力量が求められているとも言える（齋藤2020：48, 170）。

　もう1つの「見えていない市民」の参加のルートのデザインは、コミュニティ政策の分野ではあまり議論されていないものである。「社会実験」と呼ば

れる参加の芽を育む方法である。都市計画分野における新たな計画手法や産業界におけるイノベーションの分野で語られることが多い[4]。通常、行政的な計画は、緻密なニーズ把握や実態調査にもとづき計画され、政策決定されたものを中立公平に実行に移していくことが求められる。社会実験の醍醐味は、ユーザー視点に立って必要（必要そう）なことを行政や企業、市民がコーディネートしつつ、期間を決めて「とりあえず」やってみることにある。その結果、ニーズや実現する上での課題を整理して、またやってみる。それを繰り返し、精度を高め、政策や事業にしていくというものである。とりあえずやってみて、期待する成果が得られなければ、それまでであるが、自治体の事業や企業のサービスとして必要かどうかわからないが、試行し、そこで起こった現象、例えば、予想以上のニーズがあった。賛同する企業や市民活動団体がおり、事業の実施を無理なく実施できそう。などのこれまでにない経験や賛同者を得ることを期待できる。こうしたプロセスをデザインする際に大事なことが、「とりあえず」やってみることであるが、この時に、やってみるのは既存の組織ではなく、それをやってみたいと思う人たちを中心に、対話や活動参加の方法を考えることにある。これにより、願い（ウィル）や欲求（ウォンツ）をベースとした当事者本位のつぶやきやつながりが生まれやすくなる。例えば、遊休化した公共用地の活用において、その活用法を検討するワークショップを行い、ドッグランをつくりたいとつぶやいた人がいて、それをやってみたい仲間が揃えば、行政や企業、市民の力を借りて実行に移してみるのである。これにより、これまでとは異なる活動のつくり手が登場するかもしれない。そのつくり手は自らのやってみたいを実行に移すと同時に多様な人・団体の声を聞き、協働性や公共的なマインドを涵養するのである。こうした「社会実験」と呼ばれる活動は、少数の意見からアクションと検証を行うことができ、集約的な調査法では残りにくい声や、小さな声を起点とした事業づくり・政策形成において力を発揮する。ここでは、「すごす」でも言及したが、これまでとは異なる実践を生み出すために、大多数ではないが、実行に移せるコミュニティをつくり、実践していくことを支えるコーディネート機能が重要となる。

3　見えていない市民「高校生」の参加を考える

　筆者は神奈川県から栃木県に移住し7年が経つ。栃木県ではこれまでに、高校生の地域社会参加を支えるプロジェクトづくりに数多く関わり、また高校生を対象とした共同研究[5)]にも取り組んできた。これらの経験と研究成果をもとに、見えていない市民のなかでも高校生に焦点を当て、高校生の参加の現状と、高校生の参加を促す視点やコーディネートの方法を明らかにする。まず、高校生の参加とはどういうことか、考えてみたい。

3.1　大文字のコミュニケーションと小文字のコミュニケーションをつなぐ「活動参加」

　高校生の参加を促す視点を本特集の解題で整理された「大文字のコミュニケーション」と「小文字のコミュニケーション」を材料として、筆者が気になっている点を先に述べておきたい。まず大文字のコミュニケーションで大事なことは、これまでに高校生本人たちではない「大人が用意した参加の場」に組み込みこむような形式になっていないかという点である。近年見られつつある、自治体計画に高校生の意見を反映させようと高校生有志を集め、ワークショップ形式で意見収集する場を設けるものである。近年、高校の教育課程のひとつである探究の時間の成果を首長や議員たちに報告し意見交換する機会をつくる自治体も少なくない。また新城市のように提案の実現に向けて財源的な措置をする例もある[6)]。こうした機会は極めて貴重な機会であり、今後も広く普及していくことが期待される。しかし、こうした取組のなかには、集められるメンバーは、生徒会など高校生活で立場を得たひと握りの人に限られるなど、自治会町内会やNPOと同様に、一部の人しか機会が得られないといった状況や、収集された意見が実際に自治体や地域の計画に反映されたのか、どのように実現するのかといったことは不透明であり、政治的行政的なパフォーマンスに利用しているに過ぎないのではないかといった懸念はつきまとう。大人の既存の参加の世界と同様の状態を高校生に強いているようにも見える。筆者は、高校生の市民参加の現状はまったく不十分なままであると考えている。十分たり得るには、本特集の解題で整理された、高校生本意の大文字のコミュニケー

ションと小文字のコミュニケーションが高校生の日常の延長で繰り広げられ、それぞれの力が育まれる環境をつくることが第1に必要なのではないか。しかしながら、市民参加において不可欠な討議・議論、合意形成といった大文字のコミュニケーションの力を育む場や機会は、学校内はもちろん学校外をみてもあまりないのが現状である。

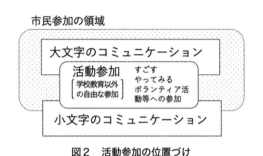

図2　活動参加の位置づけ
出典）筆者作成

　高校生が自由に大文字のコミュニケーションの場や機会を作り出すことが難しいならばどのようにすればよいのだろうか。2-2の「すごす」「やってみる」にヒントがある。大文字のコミュニケーションは小文字のコミュニケーションの経験の上にあると考えてみよう。つまり、「すごす」で述べたように、日々の生活のなかで想いやつぶやきを発せられる場や機会があり、それを受けとめる人がいる。またそうした相互作用のある小文字のコミュニケーションを起点に、仲間が生まれ、多様な他者との関わりや討議・議論、合意形成を含む機会をもつ活動に発展することもあるだろう。高校生自らが「やってみる」機会を得たり、自発的に地域活動やボランティア活動などへの参加を通して、生きた大文字のコミュニケーションは育まれるのではないだろうか（**図2**）。本稿の主題である「対話づくりとしての場づくり」は、そこに集う人をエンパワーし、これまでとは異なる新しい参加を育む、を実現するためには、小文字のコミュニケーションの場や機会をベースとしつつ、大文字のコミュニケーションの場や機会を行き来する環境が必要ということである。

　こうした行き来する環境の1つとして、集う場や機会のなかに相互作用があ

り、他者との関わりを通したなんらかの合意のプロセスを含む、高校生自らが自由に参加するボランティア活動や地域活動があると考えられる。ここでは、これらの活動を、学校教育外において自発的になんらかの場や活動に関わる「活動参加」と呼び、議論を進める。次節以降では、高校生の活動参加の実情に焦点を当て、活動参加はどのような点に留意し支えることが必要か把握する。

3.2　高校生の「活動参加」を支える視点

　高校生の活動参加に関する制度やこれまでの背景を概括すると次のようになる。高校生の活動参加の機会は、文科省が進める高校魅力化プロジェクトや授業の一環として行われる総合的な探究の時間により近年、急速に広がりつつあるが[7]、高校が主導するこれらの取組は机上の調査と提案にとどまることが少なくない。しかし、高校生のなかには、学校による学内活動や授業のみならず、自発的に地域活動やボランティア活動に参加する人もいる。学校外の自発的な活動参加は、制度化された教育課程における探究の時間の経験により関心が高まるなどし、今後、増えていくことが期待される。地域活動やボランティア活動を支える大人は、そうした高校生の存在に意識を向け、参加しやすい環境を作り出していく必要がある。また、高校生を活動に結びつける、高校生にとって身近な相談相手である高校教員や、公民館などの支援者は、現場と高校生を結びつけるコーディネート機能を高めていく必要がある。そしてここで重要となるのが、地域社会の要請に動員される高校生ではなく、地域社会の能動的形成者となるための支援という関わりである。そこでは、高校生自らの自発的な動機とともに自己成長を促すコーディネーションが求められよう。非営利活動における参加動機に関する研究においても、若者ほど利他的な動機よりも、「自己成長と技術習得・発揮」や「自分さがし」に関する動機が強いことが示されている[8]（桜井2002：120）。つまり、地域の課題解決に向けて既存の活動に参加すればよいというわけではなく、活動参加を通して、自己成長や自分さがしを実感できる支えが重要なのである。

4　高校生の活動参加の実態とコーディネーション

　高校生を受け止める地域のキーパーソンや公立の地域拠点の職員が、現在の高校生の活動参加の状況を踏まえ、活動参加の場や機会を得たいと思う高校生を支えるためには、具体的にどのような点に配慮してコーディネーションをすればよいのか。筆者が栃木県総合教育センターと共同研究により行なった調査分析結果をもとに概括する[9]。

4.1　活動参加の実態

1）活動参加（ボランティア活動や地域活動への参加経験）の有無

　高校生のボランティア活動や地域活動への参加の状況は、回答のあった2,692人のうち、これまでにボランティアや地域活動の経験がない人は1,948人（72.4％）、経験がある人は719人（26.7％）、無回答が25人（0.9％）であった。7割以上の人は活動経験がない。

表1　調査概要

調査対象者	県立高等学校・特別支援学校高等部の生徒（主に各校2年生の1クラス40名程度）計2,795名
配布・回収時期	2019年7月5日～19日
配布と回収の方法	教室において教員が配布し、回収。自記式回答
回収率	調査対象者数：2,795名　回答者数：2,692名　回答率：96.3％
設問項目	地域課題の認識、取組状況、取り組んでみたい活動、取り組んでいない人の理由、地域課題に関する学習機会の必要性や方法など、全13問である。
回答者の属性	・女性48.0％　男性48.3％　無回答3.7％ ・居住地と学校の所在の同じ市町46.8％　違う市町50.2％　無回答2.9％ ・全日制の割合83.7％（普通57.5％、実技26.2％）、定時制6.8％（普通3.2％、実技3.6％）、通信制1.7％、特別支援7.8％

出典）筆者作成

2）高校生の「地域課題の認識」と「取り組みたい活動」の異なり

　表2をもとに、高校生の「地域課題に関する認識」を確認する（複数回答可）。1位は約半数の人が「集う場所や遊ぶ場所づくり」となっており、2位～4位は「車や自転車の交通マナーの改善」など、日常のなかの身近な内容に関するものになっている。次に、「自らが取り組んでみたい内容」は次のようになる（複数回答可）。1位は「お祭りなどのイベントを盛り上げる活動」で

あった。2位〜4位は、「地域課題に関する認識」とは異なっている。日常の
なかの身近な内容ではなく、祭りや外国人との交流といった非日常的で他者と
の交流に関するものである。

　本調査結果からわかることは、高校生には集う場所や遊ぶ場がないだろうこ
と、また、認識する地域課題と取り組みたい内容には異なっており、支援者の
立場に立てば、地域課題の学習や情報提供を熱心に進めても、それがすなわち
取り組みたい活動につながらないということである。

表2　高校生の地域課題の認識と取り組みたい活動の異なり

認識する地域課題と取り組みたい内容の違い n2667	認識する地域課題			取り組みたい内容		
	人数	割合	順位	人数	割合	順位
1 集う場所や遊ぶ場所づくり	1262	46.9%	1	896	33.6%	2
2 車や自転車の交通マナーの改善	915	34.0%	2	369	13.8%	7
3 勉強する場所づくり	523	19.4%	8	456	17.1%	4
4 登下校時に危険を感じる場所の点検	805	29.9%	4	260	9.7%	11
5 豪雨や地震などの災害時の対策を学ぶ活動	356	13.2%	11	237	8.9%	12
6 ゴミ拾いやゴミの分別などの環境美化活動	687	25.5%	5	792	29.7%	3
7 学校と住民との交流活動	232	8.6%	13	266	10.0%	9
8 外国人との交流	531	19.7%	7	400	15.0%	5
9 お祭りなどのイベントを盛り上げる活動	391	14.5%	9	960	36.0%	1
10 高齢者の安全確保や生きがいづくりの支援	182	6.8%	15	223	8.4%	14
11 子どもの安全確保の支援	227	8.4%	14	237	8.9%	12
12 観光の活性化や名産品をつくる活動	670	24.9%	6	263	9.9%	10
13 商店街の活性化	885	32.9%	3	327	12.3%	8
14 空き家や耕作放棄地の活用や管理	381	14.2%	10	128	4.8%	16
15 郷土芸能や地域の歴史を生かした活動	179	6.6%	16	163	6.1%	15
16 子どもの居場所づくり、学習・スポーツ支援	295	11.0%	12	398	14.9%	6

出典）筆者作成

4.2　高校生の活動参加を促すコーディネーション
1）コーディネーションの視点1：活動参加の経験により異なる「取り組みた
い内容」

　高校生の活動参加を促す際に高校生自らが取り組みたい活動に焦点を当て、
参加のコーディネーションを行うことで参加が進みやすくなると考えられるが、
高校生はどのような活動内容を志向しているのだろうか。ここでは、単純集計
からでは把握できない回答者の回答パターンを把握する。これにより取り組み
たい地域活動の全体の傾向を把握することができる。活動参加の経験のない人

は、経験のある人に比べ、参加のハードルが高いと考えられることから、参加
経験のある人（719人）とない人（1,948人）に分けて分析する。

「活動参加の経験のある人」の取り組みたい活動内容の傾向には次のような
特徴がある。分析は、取り組みたい内容について、19の選択肢のうち「特にな
い」「その他」「無回答」を除いた16の変数により、それぞれを名義尺度として
ダミー変数：0、1とした主成分分析を行なった。分析の結果、固有値1以上
の因子が4つ得られた（表3）[10]。16の変数から3つの主成分が生成されたこ
とになる。表3の左の表は主成分1～3と元の変数との相関関係を表している。
どのような活動内容を志向する人たちがいるのか、中程度以上の相関に着目し、
それぞれの成分の比較から解釈すると、参加経験のある人の今後取り組みたい
活動内容には次のような傾向がある。

表3　「活動経験のある人」の今後取り組みたい内容の特性

成分行列

活動内容	成分		
	1	2	3
集う場所や遊ぶ場所	0.540	-0.065	-0.540
車や自転車の交通マナー	0.496	-0.609	0.106
勉強する場所	0.435	-0.197	-0.647
登下校時に危険	0.460	-0.605	0.053
豪雨や地震などの災害時対策	0.501	-0.147	0.213
ゴミが落ちている、ゴミの分別	0.601	-0.126	0.264
学校と住民との交流	0.464	0.152	0.303
外国人との交流	0.499	0.141	-0.020
お祭りなどのイベント	0.621	0.221	-0.130
高齢者の安全確保や生きがいづくり	0.488	0.091	0.312
子どもの安全確保	0.510	-0.157	0.242
観光名所や名産品	0.451	0.507	0.011
商店街の活気	0.502	0.308	-0.071
空き家や耕作放棄地	0.388	0.112	0.019
郷土芸能や地域の歴史を生かした活動	0.436	0.259	0.148
子どもが勉強やスポーツを教えてもらえる場	0.547	0.125	-0.248

説明された分散の合計

成分	初期の固有値			抽出後の負荷量平方和		
	合計	分散の %	累積 %	合計	分散の %	累積 %
1	3.99	24.96	24.96	3.99	24.96	24.96
2	1.39	8.69	33.64	1.39	8.69	33.64
3	1.19	7.46	41.10	1.19	7.46	41.10
4	1.00	6.24	47.34			
5	0.94	5.86	53.20			
6	0.87	5.43	58.63			
7	0.82	5.13	63.75			
8	0.79	4.92	68.67			
9	0.77	4.78	73.46			
10	0.73	4.54	78.00			
11	0.70	4.37	82.36			
12	0.64	3.97	86.33			
13	0.61	3.80	90.13			
14	0.58	3.60	93.73			
15	0.52	3.27	97.00			
16	0.48	3.00	100.00			

出典）筆者作成

生成された主成分3つのうち1つ目の成分は、活動経験のある人の志向を
もっとも強く示す成分である。すべての活動内容が中程度以上となっているこ
と、また負の相関を示すものがないことから、全体としてどんなことにでも取
り組んでみたいことがわかる。一方で、他の人たちとの積極性に関する温度差

表4　「活動経験のない人」の今後取り組みたい内容の特性

成分行列

活動内容	成分			
	1	2	3	4
集う場所や遊ぶ場所	0.385	-0.315	0.639	-0.047
車や自転車の交通マナー	0.419	0.500	0.314	0.100
勉強する場所	0.389	-0.094	0.559	-0.084
登下校時に危険を感じる	0.455	0.497	0.250	0.132
豪雨や地震などの災害時対策	0.461	0.263	-0.056	0.175
ゴミが落ちている、ゴミの分別	0.447	0.384	-0.012	-0.156
学校と住民との交流	0.525	-0.165	-0.217	-0.203
外国人との交流	0.443	-0.225	-0.122	-0.099
お祭りなどのイベントの盛り上がり	0.485	-0.426	0.123	-0.103
高齢者の安全確保や生きがいづくり	0.592	0.121	-0.304	-0.175
子どもの安全確保	0.536	0.259	-0.194	-0.334
観光名所や名産品がない	0.530	-0.239	-0.224	0.335
商店街の活気がない	0.494	-0.287	0.05	0.514
空き家や耕作放棄地が増えている	0.452	0.200	-0.133	0.253
郷土芸能や地域の歴史を生かした活動	0.503	-0.212	-0.262	0.223
子どもが勉強やスポーツを教えてもらえる場	0.480	-0.217	0.000	-0.495

説明された分散の合計

成分	初期の固有値			抽出後の負荷量平方和		
	合計	分散の %	累積 %	合計	分散の %	累積 %
1	3.650	22.812	22.812	3.650	22.812	22.812
2	1.433	8.958	31.77	1.433	8.958	31.770
3	1.231	7.696	39.466	1.231	7.696	39.466
4	1.031	6.441	45.907	1.031	6.441	45.907
5	0.921	5.753	51.66			
6	0.887	5.541	57.201			
7	0.859	5.367	62.569			
8	0.818	5.111	67.68			
9	0.751	4.693	72.373			
10	0.731	4.571	76.944			
11	0.696	4.353	81.297			
12	0.648	4.051	85.348			
13	0.643	4.02	89.367			
14	0.581	3.634	93.001			
15	0.567	3.546	96.547			
16	0.553	3.453	100			

出典）筆者作成

が大きいことが推察され、消極的な人たちとの連携・協力関係をつくる支援が必要と考えられる。また、他の2つの成分をみてみると、主成分2は、観光や名産品の活動以外に関心を示さず、特に登下校や、車・自転車のマナーといった日常の地域課題にやや強い負の相関がある。また、主成分3では、集う場所や遊ぶ場所、勉強する場所といった利己的な活動に関してやや強い負の相関がある。総じて活動経験のある人について言えることは、どんな活動内容であっても取り組んでみたいが、なかには、登下校や車・自転車のマナーに関するもの、そして利己的な活動には、否定的な人たちがいるということである。

　次に「活動参加の経験のない人」は、どのような内容の活動を好み、また配慮すべき点はあるのか。取り組みたい内容について、同様な分析を行なった。分析の結果、固有値1以上の因子が4つ得られた（表4）。16の変数から4つの主成分が生成されたことになる。

　生成された主成分4つのうち1つ目の成分は、活動経験のない人の志向をもっと強く示すものである。活動経験のある人と類似した傾向を示している。一方で第2成分、第3成分をみると活動経験のある人との違いがよく現れている。登下校や車や自転車の交通マナーといった身近な活動に関心を示す人や、利己的な活動に関心を示す人が一定数存在する。これは参加経験のある人と逆

の傾向である。活動経験のない人について言えることは、どのような活動内容
でも取り組みたいが、なかでも登下校や、車や自転車の交通マナーといった身
近な活動、利己的な活動に関心をもつ人がいる。そしてこの点についは、参加
経験のある人の志向とは異なることから、こうした活動に活動経験の有無に関
わらず一緒に取り組む際には、取り組む意義に関して、志向の異なる人同士が
共有する対話の場づくりが大切となる。

2）コーディネーションの視点２：学校が提供するボランティアプログラムとの連携

　次に、「高校生の日頃の生活がどのような状況にあると、より活動しやすく
なるのか」を把握するため、学校外の活動に［取り組んだ経験がある］を従属
変数とし、独立変数を今回の調査で聞いた、［学校や地域から学習する機会が
十分に与えられている］、［学校活動におけるボランティア・地域活動の経験の
種類］、［地域課題の認識の傾向10］、そして［性別］、［同じ市町からの通学か
否か］としたロジスティック回帰分析を行った。

表5　高校生の属性や環境からみた活動参加

	回帰係数	オッズ比	
学習機会が十分に提供されていると感じている	0.29	1.337	*
学校活動におけるボランティア・地域活動の経験			
・各教科	0.019	1.019	
・総合的な学習の時間	-0.183	0.832	
・部活動	-0.089	0.915	
・ホームルーム活動	-0.061	0.941	
・生徒会・農業クラブ・家庭クラブ活動	0.54	1.715	**
・学校行事	0.087	1.091	
・その他	1.248	3.483	**
・取り組んでいない	-0.587	0.556	**
地域課題の認識			
・成分1-高齢者支援や空き地などの社会的な課題	0.25	1.284	**
・成分2-通学時の課題	0.113	1.119	*
・成分3-遊びや勉強の居場所	-0.021	0.979	
・成分4-住民との交流	-0.023	0.977	
性別：男性	-0.36	0.698	**
同じ市町に通学している	0.234	1.264	*

注1 モデル係数のオムニバス検定有意確率　　0.000

出典）筆者作成

　分析の結果、有意確率が＜0.01で、オッズ比で影響力の強いものに着目して整理すると次のようなことがわかる。学習経験が十分に提供されていると自覚している人、生徒会・農業クラブ・家庭クラブ活動をする人、社会的な課題を認識している人、同じ市町にある高校に通学している人は、活動参加の経験が約30％から70％ほど高くなっている。他方で、学校活動で何も取り組んでいない人や男性は、約30％から45％ほど低くなる。

　学校内の活動や学校が提供するボランティ活動などの経験の無い人は、学校外の活動参加をしない可能性が高いことを示す。これは、公民館の職員などの学校以外の立場の人が、こうしたボランティア経験の無い人との関わりを得ることは困難であることを示すものである。公民館の職員などがボランティア経験のない人とつながりを得るには、学校や教員とつながり、活動参加をしたい人に届く丁寧な情報提供や連携したプログラムづくりが不可欠であろう。

3）コーディネーションの視点３：仲間と取り組む「グループ動機」

　ここまで高校生の活動参加を促すコーディネーションについて、活動経験の違いによる取り組みたい活動内容の違い、そして属性や環境が活動参加に及ぼす影響を把握した。ここでは、活動参加経験のない高校生がどのような理由で参加しないのかを把握する。これにより参加したい気持ちがあっても何らかの理由で参加できていない人の視点にたったコーディネートの視点を得ることができる。本設問も複数回答可の設問であるため、回答者がどのような回答の傾向を示すのかを主成分分析により把握する。固有値１以上の主成分が３つ生成された。回答者全体の特性を示す第１成分からわかることは、「１人だとやりたくない」、「友人や家族など身近な人がやっていない」が強い相関を示している。一緒に取り組む仲間がいることで参加の可能性が高まることが推察される。先行研究において、桜井（2002）は、ボランティアへの参加動機を、誰かのためになりたい他者志向動機、自分自身の役に立つ自己志向動機、そして相手から頼まれて行う要請動機の３つに分けて整理しているが、これらとは異なり、仲間といっしょであれば取り組むことの重要性を示している。ここではそれを「グループ動機」と名付けたい。本特集のテーマ「対話づくりとしての場づくり」という観点で言えば、活動参加経験のない人にとっては、参加以前のこと

として、誘い合い、活動をともにすることができる仲間づくりを支えるような関わりが極めて重要ということになろう。

表6　参加できない理由

参加できない理由　n1948	成分				成分	初期の固有値			抽出後の負荷量平方和		
	1	2	3			合計	分散の%	累積%	合計	分散の%	累積%
学校の勉強や部活が忙しい	0.416	-0.170	0.323		1	2	21.767	21.767	1.959	21.767	21.767
友人や家族など身近な人がやっていない	0.691	-0.051	-0.248		2	1.3	14.122	35.889	1.271	14.122	35.889
1人だとやりたくない	0.716	-0.016	-0.300		3	1.1	11.707	47.596	1.054	11.707	47.596
やりたい気持ちはあるが、活動に誘われるなどのきっかけがない	0.418	-0.485	0.213		4	0.9	10.465	58.061			
アイデアや人間関係など自信がない	0.546	-0.102	-0.349		5	0.9	10.221	68.282			
そもそもそういう活動があることを知らない	0.368	0.046	0.464		6	0.8	8.956	77.238			
すでに活動している個人や団体があり、自分が取組む必要性を感じない	0.289	0.510	0.353		7	0.8	8.603	85.841			
県や市など行政が取組むべきことだから	0.317	0.547	0.334		8	0.7	7.87	93.711			
興味がわかない	0.059	0.657	-0.424		9	0.6	6.289	100			

出典）筆者作成

4.3　小活〜活動参加したい高校生を支えるために〜

　高校生の活動参加を支えるコーディネーションに関する分析について明らかになった点を要約すると以下のようになる。

(1)　学校以外の活動に参加している人は多くはなく、全体の26.7%である。現在、経験のない人でも取り組んでいない理由が解消された場合は、7割以上の人が参加したいと答えており、高校生の学校外における参加したい人の気持ちやつぶやきを受け止める場づくりや機会づくりが必要となる。

(2)　高校生は自らの地域課題の認識がすなわち、取り組んでみたい活動ではない。高校生の自主性を促すという点では、取り組みたい活動に焦点を当てる必要がある。また、取り組みたい活動に地域課題を結びつけるようなコーディネーションが重要となるのではないか。例えば、取り組みたい活動の上位にあるイベントや住民との交流を、地域課題の認識の上位にある登下校時のマナーと結びつけた企画づくりにするなどが考えられる。

(3)　今後取り組んでみたい活動については、幅広い関心を示しているが、登下校時の課題や利己的な活動については、これまでの活動参加経験の有無により大きな違いあり、参加経験のある人のなかにそうした活動に取り組

むことに否定的な考えをもつ人が一定数存在する。登下校時の課題や利己的な活動に取り組む際には、議論や成果を急ぎすぎず、異なる意見を持つ人たちがいることを前提とした対話の場づくりが必要となる。

(4)　活動参加のない人たちは、参加したい気持ちがあっても参加できない人たちがいる。それは時間がない、興味がないというよりは、1人だと参加しづらいことが示された。誰かとともに参加する「グループ動機」、つまり仲間をつくり、活動参加を促す場や機会をつくるコーディネーションが重要となる。

5　高校生の活動参加を促す実践

　ここまでの分析を踏まえ、前章で導き出した4つの観点と、本稿が重視する、大きなコミュニケーションと小さなコミュニケーションをつなぐ活動参加、これらを実践する2つの事例に着目し、活動参加をどのように生み出しているのか、筆者がここ数年、共同研究などで関わりをもつ事例から考察する。最初の事例(1)は「すごす」を重視するものであり、事例(2)は「やってみる」を重視するものである。

1）高校生びいきの居場所カフェ福島県白河市「EMANON」

　大学のない福島県白河市の市街地にある。2015年、当時大学院生であった青砥和希氏を中心として、高校生のためのサードプレイスをつくるための団体「EMANON準備室」を設立した。約1年間をかけて、築90年の古民家をリノベーションし、2016年に営業を開始したいわゆるカフェである（**写真1**）。カフェの名前は、**NO NAME**を逆さにしたものであり、この場所の名前をつけるのは、そこを訪れる人自身であるとの想いがある。週5日オープンし、高校生を中心に誰もが利用できる。メニューは福島の素材を生かしたスイーツも充実し、高校生でなくとも訪れたくなる白河市中心市街地の交流拠点となっている。市からのコミュニティ・スペース設置事業委託費と自主事業であるカフェの収益及び寄付金を主な収入として運営している。高校生は、注文をすることなく利用でき、注文する場合でも学割で注文できる。日常のひとときを過ごす場所

として、地域内外の人や情報がつながる交流拠点として活用されている。筆者らと、代表やカフェのスタッフらとの意見交換、また公開されている資料をもとにEMANONの機能を整理すると**図3**のようになる。「すごす」ことを大切にしつつ、そこを訪れる高校生がつぶやくことのできる（そして、それを受けとめる）機能が秀逸に、自然な状態で機能している。年齢の近いお兄さん、お姉さんがスタッフをしていることや、週末や長期休暇になるとUターンする大学生などの元常連がいることも、安心してつぶやくことのできる場を支えている。

　EMANONが公開している資料をもとに、つぶやき機能をみてみると①「あったらいいな」とつぶやくと、地域の大人が叶えてくれるかも、②「やってみたいな」とつぶやくと、一緒にやりたい人が現れるかも。③「困ったなあ」とつぶやくと誰かがその話しをうけとめます。④スタッフや大学生が話しをききます。としている。これはそこを訪れる高校生はもちろん、受け止めるスタッフも自覚している。こうしたつぶやきは高校生から自然に起こることもあれば、スタッフからの声かけによることもある。こうした日常的な会話が重視され、その先に、大学生に進路や勉強の相談をしたり、学校での探究の時間の相談、ボランティアの相談、EMANONの自主企画への参加、自分の興味関心から始めるマイプロジェクトの実施がある。小文字のコミュニケーションから始まり、大文字のコミュニケーションに関わる道筋が多彩に用意されている。さらに、行政施策や、地域住民、企業と協働に取り組むような企画では、大文字のコミュニケーション力が鍛えられることとなるが、そこに参加した高校生

写真1　EMANONの様子（青砥氏提供）

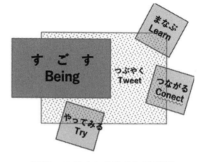

図3　すごすから生まれる機能
出典）筆者作図

もまた、EMANONという居場所に戻り、そこにいる特別な目的を持たない他者との何気ない関わりを楽しむ。

　EMANONは、高校生の日常のなかに、小文字のコミュニケーションと大文字のコミュニケーションを併存させ、かつそれら2つを自由に行き来する場を実現している。

2）高校生の「あったらいいな」を実現する栃木県真岡まちづくりプロジェクト「まちをつくろう（通称まちつく）」

　栃木県宇都宮市に隣接する人口8万人弱の県南東部の中心市である。真岡市は、若年者人口の流出が進展し、また、2019年の真岡市の調査では、高校生の真岡市の定住意向が4年前の前回調査に比べ著しく減少する状況にあった。こうした状況は地方都市には珍しいことではない。ではどのような政策や取組が重要であろうか。そこに住む人にとっては、自分らしくいられる居場所があり、自らが想う理想を小さくとも実現する。そうしたことを支える政策や取組ではないか。これらを通して得られるその地域で暮らす実感は、地域への愛着とも関係しているだろう[11]（引地ほか 2009：108）。例えば、自らの発言が聞きいられなかったり、発言する機会すらない日常を送れば、それはすなわち、自らを価値ある人間と捉えたり、地域につながり、そこで力を発揮できる私を自覚することはできない。2021年度に始まった真岡まちづくりプロジェクト（以下、まちつく）は、3年目を迎え、高校生を中心として、EMANONの機能として紹介した①「あったらいいな」とつぶやくと、地域の大人が叶えてくれるかも。②「やってみたいな」とつぶやくと、一緒にやりたい人が現れるかも。これらのつぶやきを徹底的に受け止める制度設計がなされている。現在は、庁内のいわゆる総合政策部局が市内の大人サポーターと協働して、①、②を受け止め、実現するサポートを「まちつく」として事業化している（**写真2**）。高校生は、つぶやきを他者に聞いてもらうことから始まり、仲間をつくり、市や市民の協力を得て、自らのあったらいいなを実現する経験を得ている。昨今、若者による政策提案などを検討し、首長らの前で発表するなどする機会は全国にも広がっている。他方で提案にとどまることや、実践するのは自分たちではないことを前提とした協議の場であることから、参加者の主体的協働的に地域や社会

に働きかけ、実際に自分たちに何ができるのかを実感できない場合が少なくない。まちつくが一連の過程で生み出す経験は、自らのまちを自らが変えられるという実感や、そこに向けて、粘り強く仲間や大人たちと真剣に協議し、合意を得る経験の場にもなっている。つぶやき、それを受け止める小さなコミュニケーションの場から、時に市の事業も生み出す大きなコミュニケーションの場が1年を通して多彩に設けられている（**図4**）。例えば、2023年度は、小さなコミュニケーションの場は、年度の始めに複数回、だれもが自らのやりたいことを気軽につぶやくことのできるワークショップが用意され、また通例的な活動となりつつある市役所内敷地にある交流スペースの一角で行われる寺子屋事業において、同世代のボランティア同士や大学生、そして馴染みの市役所職員が集い、事業の運営だけでなく、お互いに気軽に語り合える雰囲気を大切にしている。また、空き店舗を活用した常設のスペースづくりに地域の大人たちと一緒に取り組むプロジェクトも始まっている。3年目となる「まちつく」は、1、2年目で大きなコミュニケーションを経験した高校生や大学生の先輩たちが、3年目に新たに参加する高校生大学生のつぶやきを受け止める小さなコミュニケーションの場づくりを支えている。

写真2　「まちつく」の様子（市役所提供）

図4　多彩な相談と参加の場
出典）筆者作図

6　組み込む参加から、ともにある参加へ

　地域自治の分野では、特に地縁的なまとまりにおける意思決定や実働の主体

となる地域運営組織づくり、その権限や財政的支援などの都市内分権に関する
制度設計は意欲的に行われてきた。しかし、その主体は従来からの自治会町内
会などの地域組織を基盤とする場合が多く、それらの活動に参加しない、もし
くは参加しづらいと考えた人は相変わらず場外にいる。場外にいる人は、制度
や組織が新しくなることで、これまで以上に、意思決定や活動内容がわかりづ
らくなっていると考える人は少なからずいるだろう。これは若者や高校生の参
加の仕組みづくりにおいても同様である。高校生による市長への政策提案など
の取組は近年広がりを見せつつあるが、そこに参加する高校生は、高校で生徒
会を務めたり、積極的にボランティア活動をする一部の高校生である場合が少
なくない。参加の機会に関する情報を持たない、もしくはもっていても参加し
づらいと考える高校生は、やはり場外にいる。制度が生まれ、権利が保証され
ることで、参加の道は開かれたはずなのに、その道を歩むことができるのは恵
まれた人のみである。学校や家庭以外に、「すごす」「つぶやく」ことのできる
場を持つことが、日常生活の延長のなかに必要である。そうした場ですごすこ
とを通して、小文字のコミュニケーションを経験するであろう。心地よく小文
字のコミュニケーションの時間をすごすことは、他者との関わりを増やし、他
者を受け入れたり、他者との間合いを楽しむ術を身につけることになるではな
いか。なかには、こうした場で時間をすごすことは、仲間との出会いによって、
自分のやってみたいことを創造し、活動していく力を養うこともあるだろう。
結果、苦労を乗り越え、合意形成や協働活動の機会を得て、つまり大文字のコ
ミュニケーションを経て、やってみたかったことが実現し、地域の人や仲間を
笑顔にする。こうした小文字のコミュニケーションから大文字のコミュニケー
ションへの転換が日常の延長で起こるような場は、高校生の自己有用感や地域
への愛着が増すことにもつながるだろう。本稿で紹介した2つの事例はそうし
た機能を含んでいた。
　本稿では、令和のコミュニティ政策において、これまでに対話づくりとして
の場をもちにくい市民を照らす視点と方法について高校生を中心に論じてきた。
そこでは既存の制度や組織に組み込む参加だけでは、一部の参加にとどまるこ
とや、参加者の声が既存の論理や慣習のなかに回収されてしまい、固定化・特
権化する参加は改善されないことを示した。組み込む参加ではなく、見えてい

ない市民とともにある参加を実現するためには、2つの事例にあった、すごす、つぶやくことのできる小文字のコミュニケーションの場と機会をつくることは必須である。そして活動参加の経験を通して、大文字のコミュニケーション、つまり、その人本位の討議・議論や合意形成の力が育まれ、真の参加につながっていくのだろう。対話づくりとしての場をもちにくい市民を支えるコミュニティ政策に今後注目していきたい。

【注】

1)　「市民参加」は学術面、実践面において目新しいテーマではない。1960年代以降の様々な実践と研究蓄積がある。佐藤（2006）は、市民参加を、市民は、行政、議会、コミュニティ、NPOへ参加があるとし、これら4つの対象への市民参加を包括的に捉えたものを「広義の市民参加」といい、「行政への市民参加」に限定する場合を「狭義の市民参加」と定義している。制度面やそれにもとづく実践事例を扱う研究は多くあるが、市民参加の対象は誰なのか、またこれまでに十分に対象として捉えてこなかった市民（見えていない市民）、例えば、若者、女性、国際移住者などに対してどのように参加の機会や場を作り出すかといった研究蓄積は十分でなく、本稿はそうした見えていない市民の参加の機会や場として、対話づくりとして場づくりのあり方に着目している。

2)　ミニ・パブリクスの代表例である市民討議会のほか、討論型世論調査（Deliberative Polling）、市民陪審（citizens'juries）、コンセンサス会議（consensus conferences）など1970年代以降、世界各地で複数の手法が開発され実践が重ねられてきた（坂井 2018：135）。2011年3月に発生した福島第一原子力発電所事故をうけて2012年8月に実施された「エネルギー・環境の選択肢に関する討論型世論調査」では、2030年における日本の原発依存度を0%、15%、20-25%という3つのシナリオから選択する課題が話し合われ、メディア報道を通じて広く国民にミニ・パブリクスの実践が知られるようになった（坂井 2018：136）。

3)　本稿では、国際移住機関の用語集（International Organization for Migration, 2019）に従い、定義が国際的に定まっていない「移民」や「定住外国人」ではなく、「国際移住者」を使用する。

4)　社会実験の仕組みを導入することにより、施策や事業を本格実施する前に改善点を把握し、中止箇所を選定するなど施策内容の精査を行うことができる。また、社会実験の結果を踏まえて評価指標を設定し、モニタリングを行うことで、中長期計画や施策プログラムの効果的な評価と改善が可能となる。また、社会実験とは、社会的に大きな影響を与える可能性がある施策の導入に先立ち、地域住民などのステークホルダーの参加のもと、場所や期間を限定して施策を試行・評価することに特徴をもつ。地域が抱える課題の解決に向けけ、関係者や地域住民が施策の効果を評価し、導入するか否かの判断を行うことができる。社会実験を制度的に位置づけるという新しい試みは平成9年6月の道路審議会答申で提案され、平成11年度からは国土交通省道路局が社会実験の公募制度を導入したこともあって全国で多数の事例が蓄積されている（塚田幸広 長澤光太郎2009：29）。

5)　筆者は2022年度において、栃木県内だけでも、高校生や大学生を主な対象者とし、真岡市

「まちづくりプロジェクト」、地元の高校生の地域への愛着を育む日光市「日光の未来を高校生と考えるモソモソREKITSUKU会議」をはじめ、那須塩原市駅前まちづくりにおける高校生参加や、小山市における廃校する小学校の利活用などに関して共同研究などに取り組んでいる。

6)　「新城市若者条例・新城市若者議会条例」に基づき、平成27年4月1日に設置された。若者が活躍できるまちにするため、若者を取りまくさまざまな問題を考え、話し合うとともに、若者の力を活かすまちづくり政策を検討している。予算提案権を持ち、予算の使い道を若者自らが考え政策立案する。さらにそれを市長に答申し、市議会の承認を得て、市の事業として実施する。こういう一連の仕組みやサイクルが、日本で初めて条例で定められている。

7)　2018年の改訂では、文部科学省が高等学校学習指導要領 第4章「総合的な探究の時間」について、その改善の趣旨や内容を解説している。その中で学習内容、学習指導の改善・充実を整理し、自然体験や就業体験活動、ボランティア活動などの社会体験、ものづくり、生産活動などの体験活動などの学習活動を積極的に取り入れることを指摘している。そして総合的な探究の時間の目標として、探究に主体的・協働的に取り組むとともに、互いのよさを生かしながら、新たな価値を創造し、よりよい社会を実現しようとする態度を養うことを掲げている。

8)　Clary や Snyder などが提唱している VFI（the Volunteer Functions Inventory）モデル（Clary and Snyder 1991）を応用した桜井（2002）は、ボランティアの参加動機の構造として7つの因子があることを示している。これらの組み合わせによる複数動機アプローチにおいて、年齢層による差異では、高年齢層では「利他心」「理念の実現」「社会適応」の動機が強いこと、また壮年層では他と異なる強い動機を示すものがないことを明らかにしている。

9)　共同研究の成果は、栃木県総合教育センターの調査研究情報サイトに掲載されている。https://www.tochigi-edu.ed.jp/rainbow-net/multidatabases/multidatabase_contents/detail/82/2bbf817373d2d9ed7439632b6339a2c7?frame_id=26（2023年5月18日閲覧）
また、この他に特にボランティア経験のない人に対して活動参加を促す際に配慮が必要な点について2次分析を行なった報告を石井ほか（2023）に詳しく紹介している。

10)　「地域課題の認識の傾向」については、アンケートで聞いた19の選択肢のうち「特にない」「その他」「無回答」を除いた16の変数により、それぞれを名義尺度としてダミー変数：0、1とした主成分分析を行ない、得られた4つの成分のことを示す。

11)　引地らは、全国16市町の選挙人名簿から有権者4000名を等間隔無作為抽出法により調査を行なった。有効回答者数1062人に対する分析から、地域への愛着形成は、物的環境に対する評価や居住年数よりも社会的環境がより強い影響を与えることを示している。そして、「地域との関わりの深さ」が重要とし、日頃から地域環境と密接に関わることができれば、比較的短期間に地域への愛着を高めることも可能だとしている。

【参考文献】
小針憲一（2012）「市民討議会の課題と可能性」地域開発（574）、34-39頁
松尾隆佑（2016）「影響を受けるものが決定せよ：ステークホルダー・デモクラシー の規範的正当化」年報政治学Vol.67 No.2、356-375頁
齋藤保（2020）『コミュニティカフェ—まちの居場所のつくり方、続け方』学芸出版社、231頁

桜井政成（2002）「複数動機アプローチによるボランティア参加動機構造の分析-京都市域のボランティアを対象とした調査より」The Nonprofit Review、Vol.2、No2、111-122頁

佐藤徹（2006）「市民参加の基本的視座」『地域政策と市民参加―「市民参加」への多面的アプローチ』第1章、ぎょうせい、3-11頁

坂井亮太（2018）「非参加者のためにミニ・パブリクスは どうあるべきか―決定方略と判断集約の観点から」秀明大学紀要15号、135-163頁

塚田幸広・長澤光太郎（2009）「社会基盤の政策マネジメントにおける社会実験の役割に関する考察」運輸政策研究 Vol.12 No.1 Spring、29-35頁

引地博之・青木俊明・大渕憲一（2009）「地域に対する愛着の形成機構 -物理的環境と社会的環境の影響-」土木学会論文集 D Vol.65 No.2、101-110頁

Clary, E. G. and Snyder, M. (1991) A functional analysis of altruism and prosocial behavior: The case of volunteerism, in M. S. Clark, ed., Personality and Social Psy- chology Review, Vol.12, pp.119–148.

石井大一朗、黒田聡美、小栁真一（2023）「ボランティア経験のない高校生のグループ活動を促す支援と配慮に関する研究」日本福祉教育・ボランティア学習学会研究年報40、19-31頁

┌─ 特集論文　対話づくりとしての場づくり ─────────

日常と非日常の対話を重ねることによる自治意識の醸成
—— 明石市の協働のまちづくりを通じて ——

Routine and nonroutine dialogues nourish sense of self-governing:
A case study of collaborative governance in Akashi City

Keyword　中間支援、組織支援、学び合える対話の場、人材育成、明石市

一般財団法人明石コミュニティ創造協会　佐伯 亮太

1　明石市における地域自治組織の現在地（背景と課題整理）

　私たち一般財団法人明石コミュニティ創造協会は、兵庫県明石市を中心に活動する公設の中間支援組織である。明石市内の小学校区単位のまちづくり組織の伴走支援を主な業務としながら、2023年現在、明石市生涯学習センター、あかし男女共同参画センター、あかし市民活動支援センターの3機能をまとめた複合型交流拠点ウィズあかしの指定管理も受託しており、広義の市民活動の支援を進めている。また、例えばB-1グランプリ全国大会が明石市にて開催される際には、2,000人以上のボランティアのマネジメントを担うなど、明石の市民が明石で楽しく活動し暮らせるように、多角的な支援をする役割である。これら多様な取り組みの中でもわたしたちが共通して大切にしているのは、「自分たちでつくる地域づくり」である。そのためには、以下の5つのポイントがあると考えている。

①「多様な主体」がかかわっている
② 誰でも参加できる「関わりしろ」がある
③ プロセスを大事にした「対話」の風土がある
④「楽しむ」ことで当事者意識が育まれている
⑤ 互いに「協働」して地域をつくっている

　本論考では、上記5つの中でも「対話」について取り上げ、明石市において

約10年間実践してきた小学校区単位のまちづくり組織の伴走支援の取り組みから見出した対話による自治文化の醸成について触れる。その上で、地縁型組織を対象とする中間支援機能の今後の可能性について投げかけることを目的とする。

2　明石市のコミュニティ施策

　私たちの中間支援としての活動を論じる前に、前提条件として明石市における協働のまちづくり施策の経緯を整理する。明石市では1975年をまちづくり元年としており、全国の自治体で初めてコミュニティ課を設置した。そのため、「コミュニティ行政といえば明石」と言われた時代があったようである。この頃から自治を育む場として、中学校区ごとにコミュニティ・センター（以下、コミセン）が設置される。その後、2000年には明石市民未来会議が始動する。これは市民委員によるまちづくり検討の円卓会議であり、政策提言機能をもつものであった。その後、2006年には「協働のまちづくり」提言が策定され、これにともなって小学校コミセン充実化が進められる。明石市内には13の中学校と28の小学校があり、その全てにコミセンが設置されている（2006年以前は中学校コミセンがまちづくりの拠点であった）。コミセンと言っても、他市に見られるような立派な建物ではない。明石市の場合、ほとんどのコミセンが学校敷地内にあり、空き教室を活用した場合もある。そのため、明石市では学校敷地内に地域の方が出入りするのが当たり前の日常となっており、自ずと学校との連携も進んでいるのも特殊な点である。

　その後、2010年に明石市自治基本条例が施行される。条例では、まちづくりの基本単位は小学校区とし、小学校区コミセンを協働のまちづくりの拠点とすることが示された。その際、中学校コミセンは生涯学習の拠点として位置づけられた。またそれぞれに小学校区のまちづくりの活動推進母体として協働のまちづくり推進組織（地域自治組織）を市民が設置することとした（明石市では多くの場合「まちづくり協議会」と呼ばれている）。しかし組織の仕組みや役割の詳細は各校区に任された。それらをより具体化し、協働のまちづくり推進組織のあり様を明らかにすることを目的に、2012年に明石市は組織強化モデル事業を

開始した。これは、28小学校区から組織強化を希望する組織をモデル校区として公募し、明石市と当法人が伴走支援しながら組織強化をすすめるものであった。モデル校区には３校区が選定された。当法人は2012年に改組によって設立された法人であるため、この組織強化モデル事業が地域コミュニティと関わる最初の接点であったといえよう。その後、2016年に協働のまちづくり推進条例が施行され、地域交付金制度がはじまる。明石市では、まちづくり協議会が地域交付金を受け取るためには、５〜10年先の将来を見据えたまちづくり計画書を策定することが条件とされている。まちづくり計画書を策定するまでは、テーマに分かれた補助金メニューを必要に応じて申請して活動費をまかなっている。2023年現在、28組織中17組織が交付金受託校区となっている。

　ここに明石市の協働のまちづくり推進の要点がある。１つ目は、制度化を急がず、市民との対話機会やモデル校区での実践を積み上げ、それらを検証しながら、地域の実情に合わせた制度設計を行い、条例化したことである。ここには、行政だけでなく中間支援が伴走することによって、行政、地域、中間支援の複数の視点からの視座を得られたことが制度設計に影響しているといえよう。２つ目に、協働のまちづくりを推進するための組織化または組織強化を急いで、すべての校区を一斉に組織強化することなく、実施に前向きな校区から手挙げ方式をとって順次、組織強化をすすめていることである。そのため、組織強化モデル事業開始から10年が経つが、未だに10校区では交付金受託に至っておらず、従来の補助金制度の上で活動を継続している。多くの自治体が地域自治組織を立ち上げる際、平等性の観点から組織の仕組みや内容にこだわらずに一斉に横並びで組織づくりをすすめるのに対して、地域の実情に合わせた進捗にしていることが特徴と言える。

3　地域に対話の文化を醸成する中間支援

3.1　地域での「対話」の現状

　このような明石市の協働のまちづくりを背景にしながら、当法人が中間支援組織として位置づけられている。先に述べた組織強化モデル事業によって明らかになったのは、地域内で関係性が固定化される中での地縁型組織の限界で

あった。2010年以降、全国的に求められる地域自治組織は、これまでのような
ゲーテッドな地縁関係ではなく、関係人口に代表されるように居住に起因しな
い、オープンエンドな仕組みや関わり方によって多様な市民が参画できるもの
である。しかし、多くの自治体がすすめようとする協働のまちづくり施策にお
いては、新しい組織の立ち上げや既存組織のリニューアルを進めようとするの
に反して、その組織基盤の検討が地縁型組織特有のゲーテッドな関係性の中で
進められてしまうことに限界があった。結果的に、多様な人が参加する組織と
は程遠い体制になることもしばしば見受けられる。これは明石市特有のもので
はなく、地域自治組織を立ち上げていく過程で多くの地域で発生してしまう課
題である。例えば、地域で新たな組織を立ち上げるとなったとき、長年地域活
動されていた方や、自治会長を続けられていた方が中心となってしまい、名前
だけだからと言って地域内の各種団体の代表が名を連ねることによって、ただ
新しい組織が立ち上がっただけでその登場人物（構成員）はほとんど変わらな
いといった状態である。こうした発想での基盤として組織づくりをおこなうと、
その組織の会合に参加した人は、「わけもわからないまま、また新しい役割が
増えた」と負担が増えたという認識にしかならず、「なにをしたいのか、なに
をしているのかわからない」と言い始め、結果的に組織を形骸化させてしまう。
こうしたモチベーションで組織を運営しても好循環しないのは明らかである。
地域自治組織を育むためのポイントは、いかに多くの地域住民にとって自分た
ちの組織だという当事者性を育めるか、この組織があってよかったと思える機
能や役割を持てるかであろう。これらを実現するためには、地域内で徹底した
「オープンな対話の場」が必要だと考えている。こう伝えると多く地域からは、
「定例的に集まってしっかり話し合っている」と反応がある。ではその会合は、
「誰でも自由に発言ができて、文句を言われたり怒られたりしない会合」に
なっているだろうか。実は根回しで多くのことが決まっていて、会合の場はそ
の報告だけになっていないだろうか。参加者はいつもの顔ぶれであだ名や略称
で呼び合うような会合に初めて来た参加者はどう思うだろうか。私たちは、こ
うした地域にとっては当たり前となっている日常の話し合いの場が、オープン
な対話の場になっていないことに課題意識をもっている。私たちが日頃意識し
ているのは、日常の会合をいかにオープンな対話の場に昇華させられるかであ

る。その意識をもって明石市の組織強化モデル事業を進めた。

3.2　わたしたちが目指す学びあえる対話の場のあり様

　では、オープンな対話の場はどのように生成されていくだろうか。まずは、私たちが言う「対話の場」を2つに分類して定義する。1つ目は【日常の場】である。これは例えば、役員会や定例会議などこれまで組織運営上、必要とされていた場である。参加者の多くは役のついた方々であり、役がついたら自ずと出なければならないと思っている場である（**写真1**）。今回の特集で言う小文字のコミュニケーションといえよう。2つ目は、【非日常の場】である。これは、例えばワークショップ形式をとった意見交換会や自由にアイデアを出せる企画会議などのようにお祭り的に開催されるものである（**写真2**）。その地域に関わっていれば立場や役に関係なく誰でも参加できるものである。例えば、地域の将来を考えるための場やある特定のテーマについて深堀りするような場である。今回の特集で言う大文字のコミュニケーションである。本来であれば、わざわざ会合を開くまでもない、雑談や地域での井戸端会議も非日常の場としてとても大切で可能性に富んだ場であるが、本論では、先に述べた通りの日常的な会合ではないものを非日常の場として定義する。

　ちなみに私たちは「ワークショップ」という言葉を意識的に使わないようにしている。それは、「ワークショップ」という言葉へのネガティブな印象が強いためである。これは明石市または兵庫県独自の現象である可能性もあるが、多くの地域住民が過去に何かしらのかたちでワークショップと言われるものに参加した経験があり、その際たくさんの意見を出したり、頑張って話し合ったものの、その後につながらなかったという認識を持つ方が少なからずいるからである。そのため、ワークショップという言葉を出した瞬間に拒否反応がある場合もある。嘘のような話であるが、わたしがある地域に関わり始めたころ、会長から約10年前に実施したワークショップの模造紙を見せられ、この地域は過去にワークショップをしたことがあるから、もう話し合う必要はない、ここに全部まとまってると言われたこともある。10年前の模造紙が未だに保管されていることにも驚くが、それ以上に「ワークショップ」という言葉がもたらした功罪については熟考する必要があると思わされた出来事であった。

　当法人がすすめる地縁型組織の支援は、日常と非日常の2つの対話の場を織り交ぜながらすすめる。例えば日常の場では、どんな小さな会合でもホワイトボードに記録を残して議論を可視化したり、毎回席替えをしながら関係性が固定されないように小さな仕掛けと工夫を積み重ねる。こうしてこれまで当たり前にやっていた日常の場を対話の場になるように育てる。それと同時に必要に応じて非日常の場を設けることで、これまでになかった意見や新しい登場人物を求め、地縁組織のクローズドな関係性を乗り越えようとしている。例えば、地域での意見交換の場には、託児スペースを用意して、子育て世帯が参加できるようにするなど、いつもの会合に登場しない人が参加しやすい環境を作る。他にも場所やチラシにもこだわる。場所はいつもの会議室ではなく、あえて地域のお寺を借りてみたり、チラシもいつもの回覧に回ってくるものではなく、少しでも楽しそう面白そうと思える見せ方を意識的にする。このチラシもわたしたちが勝手に作るのではなく、地域でチラシがつくれそうな方と一緒に相談しながらつくる。こうした小さな仕掛けと工夫を重ねることで、地域に対話の芽が根付き始めると思っている。

　明石市の協働のまちづくり推進組織に求められるまちづくり計画書の策定は、こうした日常と非日常の対話が繰り返され積み上がることが、地域の自治意識を高めることに効果的にはたらく。そして、対話を通じて見つけた、地域の共通の将来目標をまとめたものがまちづくり計画書である、という位置づけである。まちづくり計画書そのものは、少数精鋭で作れば数週間でできてしまうかも知れない。しかし、明石市ではまちづくり計画書を策定するのに約2年の期間を求めている。それは、計画書策定のプロセスでそうした対話の場を重ねることに期待しているからである。つまり、まちづくり計画書策定期間が地域に対話の文化を醸成する期間なのである。

写真1　日常の場：地域づくり計画の検討　写真2　非日常の場：地域のビジョンを考える場

3.3　対話の場を育てる中間支援の役割

　こうしたある意味で話し合いが必要条件になっている期間を通じて地域の中で対話することが当たり前になるように地域を支援している。しかし、中間支援としての必要十分な役割は明らかではなく、例えば日常の場すら全く開けていない地域では、まずは話し合いの場をもつために地域の中心人物と話し合いを重ねる場合もある。一方で、中間支援がいなくとも常にオープンで自由な対話の場を継続している地域もある。

　普段のわたしたちは地域での会合に参加すると、必要に応じてホワイトボードに議論を可視化する程度であり、資料の準備などは地域に任せる。もちろん相談があった場合には事前に訪問する場合もあるが、そのほとんどが電話相談などで完了する。最近では、地域の事務局のみなさんが自主的にホワイトボードを取る場合もあり、徐々に日常の場での役割がなくなる地域もある。一方で非日常な場では、企画準備、意見交換部分のファシリテーター、終了後のまとめ作成等に関わる。意見交換会全体の司会進行や案内作成、参加者の募集は基本的には地域に任せており、必要に応じて相談しながら一緒に進める。意見交換会の企画や実施などそのすべてを中間支援組織が引き取ってしまうことで、逆に地域の自治力を削ぐ可能性があると考えているからである。早い段階からゆるやかに役割分担することで、できる部分はしっかり地域が実施し、専門性が必要な場面や第三者でなければできない部分のみ中間支援で引き取る。こう

した進め方をすることで、地域住民も中間支援の上手な使い方を知ることになる。こうしたプロセスを通じて地域組織も成長する。そのため、会合や意見交換の場を持つまでの準備期間にこそ中間支援の役割の真価が発揮されているとも言えよう。

　ちなみに、第三者でなければできない部分というのは、ファシリテーションのような専門的なスキルに限らない。例えば、対話の中で、地域の中心的な人物が参加者を放置した状態でどんどん話を進めてしまい、参加者は内容に十分についていけないような場では、あえてわかっていない様子で「それってどういうことでしょうか？」や「私は○○と理解しましたが、それであってますか？」と確認の意味を込めて聞き返してみたりする。これによって、話の内容に十分についていけていない参加者が放置されないようにすることで話の内容理解を深める事ができ、納得度を高めることになる。他にも、対話の中で二項対立が起こりつつある場合や、違和感があるのになかなか言い出しにくそうな人がいるときには、客観的な視点で異なる意見を投げかけてみることもある。弁証法的なコミュニケーションとも言えよう。

　こうして、小文字の場、大文字の場いずれでも、地域の中でしっかりとしたオープンな対話が積み重ねられることがクローズドな関係性を乗り越え、それはつまり組織を常に新鮮で健全な状態に保つことにつながる。明石市は協働のまちづくり推進組織に、①民主性（みんなで決めるまちづくり）、②透明性（みんなに見えるまちづくり）、③開放性（誰でも参加できるまちづくり）、④計画性（計画書にもとづくまちづくり）の4つを求めている。これらの根底には地域内での対話が重ねられているかどうかが意識されている。

4　対話経験の共有が人と組織を育てる

　こうした考えを背景に2012年から約10年間、中間支援として地域の伴走支援をしてきた。オープンな対話の場を促すことで確実に地域は良い変化を見せている。今回の論考に際して、これまでの活動を通じて積み重ねてきた対話の場にはどのような効果があるのか、事例を通じて中間支援の立場からまとめた。

4.1　対話の効果①　学び合い価値観を共有する出会いの場

　従来の話し合いの場を対話の場に昇華させてまず起こるのが、お互いの価値観を交換するなかでの、学び合いが起こることである。つまり、その場にいる人同士の価値観の共有であったり、新たな情報がもたらされる。例えば悪い話し合いの場、会議の場では、ある特定の人や集団が一方的に話し続けることで、その他の参加者は参加する余地が与えら得れず、この場は黙っていれば終わる場だという参加しようのない場になることがある。ある地域では、どんな会合でも参加者が必ず一言話して帰るというグランドルールをもっている。そうすると会議に出れば関係ない話でも何でも良いので、一言話すことになる。これによってお互いにどんなことを考えているか、何に困っているか、あの人はどんなことを思っているかなどが共有され、徐々にお互いの価値観を共有することとなる。毎回の会合でそれが繰り返されることで、人となりがわかるようになり、その後の雑談の中で「この前のあの話やけど、」といったように新たなつながりや活動のきっかけとなっている。

　こうした価値観の共有は非日常の場では特に顕著となる。ある地域では、担い手不足、人材の固定化に悩んでおり、新たな地域活動人材の参加について検討していた。当時の役員たちは、「若いもんは忙しすぎてまちづくりには興味がない」という先入観があり、若者の地域参加は無理だと決めつけていた。そこで、本当に若者たちは地域活動やまちづくりに興味がないのかを知るために、あえて年齢制限を設けた意見交換会を開催した（**写真3**）。そこには、当時の役員も数名オブザーバーとして参加し、わたしたちが会の進行をつとめた。意見交換会は大いに盛り上がり、その内容は地域活動やまちづくりに前向きなものであった。それを目の当たりにした当時の役員たちは自分たちの想像とは真逆で、若者たちが積極的に地域に関わろうとしていることに驚いたのである。さらに話題になっていた内容は役員会でも話している内容と重なることが多く、これまで一緒に活動できていなかっただけだということが明らかになった。つまり、参加する余地がなかったということがわかったのだ。その後、この地域は30代の協議会会長が誕生し、それを高齢の役員がサポートする体制をとるなど、多様な世代がうまく関係を持ちながら地域活動を積み上げている。

写真3　あえて年齢制限を設けた意見交換の場

　また、日常の場でも非日常の場でも、改めての自己紹介が効果的に働くと考えている。地域の中での濃い関係性の中でも、あえて少し自己開示が必要な自己紹介をすることで、新たな発見がある。地域の会合でよく見る風景として、初めての参加者がいる場合に、その方だけ自己紹介する場合もあるが、そうしてしまうと、初めての参加者はその場にいる人が誰なのか、どんな関係性なのかわからないまま話し合いが進んでしまう。そうなると、いまいちわからなかった会合という印象になってしまい、自ずと足が遠のく可能性がある。初めての人でも参加しやすいためにも改めての自己紹介や一言が効果的だろう。そうした細かな配慮によって価値観が共有され、出会いが生まれているように思う（**写真4**）。

写真4　少し自己開示する自己紹介

4.2　対話の効果②　当事者意識を育む

　次に対話やその過程を通して、参加者が当事者意識を持つことがある。「自分ごと化」するとも言えよう。地域自治組織は新しく立ち上がっている場合が多く、これまでの地域コミュニティに加算されたものという認識となる場合がある。そのため、いくら会長や役員が一生懸命話しても、聞くだけの参加者からすると、対岸の火事状態のままなのである。厳しく言えば、わざわざ組織を新しく作る必要がないと思われる方もいる。そんな中でも、会合の中で一言でも自分の考えや想いを発言できれば、少しは自分に関係のある話または身近な話題となっていく。そのためにも、議事に関係ない話でもどんどん発言してもらえると良い。場合によっては、会合の後半はフリートークにして自由な話をして会をしめていくのも効果的な手法であろう。それが起こるためには会の次第の作り方にも工夫が必要である。

　そのように、初めて参加しても発言できる対話の場が担い手を育む上で非常に大切なのである。そして何よりも、話して楽しかったや、あの話ができてよかったという、満足感や高揚感を生むことも大切である。真面目すぎて内容がおもすぎる、理解が追いつかない会合は次の参加へのハードルが上がるように思うが、話せて楽しかった場は次への参加がしやすくなると思うからである。そのために、日常の会合が、誰でも話せる場になっているか、参加して一言も話さず帰る方がいないかをつぶさに確認する必要がある。どんな市民でも、自分の意見を自分の言葉で話すことでその場に参加することになる。それが参加のはじめの一歩になり、当事者意識の芽生えとなる。

　例えばこんなことがあった。ある地域では、地域のこれからについて考えるアンケートを実施し、その後アンケートの報告会兼意見交換会を実施した。その場に参加した移住者がまちづくり協議会の重要さに気づき、自ら活動に参加していった。その後、まちづくり協議会の活動を通じて、自身の住む地区の自治会役員と出会い、自治会役員のなり手が不足していることを知る。移住者はそこで自治会役員のすべきことを聞き、「それくらいならやりますよ」と自ら自治会役員に立候補した。実は自治会役員の担い手不足も地域自治組織の活動や対話の場がきっかけとなって解消する可能性があるのだ。

　この事例はあくまで一例に過ぎないが、いずれにしても対話の場を通じて強

い当事者意識がうまれ、それが自治会活動にもつながったのは事実である。このように対話の場がきっかけに当事者意識を育むというのが大きな効果だと言えよう。

4.3　対話の効果③　「関わりしろ」が開発できる

　①②いずれにも共通するのは、対話の場を通じて新たな人材が登場し活動に参画していくことである。そもそも地域自治組織は、その存在価値や活動がわかりにくく伝わりにくい。一体何をしている組織なのか、誰が参加できるのかも地域には伝わっていない場合が多い。対話の場、特に非日常な対話の場はそうした広報の場にもなっている。①で示したとおり、実は地域活動やまちづくりに関わってみたいと思っている市民は一定数いるものの、関わり方がわからないままでいる場合がある。楽しそうでおもしろそうな対話の場はそうした方にとって参加のきっかけにうってつけなのである。いきなり役員会や定例会議に参加することは、その後のことを考えると非常にハードルが高いが、言いっぱなしにできる意見交換の場であれば、まずは様子見として参加できる。自分に合わないと思えば、意見交換 1 回のみの参加に留めることもできるし、おもしろそうとおもえば、活動をはじめたり仲間をつくったりとどんどんとステップアップができる。こうした多様な参加方法（関わりしろ）をつくれるのも対話の場をつくる効果である。

　また地域自治組織はよほど自覚的にならない限り自ずと形骸化するものである。そのため、定期的に非日常の対話の場を仕掛けることで、常に地域自治組織に新しい意見や視点、人材が登場することとなり、新鮮な組織状態に更新し続けることができると言えよう。

　中間支援の立場では、地域での意見交換会にどのような人がどの程度参加するかは、地域力を計る一つの視点である。これまで動員や義務で人を集めていた地域の場合、役や立場に関わらず多様な人を集めるというのはこれまでと違う発想が必要になる。これも日常の対話の中でどのような方法が良いかを考える一つのきっかけになるのである。もちろん動員や義務での参加を否定するわけではないが、それ以外の参加者が多い地域は自ずと新たな活動が生まれやすい傾向にあることは自明である。

　関わりしろとして、対話の場に間接的に関与する事例がある。ある地域では、年に 1 回まちづくり協議会の活動を見直すための住民意見交換会を開催することを規約に明記している。おおよそ年度末にすべての住民に案内して、参加者を募る。コロナ禍であったある年の住民意見交換会の企画段階で、「最近転入者が増えているがそういった方の意見を聞きたい」ということになった。しかし、意見交換に参加してもらうのはなかなかハードルが高いのではないかとの意見があり、結果的に転入者の方にこの地域での暮らしについてのインタビューをし、その動画を意見交換会の冒頭で流すこととなった。動画の作成にあたっては、わたしたちが撮影方法を一緒に検討し、スマホで2,3分の動画を20人分撮ることとなった。実際の撮影は、まちづくり協議会の中に設置されている地域事務局の職員が手分けしておこなった。意見交換会に直接の参加はしなかったが、インタビューを受けて意見を伝えるという方法も広い意味で地域活動に参加していると言えよう。このように、参加すると言っても実際に体を動かしたり事務をするだけではなく、多様な関わりしろがあるということが大切だと言える。ちなみにインタビュー撮影を事務局職員が実施したことで、事務局が新たな方々とつながる機会にもなった。

　以上、事例を通じながら対話の場をつくる主な効果を 3 つに整理した。すべてに共通するのは、対話の場を通じて新たな出会いがあることと、結果的に組織と人を育てることになるということである。繰り返しになるが、地域自治組織はその成り立ちからどうしても形骸化しやすい仕組みである。それを下支えするのはしっかりとした対話の場である。こうした対話の場を通じて、地域の自治意識が醸成され続け、自分たちの地域は自分たちでつくるという空気をうむ。

　そして、対話の場を通じて人が育まれることは、いわば生涯学習的であるとも言える。こうした場を通じて、地域に対話の場が根付いていくと、これまで中間支援として支援していたことを地域の中で自助的にできる可能性すらあると考えている。例えば市民ファシリテーターのように、対話の場を円滑に進められる地域住民を育てられれば、まちづくり協議会に限らず地域内の様々な会合を対話の場に昇華することができるだろう。今後はそうした学びの場を意識的につくることも広い意味で自治を進めるために必要不可欠だと言える。事例

としては、まちづくり協議会の職員や事務局員向けに効果的な会議の進め方研修を実施したことがある。地域で実践してほしいという前提ではあるが、こうした学びの場を通じて、議論の可視化の効果や意義を知ってもらえればという想いでの開催であった。

写真5　まち協関係者に向けた効果的な会議の進め方研修

5　対話の場を育む中間支援のこれから

　本稿では、約10年間の地縁型の中間支援活動で実践してきた対話の場づくりについて整理をした。最後にこうした地縁型中間支援のこれからについて示して本稿の結びとする。

　そもそも地縁を主に扱う中間支援というのはまだ歴史が浅いと言えよう。中間支援というと主にNPO等を中心としたテーマ型活動の支援と認識されやすい。しかし、21世紀以降の、地域社会の実情や国県市町の施策をみるに今後、地縁を主に扱う中間支援のニーズは高まる一方である。同じ中間支援といえど、テーマ型活動の支援と地縁の支援はその視点やベーシックスキルで異なる部分がある。特に地縁型の中間支援は行政の協働施策に大きく影響を受ける。わたしたちの活動している明石市は全国的にも早い時期から協働のまちづくり施策や、コミュニティに関する施策が進んだため、こういった対話の場づくりや組織支援に注力できている。行政のまちづくりやコミュニティに関する施策のな

いまま支援することは、様々な点で混乱を生む可能性があるため注意が必要である。

　その上で、今後の地縁型中間支援にもとめられる機能として、地域人材の育成機能の強化が必要である。地縁型中間支援の命題として、いかに地域から離れるかが度々議論される。わたしたち一般財団法人明石コミュニティ創造協会は明石市公設の中間支援であるからこそではあるが、関係性が切れることはない。しかし、すべての地域に同じ密度で関わり続けるのは不可能であるため、関わり方にはグラデーションをかけている。例えば地域課題が深まったとき、組織を再度検討したいときなどは濃く関わり、状況が安定している間は少し距離をとって見守る。最近では、距離をとっている地域からも、この場面は手伝ってほしいからと相談を受けることも増えており、地域側が中間支援をうまく使うようになりつつある。こうして地域が中間支援をうまく使うように育てておくことも離れ方の一つではないかと思う。

　さらに言えば、これまでわたしたちが実践してきた対話の場づくりの方法やファシリテーションの技術についても、地域人材にわたしていくことも理想だと考えている。そのためには、そうした学びの場や経験の場を作っていく必要があると考えている。つまり今後の中間支援は直接的な支援に限らず、生涯学習を理由とした間接的な地域の支援にこそ可能性があるのではないだろうか。

┌─ **自由投稿論文** ─

本論文は複数のレフェリーによる査読を受けたものです。

永住者の社会統合に向かう意識変容
── 地方都市における国際移住者の在留継続に関する研究 ──

Consciousness Transformation of Permanent Residents towards Integration
–Study on Sustained Stay of International Migrants Living a Regional City–

宇都宮大学大学院地域創生科学研究科博士後期課程　村松　英男
宇都宮大学大学院地域創生科学研究科准教授　石井　大一朗
（MURAMATSU, Hideo）
（ISHII, Daiichiro）

┌─ **要　約** ─

　近年、外国人との共生による地域自治を進めるうえで、在留外国人の存在は極めて大きいものとなっている。本研究は、J. W. Berryの社会統合理論を枠組みとして、栃木県宇都宮市に暮らす永住者に着目し、移住後、日本の文化や地域社会をどのように捉え、また自らの意識を変化させて在留継続に至ったのかを把握することを目的としている。当該永住者を対象とした聞き取り調査及び、M-GTAによる質的分析から、以下のことが明らかになった。

①永住者にとって「継承語（母語）を話す機会の確保」は、在留継続のために不可欠なヘリテージ・カルチャーの維持の観点から極めて重要なものである。

②永住者はホストコミュニティの多文化主義を、不十分なものと捉える一方で、多様性理解を前提とした「共に学ぶ場としてのコミュニティ」を通して協働的志向に向かう。

　また、地域社会の課題としては、永住者同士が母語を話すコミュニティをつくるコーディネーション、および、新しい地域課題を共に学び実践する場の創出が浮かび上がった。

［キーワード］　国際移住者、社会統合、永住者、多文化主義、協働的志向

1　はじめに

　日本への外国人流入者（ビザを有し90日以上在留予定）は約52万人（国際移住統計2018）であり、OECDに加盟する35か国中ドイツ、米国、スペインに次ぐ

世界第４位である。また、在留外国人は、2021年時点で282万人を超える（出入国在留管理庁在留外国人統計2021）。今後も増え続けることが予想される在留外国人の存在は、外国人との共生による地域自治を進める上できわめて大きいものとなっている。しかしながら、日本では在留外国人の受け入れが十分に機能しているとは言えない。例えば、2018年３月９日の衆議院における首相の移民に関する答弁では、「お尋ねの『移民』や『移民政策』は様々の文脈で用いられており、（中略）一概にお答えすることは困難である。そのうえで政府としては、例えば国民の人口に比して一定程度の規模の外国人を家族ごと期限を設けることなく受け入れることによって国家を維持していこうとする政策については、専門的、技術的分野の外国人を積極的に受け入れるとする現在の外国人の受け入れの在り方とは相容れないため、これを採ることは考えていない。」[1]と述べ、さらに、前述のドイツ、米国、スペインに存在する移民法は日本には存在しない。[2]在留外国人と共生する地域自治の検討にあたっては、こうした制度・政策上の対応とともに、外国人が日本に移住後、日本の文化や地域社会をどのように捉え、また自らの意識を変容させてきたのかを把握することが重要となる。特に外国人受け入れ政策が十分とは言えない日本において、移住後、多年にわたる在留を通して日本の生活に応答し、その割合の最も多い永住者の意識変容を把握することは、日本で継続した生活を望む外国人の視点に立った支援策やそうした外国人と連携した地域活動のあり方を検討するうえで参考となると考えられる。

　本研究は、近年在留外国人が増加する栃木県宇都宮市に着目している。[3]宇都宮市は、在留外国人の数は中核市のなかでも上位（全62市中８位）にあり、その中の永住者の占める割合も高い。また、社会統合政策を推進する１つの指標（渡戸 2011：5）となる多文化共生推進計画が北関東の近隣中核市のなかでも先行して2008年に策定されており[4]今後の国際移住者に関する施策を検討するうえで新しい知見を得るために相応しい対象地であると考えられる。なお、本研究では、国際移住機関の用語集（International Organization for Migration 2019）に従い、定義が国際的に定まっていない「移民」や「定住外国人」ではなく、「国際移住者」を使用する。なお、本研究が調査対象としている永住者とは、在留資格別外国人のなかの居住資格として永住資格をもつ人たちである。[5]

2　研究の背景と目的

　本研究は、国際移住者と共生する地域自治において、多年にわたり在留する永住者の渡日から現在に至る社会統合に向けた意識の変容に着目している。J. W. Berry（Berry 1997: 9 -12）（Berry 2011: 2.4-2.10）⁶⁾によれば、国際移住者の移住後の暮らしは自らが社会統合していくことが理想とされ、それは、国際移住者自らのアイデンティティを保持しつつ、移住先での生活を経て自らの意識を変化させ、自らが移住先に適合させていくことである。これは、本研究における基盤となる理論である（3 -1 で詳述）。⁷⁾

　栃木県が2019年度に行った地域国際化実態調査⁸⁾（調査対象者は栃木県内の住民基本台帳に記載のある満20歳以上の外国人住民1200人および日本人住民600人）（外国人住民の表記は原文のまま）によると、県内の外国人住民の 7 割以上が日本人との交流を望んでいる。具体的には「身近な日本人と親しくつきあいたい」「日本の文化や習慣を教えてもらいたい」など日常生活における要望が多い。また、日本語の学習に対しても高い学習意欲がみられる。他方、外国人住民が積極的な交流意欲を示しているのに対して、日本人は「外国人住民とどのような付き合いを望むか」という質問に対し、「あいさつ程度」39.5％、「日常会話」30.9％、「趣味や交流会などを通じて深く付き合いたい」8.6％であった。日本人の交流意欲は高くないことが指摘されている。調査結果を踏まえて、県は対策として「地域住民に対して国際理解や共生・協働に対する理解を深め地域住民主導による国際交流や外国人住民と共生できる地域づくりを目指していく」としている。こうしたことからも日本の地域社会における国際化意識は十分ではなく、国際移住者の社会統合を支える環境づくりは地域自治において喫緊の課題と言える。

　本研究が調査対象としている永住者は本調査の対象地である栃木県の場合、2020年栃木県外国人住民在留資格別人口の割合において、「永住者」が32％と 2 位の「技能実習生」17％をはるかに上回り、長期にわたって第一位となっている。栃木県に限らず、全国レベルでも、在留資格別国際移住者人口は、「永住者」の在留資格が最も多くなっている。永住者は、在留期間が無期限、かつ

活動に制限のない唯一の在留資格である。それ以外の在留資格保持者が将来、日本で永住することを目指す場合、永住者資格を取得する必要がある。永住者資格取得者は今後も増えると考えられるが、社会統合に向けた法制度の整備のみならず、暮らしのなかで接する日本人が、永住者のもつ移住後の意識の変化を理解し、多文化共生による地域づくりを進めていくことは不可欠である。

　以上を踏まえ、本研究では、宇都宮市に暮らす永住者に着目し、日本に移住後、地域社会における暮らしをどのように捉え、また自らの意識を変化させてきたのか、そのプロセスを明らかにするとともに、在留継続を促す要因を明らかにすることを目的とする。

3　J. W. Berryの社会統合理論と先行研究の検討

3.1　J. W. Berryの社会統合理論

　まず、地域自治推進における国際移住者と日本人の共生において有用な理論と考えられるJ. W. Berryの社会統合理論について整理する。国際移住者の社会統合に関するBerry（Berry 2011: 2.4-2.10）の理論は、**図1・図2**の考え方にもとづいている。

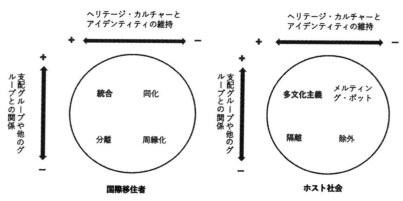

図1　社会統合理論における国際移住者の方略　図2　社会統合理論におけるホスト社会の方略

Berry, 2011, Integration and Multiculturalism, Figure 2より筆者（村松）が翻訳・作成

本理論について説明している、"Integration and Multiculturalism: Ways towards Social Solidarity" の pp. 2.4-2.10 の要点を整理する。**図1**は、国際移住者が移住後に、時間的経過を経て選びとる方略であり、**図2**は、ホスト社会側が国際移住者のニーズに合致した制度を備えているかを示したものである。**図1**と**図2**は対応しており、統合が進む国・地域では、多文化主義が同様に進んでいると理解される。 4 つの方略は、移住する人々が直面する 2 つの基本的問題があるとし、それぞれの問題は互いに独立しており、ヘリテージ・カルチャーとアイデンティの維持を志向しつつ、支配グループや他のグループとの関係を志向する人やグループは統合が進み、同様にホスト社会については多文化主義が進んでいると捉える。重要な点は、国際移住者が 4 つの方略を選ぶことができるということであり、その前提には、ホスト社会がそれに対応した制度を備えることが必要とされ、また、制度を備える過程において国際移住者とホスト社会の間に互恵的なプロセスが存在しているという点である。こうした環境が整うとき、統合が国際移住者にとっての最終的な達成目標になるとしている。

3.2　先行研究の検討

先行研究については、永住者の社会統合に向かう意識変容に焦点を当て、まず社会統合を支える日本の政策への評価と本研究の位置づけを示し、そして Berry の社会統合理論の**図1**、**図2**がそれぞれ示す国際移住者の渡日後の自らの意識および、ホスト社会に対する評価に関係するものを整理する。

まず社会統合を支える日本の政策への評価については、井口泰（井口 2018:121-126）は、統合政策について、OECD および EU の定義を参考に「外国人が受入国・社会で権利を保障され、義務を履行するとともに、積極的に受入地域の社会に参加することを促進する政策」と定義し、この定義をもとに2006年の総務省による「多文化共生推進プラン」（総務省 2006）の策定要請の理念および、その後の自治体の計画をとらえて、「日本には外国人に対する統合政策は未だ確立されているとはいえない」とする。また、近藤敦（近藤 2022: 9 - 22）は、移民統合政策指数2020において56か国中35位となっており、また法と政策の 8 分野のうち差別禁止に関する指数が低く、好ましくない国と指摘して

いる。このように、法制度の整備の国際比較や計画内容の分析を通して、日本
の社会統合を支える政策の不十分な状況を整理する研究が近年多く報告されて
いる。他方で社会統合に関する評価は、政策のみならず、そこに生活する国際
移住者の視点も重要であると考えられる。しかしながら国際移住者の社会統合
に向けた現状の意識やその変化、また課題を明らかにする研究はあまり見当た
らない。本研究は、こうした国際移住者自らの日本社会での生活を通した視点
から、社会統合に向けた要点や課題を時間的経過に着目して導き出そうとする
ものである。中国人技能実習生に限定するものであるが、落合美佐子（落合
2010：64）は、短い在留期間である技能実習生にとって社会統合は困難であり、
母国の友人との日常的な関係やコミュニケーションを重視し、日本においては
「仮の私で生きる」、つまり周縁化することを内面化してしまうことを明らかに
している。また宋弘揚（宋 2017：27-30）は中国人技能実習生のホスト社会との
接点について、接点が十分にないとしつつも国際交流団体の存在を中国人技能
実習生が知ることの重要性や、国際交流団体や日本語学習を支える日本人は継
続的に国際移住者と交流することを望んでおり、そうした日本人と関わりをも
つことの重要性を指摘している。いずれも、技能実習生の渡日後の自らの意識
と社会統合の関係を示すものであるが、技能実習生に限定されており、落合が
述べるようにその在留期間の短さから、自らの意識を社会統合に向けていくこ
との困難さがあり、時間的経過をもとに調査分析することに限界がある。宋が
明らかにしたように、国際移住者に好意的な日本人が集う国際交流団体や日本
語教室への関わりが日本人社会との貴重な接点となることから、国際移住者と
りわけ技能実習生に対しては、国際交流団体や日本語学習の場につなぐ機能や、
そうした場での日本人との関わりの機会を生み出すことが重要となると考えら
れる。渡日後初期の技能実習生からみたホスト社会側が強化すべき視点として
重要な知見である。在留資格による在留期間の限界を超えて、多年にわたる日
本社会での生活を経た国際移住者は、どのように自らの意識を変化させている
のか、10年以上の日本での生活を経た永住者を対象とし、社会統合との関係か
ら意識変容を整理する研究はない。従って本研究は、永住する国際移住者とと
もにある地域自治の推進に向け基礎的な知見を導き出すことが期待できる。

4　調査の概要と分析方法

4.1　調査の概要

表1　調査の概要

調査期間	プレ調査：2020年8月1日〜8月15日、本調査：2020年8月15日〜2021年9月30日
調査対象者	栃木県地域国際交流協会と宇都宮市国際交流協会から紹介のあった宇都宮市に在住登録のある国際移住者20名のうち、以下の条件を満たす15名が対象者である。 ①永住権を持つ外国籍の成人（帰化者を含む） ②成人後に日本に移住した者 ③日本人と生活や仕事を共有した経験があり、日常的にコミュニケーションをとっている者 ④将来も日本で暮らす意思がある者
調査分析の方法	調査：英語を用いた対面による半構造化インタビュー（1人あたり90〜120分）形式とした。聞き取りによるメモを取り、内容に応じてパラフレーズを作成し解釈に誤解が生じないよう実施した。 分析：人間の時間的経過に伴う意識の変化を分析する際に適した木下康人の開発によるM-GTA（修正版グラウンデッド・セオリー・アプローチ）を採用した。
主な質問項目	(1)　属性 (2)　日本人との交流の程度 (3)　渡日から現在に至る環境の変化（結婚、子育てや労働環境など） (4)　(3)に伴う「自らが抱いた気づきや困難、また、それらの変化」 (5)　(3)に伴う「ホスト社会に対する評価点や問題点と自らの捉え方の変化」

　本調査の概要を**表1**に示す。永住者の情報を得ることは困難であるため、多様な国際移住者との関係をもつ栃木県国際交流協会と宇都宮市国際交流協会に依頼し、紹介された20名のうち、**表1**の調査対象者要件に当てはまる15名を調査分析の対象者とした。また調査対象者である永住者は栃木県内において、総数として13,965人（出入国在留管理庁在留資格別在留外国人統計2020年）であり、限られたつながりの中から選定するため、国籍、ジェンダーなど偏りが生じないよう抽出した。調査にあたっては、早い段階から調査の賛同を得た2名（**表2調査者HO・MR**）の協力を得て、プレ調査を行うとともに設問項目や表現にわかりにくい点がないか検討を行った。

　インタビューガイドとして用いた設問項目は、属性に加え、まず、日本人との交流の程度、渡日から現在に至る結婚や子育て、就労などの環境の変化といった日本人との関係やライフスタイルの状況を確認する内容とした。次に本研究の主題である、社会統合に関して永住者の視点から、日本での生活を通して「自らが抱いた気づきや困難、また、それらの変化」といった自らの内面に関して、そして、「ホスト社会に対する評価点や問題点と自らの捉え方の変化」

といったホスト社会をどのように捉えるようになったのかに関して把握する内容とした。

　なお、本調査は、調査者が所属する研究機関において「ヒトを対象とした研究」倫理審査の承認を得ており、調査にあたっては、調査者からの同意書を得て実施している。

4.2　調査対象者

　調査対象者は**表2**の通りである。在留年数などのほか、日本語習得度[9]や地域社会や職場における日本人との付き合いの程度[10]を示した。なお、インタビュー調査から得られたデータをもとに、**M-GTA**の分析手法により作成される概念が理論的飽和に達した時点は13人目であった。14人目、15人目は（**表2分析対象者**）、理論的飽和を確認するために行った。本調査の目的に応じた調査対象者および調査数は妥当と言える。なお、15人の国籍・地域（帰化した者の元の国籍を含む）は、欧米が7名（イギリス3名、カナダ2名、アメリカ1名、オーストリア1名）、アジアが5名（タイ1名、中国1名、台湾1名、インドネシア1名、バングラディシュ1名）、その他が3名（ケニア2名、オーストラリア1名）であった。また、成人後に移住し、永住権を得るということから対象者は、日本定住10年以上かつ40歳以上の者となった。職業においても偏りはなく、住宅建設1名、NPOスタッフ1名、フィットネス・インストラクター1名、英語講師2名、研究者1名、パイロット・ALT1名、ALT1名、大学講師2名、歯科医師・言語講師1名、バイオリン指導者1名、レストランオーナー1名、リタイア──2名であった。

表2　インタビュー調査分析対象者15名

	国籍	職業	年齢(代)	性別	在留資格	配偶者	母語	日本語レベル	在留年数	家族	日本人との付合いの程度
HO	カナダ・日本	リタイアー	70	男性	帰化	日本人	英語	上級	23	妻	R
MR	中国・日本	リタイアー	60	女性	帰化	中国人	中国語	上級	26	夫・息子1	R
CC	カナダ	住宅建設	50	男性	永住者	日本人	英語	中級	13	妻・息子1	P
ST	タイ	NPOスタッフ	50	女性	永住者	日本人(死別)	タイ語	中級	20	娘1	M
MW	英国	英語講師	50	男性	永住者	日本人	英語	上級	30	妻・息子1・娘1	M
BM	米国	研究者	60	女性	永住者	離婚	英語	上級	15	無し	M
PKM	ケニヤ	パイロット・ALT	40	男性	永住者	日本人	英語・スワヒリ語	中級	11	妻・息子1	M
MK	ケニヤ	ALT	40	男性	永住者	日本人	英語・スワヒリ語	中級	14	妻・娘2	M
NY	台湾	フィットネス・インストラクター	40	女性	永住者	日本人	台湾語	上級	21	夫・娘1	M
JK	オーストラリア	大学講師	40	女性	永住者	日本人	英語	上級	25	妻・娘2	M
GB	英国	大学講師	40	男性	永住者	離婚	英語	中級	17	無し	P
SS	インドネシア	歯科医・言語講師	50	女性	永住者	日本人	インドネシア語	上級	12	夫・娘1	R
MB	オーストリア	バイオリン指導者	50	女性	永住者	オーストリア人	ドイツ語	上級	13	夫	M
CN	英国	英語講師	40	男性	永住者	日本人	英語	中級	18	妻	M
LY	バングラデシュ	レストランオーナー	50	男性	永住者	日本人(死別)	ベンガル語	上級	34	息子1・娘1パートナー	M

4.3　分析方法

　本調査の分析では、インタビューの質的分析方法として、M-GTAを採用している。M-GTAは、時間的経過を伴う調査対象者の意識の変化を分析することに適しており、分析手順を体系化して分析過程を可視化し、厳密なコーディングと深い解釈の両立が図られている点で本調査分析に適している（木下2003）。M-GTAでは、調査対象に相応しいと想定される人物から分析を始め、分析目的に対応して導出される新しい概念が出尽くした状態、つまり理論的飽和を迎えるまで調査対象者を追加して調査を続ける。本調査では、13人目において理論的飽和を迎えた。14人目、15人目はさらに新しい概念が導出されないか補足的に調査をおこなったものである。導出された概念の相互の関係を整理することで、現状の理解や問題発生のメカニズムの全体像を把握することができる。他のインタビュー分析手法と異なるのは、あらかじめ調査対象者を設定するのではなく、理論的飽和を迎えるまで調査対象者の妥当性を検討し、調査対象者を追加して行うことである。

5　分析の結果

表3　概念・定義

時間の経過	概念	定義
渡日 ↓ 調和期間 ↓ 「永住者」取得 ↓ 一部の人は帰化	①渡日前の日本語能力の向上	国際移住者が日本への移住・定住するにあたって、日本語学習は、その成否を分かつバイタルサインに匹敵する指標である。永住者はそのことを強く認識している。
	②渡日後の日本語学習機会の確保	職場や教育機関などで提供される日本語学習機会や個人で確保する日本語集中講座へ参加する。
	③エコー・チェンバー（同一価値観社会）からの脱皮	同じ考え方を持っている人々だけが集まるコミュニティはエコー・チェンバー（同一価値観社会）と称され、差別や除外を生み出す可能性が指摘される。一部の永住者は、地域のコミュニティが、そこから脱皮しつつあると、捉えている。
	④恩恵と不利益の間	永住者の定住化の過程に発生する葛藤の1つを指す。異端であることによってホスト住民から厚遇されることを好感する反面、除外、差別などの不利益を被る場合があり、その間で苦悩する状態となる。
	⑤子どもが受ける差別や除外	永住者の子どもの多くは、学校で差別や除外を経験し、場合によっては、不登校や転校につながるケースもある。その経験は、保護者たち（国際移住者当人）の意識に反映される。
	⑥コミュニティからの離脱	辺獄（Limbo）＝不確実な状態、とするキリスト教用語。ホスト社会からの除外や差別を経験し、それがトラウマとなってコミュニティに溶け込む姿勢を放棄する状態となる。
	⑦享楽と勤勉さのアンバランス	日本人にとって忙しいことは重要であるという視点と日本人の勤勉さを肯定的に評価する視点が混在する。
	⑧文字情報の非対称性の中での交流や情報交換	民間の小規模交流会やボランティア日本語教室における、普段とは異なる国際移住者同士の集まりの中で、日本語と日本社会の慣習を学ぶとともに、日本語の読み書きのハードルの高さゆえの文字情報の非対称性の中での情報交換の場となる。
	⑨日本語教師のメンター的役割	日本語教師が果たすメンター的役割が日本語教室を精神的な居場所にする。
	⑩母語を話す永住者同士のつながり	国際交流協会主催の交流会や定期的な母国にいる家族・友人や日本在住の同郷の友人らとの直接の交流や、スカイプ、ズームなどにより交流する。
	⑪ホスト社会の友人	職場や日本人の配偶者・子または地域コミュニティを通してできた日本人の友人に加えて、地方自治体やその外郭団体が主催する異文化理解や国際交流イベントを通じて、永住者がパーソナルネットワークを広げる。加えて、ボランティア団体やNPOも同様の役割を果たす。
	⑫安全・自由	永住者が、日本定住の経験を通して、生活空間としての地域のコミュニティの魅力を、自国との比較で3つ挙げる基準の中で、安全、自由、医療保険制度となる。それらは定住の持続要因にもなる。
	⑬医療保険制度	「生活するうえで安心できる制度・環境として、出産、疾病治療、歯科治療における公的保険システムとしての日本の医療保険制度を、きわめて高く評価している。
	⑭礼節・勤勉	永住者がホスト住民の礼節・勤勉に対し肯定的な感情を持続的に持つ。このことが定住に向かう大きな推進力の1つとなっている。
	⑮自治会などのコミュにティに対する理解	他人を助ける、または助けるための運動を起こす、などの大義や現実的な利益があれば自治会など地域のコミュニティ活動に参加したいと考える。
	⑯大切な家族	"家族を大切にする人が社会に貢献している"、という万人が共通していると考える価値観をもっている。
	⑰共通性の優先	永住者が地域のコミュニティを冷徹に観察し共に暮らす術として、寛容および異文化間における共通性を優先させることに気づく。
	⑱都会と田舎のブレンド	永住者が宇都宮に暮らすと捉える生活空間としての特性であり、大都市への近さと自然への近さとのブレンドに魅力を感じる。
	⑲職場での存在価値	自国の文化と異なる職場で、職務上で認められたとき、大きな自己有能感を感じる。
	⑳子育て安心生活空間	小学校の集団登校を批判する一部の意見を除き、給食やランドセルを含めて、地域コミュニティを子育てを効果的にする空間として永住者が肯定する。運動会などの保護者参加のイベントや生徒による清掃活動も評価する。
	㉑進まない多文化主義	日本における多文化主義・多文化共生に関する、永住者の視点である。それは日本における国際移住者受け入れの歴史的時間の短さが、移民大国に比べ、その圧倒的な少なさを背景としており欧米と同じように普及・進展はしないし、制度の限界があると考えている。そして、ゆっくりと醸成すべきであるとする。
	㉒不足する多文化教育	学校教育において、言語教育（国際理解教育）を深化させたような多文化教育のようなものが不足していると考えている。教員の世代交代に加え、教員養成にも時間がかかると考えている。
	㉓情けは人の為ならず	日本における年老いた親の介護については、永住者は「情けは人の為ならず」と肯定的に捉え、見習うべきところがあると考えている。これは出身国や宗教に依らず共有されている。What goes around comes around.
	㉔永住権取得による帰属意識	国際移住者が「「永住が国の利益に適う」ことを日本政府より認められた証左として、「永住者」の在留資格が与えられる」という認識が社会的帰属意識を加速させる。
	㉕自己肯定と矜持	存在価値が認められていると感じ、これから日本の社会（職場や地域コミュニティ）で生きていくことに自己肯定感と矜持を持つ。
	㉖安息の地	永住者が、日本国籍取得（帰化）のという困難な「土着化」を選択するにあたって理解するコミュニティの価値。現在、所属している地域コミュニティを、安心の場として、そして、老後を過ごすための安息の地として、その価値を理解する。
	㉗共に学ぶ場としてのコミュニティ	永住者が、ホスト住民と交流する活動として、共通の興味を通して、異文化の視点からともに学び、教え合い、お互いに刺激し合う場を熱望している。
	㉘ウェルビーイングに不可欠な多様性理解	永住者に限らず、すべての人々にとって、多様性の価値意識は必要不可欠なもので、自分が他と共に成長するチャンスであると同時に、（メンタル）ウェルビーイングのためにもなると考えている。
	㉙差異を強調しない社会	異文化間において、「多様であること」の価値が永住者とホスト住民の間で共有される。「混血」など、差異を強調することから離れ、異なることが「当たり前」であるという認識への過程である。
	㉚放置される関係性	永住者は、母語によるSNSでのつながりや職場での希薄な日本人とのつながりなどをきっかけとして、日本語習得への再チャレンジを考えている。

出典：筆者作成。

注：網掛け部が「ホストコミュニティの性能」、それ以外は「社会統合に向かう意識の変容」を示す。

5.1　抽出された概念と定義

　表3に示すとおり、M-GTAの分析手法によりインタビューデータから30の概念と定義が抽出された。Berryの理論として**図1**、**図2**に示した国際移住者、ホスト社会に対応し、**図3**の結果図では下段の永住者の社会統合に向かう意識の変容、上段のホスト社会の性能に分けて整理した。下段の永住者の社会統合に向かう意識の変容については16の概念、上段のホスト社会の性能については14の概念が当てはまり、それぞれの概念の関係を整理した。横軸は渡日から「永住者」取得に至る時間の経過を示す。

5.2　ストーリーライン

　永住者の在留継続及び定住化の流れとして、渡日から調和期間を経て「永住者」取得に至るまで、最短で10年間に及ぶ時間軸の上で、社会統合に向けて、永住者は自らの意識をどのように変容させ、またホスト社会をどのように捉えてきたのか、ストーリーラインを**図3**に沿って概説する。

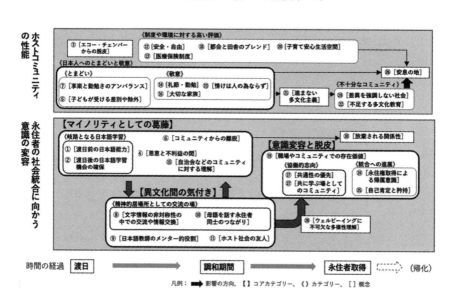

図3　結果図：意識変容のプロセス

　まず、永住者は、個人差はあるものの、渡日後の一定期間、【マイノリティ

としての葛藤】を抱える。多くの場合、ヘリテージ・カルチャーにおいてマジョリティとして暮らしてきた者が、異文化、つまりホスト社会に暮らし始める時に受ける［恩恵と不利益の間］における心理的な戸惑いを自覚することとなる。それは、永住者1人ひとりのもつ社会的・経済的な状況を越えて、自身が定住したいと思うかどうか、並びに定住していけるかどうか、を吟味する期間である。この時期に永住者は、ホストコミュニティの性能を次のように捉えている。日本人については［享楽と勤勉さのアンバランス］を感じ、また地域社会においては［子供が受ける差別や除外］に《とまどい》を感じている。また、同時に、日本人のもつ［礼節・勤勉］、［大切な家族］、そして［情けは人の為ならず］に対して共感と《敬意》の念を抱いている。さらに、地域社会のなかで日本人の一部の人たちに多文化主義に向かう［エコー・チェンバーからの脱皮］を感じている。《制度や環境に対する高い評価》として、［安全・自由］やその制度としての［医療保険制度］を、また、生活環境としての［都会と田舎のブレンド］や［子育て安心空間］を見出している。永住者自身の［渡日前の日本語能力］と［渡日後の日本語学習機会の確保］に関して、十分にその機会を得られない永住者にとって［コミュニティからの離脱］を選択する可能性が高まる。そして、その状況が続くことが、ホストコミュニティとの関係性を保留する［放棄される関係性］へとつながる大きな要因になっている。例えば、［渡日前の日本語能力］の高いものの中には、この時点で既に［自治会などに対する理解］を示す例があり、ホスト社会で使用される言語について、その能力の高さや学ぶ機会の確保は、【異文化間の気付き】を得る機会にもつながり、社会統合へ進展する速度との強い相関関係が示唆される。

　つぎに、【マイノリティとしての葛藤】を乗り越えるための意識の変容の過程において、大きな役割を果たすのが、【異文化間の気付き】である。これをもたらす場として重要なのが、既にホストコミュニティの一員となっている場合が少なくない配偶者や子、または職場を通しての［ホスト社会の友人］との交流や、［日本語教師のメンター的役割］が大きい日本語教室である。加えて、サークル団体やNPO等が主宰する民間の小規模交流会や［母語を話す永住者同士のつながり］での［文字情報の非対称性の中での交流や情報交換］である。これらのプロセスは母語を話す機会やそのコミュニティの存在が重要であるこ

とを示唆している。特に母語を話す機会は、ヘリテージ・カルチャーを再認識する場となっている。そして、これらの小規模交流会や日本語教室の場が、《精神的居場所としての交流の場》としての機能を果たし、【マイノリティとしての葛藤】と【異文化間の気付き】との間の「行きつ戻りつ」を繰り返しながら、【意識変容と脱皮】へとつながっていく。

　その後、永住者の多くの意識は、【マイノリティとしての葛藤】および【異文化間の気付き】の間の往来を経て、【意識変容と脱皮】のステージに入る。ここで、永住者はヘリテージ・カルチャーとホストカルチャーの間の差異よりも［共通性の優先］を方略として選択し、［共に学ぶ場としてのコミュニティ］の存在を意識して、《協働的志向》を身に付ける。このステージでは、永住者は、同じような時期に［職場やコミュニティでの存在価値］が認められるようになったことに気付き、在留継続に関して［自己肯定と矜持］を感じ始める。さらに、《統合への進展》へのブレイクスルーとして、日本政府より「永住が国の利益に適う」ことを認められた証左として「永住者」の在留資格を与えられ、［永住権取得による帰属意識］を醸成させる。この【意識変容と脱皮】に至る過程において重要となるのが、永住者が《協働的志向》を経験する中で認識する、ホスト社会と国際移住者の双方にとっての［ウェルビーイングに不可欠な多様性理解］である。このステージでは、永住者は自らの意識において《協働的志向》や《統合への進展》というポジティブな変化をもつ一方、ホストコミュニティの性能に対しては、［進まない多文化主義］を感じるようになる。それは［差異を強調しない社会］や、そこからは程遠い教育の現場や地域社会における［不足する多文化教育］として強く認識されている。他方で、こうして生み出される《不十分なコミュニティ》の状況を想定の範囲内として理解し、受け入れることで、《日本人へのとまどいと敬意》及び《制度や環境に対する高い評価》とともに、ホストコミュニティを［安息の地］として捉えていくようになる。

6　考察

　永住者の社会統合に向かう意識の変容について、J. W. Berryの理論において

重要な観点であるヘリテージ・カルチャーとアイデンティティの維持、またホストコミュニティとの関係に関するカテゴリー、概念について考察する。

6.1　概念⑩［母語を話す永住者同士のつながり］

　Berryが示す通り、国際移住者の社会統合の過程において、ヘリテージ・カルチャーとアイデンティティの維持は、国際移住者が直面する 2 つの基本的問題の 1 つである。本研究における永住者の社会統合に向かう意識の変容の過程において、コアカテゴリー【異文化間の気付き】の中の《精神的居場所としての交流の場》として［母語を話す永住者同士のつながり］が極めて重要であると考えられる。配偶者が日本人のSSは、"I always enjoy participating and speaking Indonesian in the Tochigi-Indonesia Association meetings." 「栃 木 インドネシア協会のイベントに参加してインドネシア語を話すのはいつも楽しい。」 SS同様、日本人の配偶者を持つPKMは、"My son and I skype my parents every week in addition to our visit to them in Kenya once a year. It is very important for us to talk about daily happenings in Swahili. 「私は息子と一緒に年一回、ケニアに暮らす私の両親を訪ね、週一回はスカイプします。私と息子にとって、日常の出来事をスワヒリ語で話す機会は、とても大切です。」とし、永住者にとって、渡日後に同じ母語を話す永住者同士の関係づくりや、安心できる場や信頼する人と母語を用いて話しをする機会をもつことは、在留継続のために不可欠なヘリテージ・カルチャーとアイデンティティの維持において重要となる。

6.2　概念㉗［共に学ぶ場としてのコミュニティ］

　永住者が直面するもう 1 つの基本的問題として、支配グループ（ホストコミュニティ）や他のグループとの関係がある。永住者は【意識変容と脱皮】のステージで、職場の同僚や顧客、およびホストカルチャーの一員である配偶者や子を通して広げたつながりの中の学びから、《協働的志向》を持ち始める。その中でも、［共に学ぶ場としてのコミュニティ］の存在は大きい。障害者スポーツに興味を持つ永住者であるJKは、"There are so many things to learn about the people with disabilities. I really enjoy learning things with Japanese friends of mine.「障害を持つ人々について学ぶことはたくさんあります。日本人の友人と一緒に何かを学ぶことは、本当に楽しい。」と話す。永住者と日本人の双方が興味を持っているテーマの中で、互いにまだよく知らないことを共に学ぶ場の楽しさに気付いたことを語っている。このように共に学ぶ機会を得ることが、社会統合へ向かう肯定的な意識の促進につながると考えられる。

6.3　カテゴリー《不十分なコミュニティ》

　永住者は、ホストコミュニティの性能をその［進まない多文化主義］により《不十分なコミュニティ》として捉えている。これは、表面的には否定的な捉え方であるが、［進まない多文化主義］は日本人社会の特性として、「織り込み済み」のこととしている。多文化主義は負の面もあり、また、他の先進移民大国と同じようには進展しないことを十分に理解している。カナダ出身のHOは、"You can't import multiculturalism. It is not likely to happen in Japan now."「多文化主義は輸入できるものではない。現在の日本ではすぐには成立しずらい。」と言い、英国出身のMWは、"Multiculturalism is a good thing, but it is limited."「多文化主義は良いことだが、いいことばかりではない。」と述べ、多文化主義を進めていく際の困難さへの理解と、日本独自のコミュニティの特性を踏まえた多文化主義のあり方を検討していくことの必要性を示唆している。永住者の《不十分なコミュニティ》に対する認識は、コミュニティの性能と多文化主義を考えるうえで貴重な観点である。

7　まとめ

　本研究では、国際移住者の中でも永住者に焦点を当て、永住者が日本に移住後、在留継続により自らの意識をどのように変化させてきたのか、また、地域社会におけるホストコミュニティをどのように捉えてきたのかについてBerry J.W.の社会統合理論を枠組みとして、そのプロセスを明らかにした。分析結果から得られた要点をもとに、永住者が日本の地域社会のなかでよりよく暮らしていくために、今後必要な方策をまとめると以下のようになる。

　永住者のヘリテージ・カルチャーとアイデンティティの維持にとって重要な

概念⑩［母語を話す永住者同士のつながり］の場と関連して、榎井縁（榎井
2021:100-101）は、永住者の子供たちのための継承語（母語）教室を積極的に開
催することの困難さを指摘している。それはマジョリティには見えにくい、
「外国人性を表出しないこと」でうまくやっていく、つまり継承語（母語）を
話し合う場を設けたり、そうした場に参加しないことで日本の地域社会に馴染
もうとする、永住者によって内面化されてしまう問題であると指摘としている。
本研究においては、このような可視化されにくい障壁を緩和させていると考え
られるのが、永住者と接する日本人の個人の熱意によって運営され、支えられ
ている交流会を一例とする属人的コミュニティの存在であるという立場をとる。
この［母語を話す永住者同士のつながり］には、単に母語を話すことに加え、
その中心となる人物への信頼と、コーディネーションによって生まれる永住者
同士のつながりが、永住者のヘリテージカルチャーやアイデンティティを確認
する精神的居場所としての役割を果たしていることが推察された。日本におい
ては、国際交流協会といった自治体が設置する施設があり、出身国や母語のコ
ミュニティが存在するが、職員がそれぞれのコミュニティに対して理解がある
とは限らず、また施設サービスの１つとして行うためコーディネーションが十
分に機能しているとは言い難い。日本人の多文化理解や日本人と永住者との交
流の機会にとどまらず、永住者が内面化してしまう、永住者同士の母語を話す
コミュニティをつくるコーディネート技術が、永住者を支援する機関や地域社
会にこれまで以上に求められている。

　また、永住者のホストグループとの関係の軸においては、テッサ・モーリス
＝スズキ（モーリス＝スズキ2002）が、コスメティック多文化主義と表現し、
日本における多文化主義の現状の認識、および、多文化主義の正負両面に関す
る議論が不足していると述べているように、本研究が導き出した概念㉑［進ま
ない多文化主義］やカテゴリー《不十分なコミュニティ》はまさにそうした現
状を示すものである。また、永住者のホストグループとの関係を進める重要な
観点として概念㉘［ウェルビーイングに不可欠な多様性理解］を通した、概念
㉗［共に学ぶ場としてのコミュニティ］、つまり、日本人と永住者が共に学び、
成長する場が成立し、《協働的志向》に向かうことが示された。こうした協働
的志向を促す永住者と日本人による学びや実践の機会は、自治体によるコミュ

ニティ施策や地域社会における実践は十分とは言えない。[11] 地域防災や子ども食堂、また認知症ケアなど日本人にとっても比較的新しい地域課題をともに学び、実践できるよう、自治体と地域社会が連携して場を創出していく必要があるのではないだろうか。

　本研究は、これまでに十分に明らかにされてこなかった地方都市に暮らす永住者の声に焦点を当て、調査分析を行い、今後の永住者を含む国際移住者に対する支援施策や地域社会が担う役割などを示した。今後の研究課題としては、永住者を含む国際移住者を受け入れるホスト住民側の意識に対する調査、さらには永住者を含む国際移住者の支援における具体策を検討するために6.1や6.2で示された「母語を話す永住者同士のつながり」「共に学ぶ場としてのコミュニティ」これらを実践する人々に対する調査が必要である。

【謝辞】

　インタビュー調査に御協力頂いた15名の方々に心より感謝申し上げます。また、本研究は、文部科学省科学研究費助成基盤研究(C)21K04390の一環として行ったものです。

【注】

1)　平成30年3月9日付内閣衆質196第104号、衆議院議員奥野総一郎君提出外国人労働者と移民に関する質問に対する答弁書、内閣総理大臣安倍晋三。この答弁以降、2022年10月時点で政府による移民に関する公式の答弁は存在しない。
2)　2019年成立の在留資格、特定技能新設を実質の移民法成立とする報道はある。
3)　2018年、人口200万以下の県で栃木県は外国人住民の国外からの転入者数は第1位（全体では13位）（総務省「住民基本台帳基づく人口・人口動態および世帯数」[2018年]による都道府県別外国人住民転入者数（国外））となっている。
4)　一般財団法人自治体国際化協会によれば、北関東の中核市における多文化共生推進策定は、宇都宮市が2008年に第1次国際化推進計画、高崎市が2018年に第6次総合計画のなかの1つの項目として計画、水戸市が策定無しとなっている。
5)　在留資格「永住者」は、居住資格の1つで、在留期間は無期限であり活動の制限もない。概ね資格取得までに10年以上を要し、日本人との生活を多年にわたり経験していると考えられる。入管特例法の「特別永住者」（主に在日韓国・朝鮮人）は「日本国との平和条約に基づき日本国籍を離脱した者等の出入国に関する特例法」を根拠としているため、別の在留資格であり在留の背景が大きく異なると考えられるため、永住者と同様に扱うことは困難であることから本研究の調査対象として含んでいない。

注表1　2021年6月末時点で1万人を超える在留資格別外国人の数（総数：2,823,565人）

	在留資格	人数	構成比		在留資格	人数	構成比
就労資格	高度専門職	15,891	0.60%	非就労資格 （活動の制限あり）	留学	227,844	8.10%
	経営・管理	26,943	1.00%		家族滞在	190,010	6.70%
	教育	11,884	0.40%	経済連携協定等	特定活動	112,382	4.00%
	技術・人文知識・国際業務	283,259	10.03%	居住資格 （身分に基づく 在留資格、 活動の制限なし）	永住者	817,805	28.96%
	企業内転筋	10,735	0.40%		日本人の配偶者等	140,987	5.00%
	技能	39,603	1.40%		永住者の配偶者等	43,334	1.50%
	特定技能	29,144	1.00%			199,288	7.10%
	技能実習	354,104	12.50%		特別永住者	300,441	10.60%

2021年出入国在留管理庁統計より筆者が作成　　＊経済連携協定等とはワーキングホリデーなどの国家間
の協定に基づき与えられる在留資格を示す。

6)　Berry は "Immigration, Acculturation, and Adaptation"(1997) において、北米、豪州、欧州の
ような文化的複合社会における移民（国際移住者）のグループおよび個人レベルでの適応に
ついて、比較文化心理学の側面から文化変容方略を概念的枠組みとして整理している。ま
た、"Integration and Multiculturalism: Ways towards Social Solidarity"(2011) では、多文化社
会の本質の背景にある考え、および、グループ・個人レベルの様々な異文化間文化変容方略
についての多文化主義をベースとした評価を整理し、"Integration"（社会統合）と"
Multiculturalism"（多文化主義）の意味を心理学的側面から再確認している。そして、それら
の概念をもとに社会的凝集性の模索の可能性について論じている。

7)　近年の国際移住者のAcculturation Strategiesに関係する諸論文の他、前田（2018）、趙・田
中（2020）などをはじめとして、Berry（1997）の理論は数多く引用され、文化変容方略を論
ずるための基礎となっている。

8)　栃木県産業労働観光部国際課による報告は、2009年以来5年に1度行っている。国際移住者
と日本人の意識の相違については、2014年、2019年の報告においても2009年と近い結果が報
告されている。

9)　日本語習得度に関しては、自己申告に筆者がインタビュー時に判定したものを合わせて参
考レベルとして記した。

10)　地域社会や職場における日本人との付き合いの程度(Neighborly ties)を、設問項目をもと
に行ったインタビューにより相対的な仕方で数値化測定したもので、「よく話す」Rich(R)、
「あいさつ程度」Medium(M)、「ほとんど話さない」Poor(P)で表記した。

11)　協働志向を促す実践事例として、宇都宮市における民間の地域組織として「清原地区国際
交流会」があり、地域住民と外国人住民がともに防災について学ぶ機会を設けるなどしてい
る。

【参考文献】

Alexander, Michael. (2004). Comparing Local Policies toward Migrants: An Analytical
Framework, a typology and Preliminary Survey Results. Penninx, R., Kpaal, K., Martiniello,

M., Vertovec, S. (eds.) *Citizenship in European Cities, England: Ashgate.*

Berry, J.W. (1997). Immigration,Acculturation, and Adaptation. *Applied Psychology: An International Review*, 1997, 46(1), 5-68.

Berry, J. W. (2011). Integration and Multiculturalism: Ways towards Social Solidarity. *Social Representations Vol. 20*, 2.5-2.6.

趙師哲・田中共子（2020）「在日中国人の文化変容方略に関する探索的研究」『多文化関係学』vol.17、45-55頁。

榎井縁（2021）「多文化共生政策と地域コミュニティ—コロナ災禍下における現状と未来に向けた課題—」コミュニティ政策学会編集委員会編『コミュニティ政策19』東信堂、92-106頁。

井口泰（2018）「日本の統合政策」移民政策学会設立10周年記念論集刊行委員会編『移民政策のフロンティアー日本の歩みと課題を問い直す』明石書店、121-126頁。

木下康仁（2003）『グラウンデッド・セオリー・アプローチの実践』弘文堂。

近藤敦（2022）「移民統合政策指数(MIPEX2020)等にみる日本の課題と展望」『移民政策研究2022 Vol. 14』移民政策学会、9-22頁。

前田健次（2018）「フィリピン人技能実習生のメンタルヘルスに関するリスク要因：文化変容方略に着目して」『国際保健医療』第33巻、第4号、303-312頁。

モーリス＝スズキ、テッサ(2002)『批判的想像力のために－グローバル化時代の日本』平凡社。

落合美佐子（2010）「外国人研修生・技能実習生の生活実態と意識—語りの中から見えてくるもの—」『群馬大学国際教育・研究センター論集9号』51-68頁。

OECD International Migration Database

出入国在留管理庁（2017・2020・2021）「在留資格別在留外国人統計2020年」「在留外国人統計2017・2021年6月末の市区町村別在留外国人数および在留外国人総数」。

宋弘揚（2017）「中国人技能実習生とホスト社会との接点—石川県白山市と加賀市を事例に—」『地理科学vol.72 no.1』19-33頁。

総務省（2006）「多文化共生の推進に関する研究会報告書」総務省。

総務省（2018）住民基本台帳に基づく人口・人口動態および世帯数、都道府県別外国人住民転入者数（国外）。

栃木県産業労働観光部国際課（2009、2014、2019）「地域国際化実態調査」

渡戸一郎（2011）「自治体・国の多文化共生政策の再構築に向けて」『都市住宅学』74号、8-9頁。

Consciousness Transformation of Permanent Residents towards Integrationi

MURAMATSU, Hideo
ISHI, Daiichiro

[Abstract]
International migrants nowadays have a significant presence in regional communities for the promotion of regional autonomy. With a focus on the permanent residents living in Utsunomiya City, Tochigi Prefecture, this study is designed to outline how international migrants see the Japanese culture and regional societies as well as how they have altered consciousness for their sustained stay within the framework of Integration and Multiculturalism by J. W. Berry. Through the interview survey and its analysis with M-GTA, the following is demonstrated:

① From the standpoint that maintenance of heritage culture and identity is essential for permanent residents to continue living in the host communities, securing opportunities of using the heritage languages is crucially important.

② On the one hand permanent residents see the multiculturalism in the host communities inadequate, on the other hand they are intended towards relationship with collaboration-oriented mind through learning-together communities with diversity.

The regional challenges that emerged from this study have proven to be how to coordinate the opportunities for permanent residents to use mother tongue and how to create the communities of learning-together and practicing-together for the new challenges in the community.

[Keywords] International Migrants, Integration, Permanent Residents, Multiculturalism, Collaboration-oriented Mind

自由投稿論文

本論文は複数のレフェリーによる査読を受けたものです。

平成29年地方公務員法改正と行政区長制度
—— 宮城県内における条例等調査より ——

The 2017 Amendments to the Local Public Service Act and the Administrative District Head System
~From a survey of the rules and regulations in Miyagi Prefecture

池山 敦
（IKEYAMA, Atsushi）

要 約

　1889（明治22）年に施行された市制町村制の中に定められた「区」「区長」の名残りは、後の昭和の合併の際に自治庁から出された「新市町村建設方針」のなかに掲載されたこと等もあり、地域の自治組織の長等をして「区長」「行政区長」等の名称で「特別職非常勤公務員」として委嘱することで多く残された。その後地方公務員法及び地方自治法の一部を改正する法律（平成29年法律第29号）が2020（令和2）年4月1日に施行され、特別職地方公務員任用の厳格化が図られたことにより、上記の任用形態は難しくなった。本稿においては、上記のような制度を「行政区長制度」として、同制度がこれまでの自治体の施策として利用されてきた経緯を概観したうえで、特に多く制度が利用されている宮城県を対象にインターネット上のデータベースを利用し条例等の面から調査を行うことで、令和4年現在でも宮城県内での多くの市町村（35中28、80.0％）が本制度を利用していること、さらに今般の地方公務員法の改正にも条例等を改定するなどして対応（28中21、75.0％）していること、一部に今後も引き続き特別職としようとする動きがあることなどを明らかにした。

[キーワード]　行政区、行政区長、地方公務員法改正、条例等、データベース

1　はじめに

　我が国においては、古くは1889（明治22）年の市制町村制や昭和の合併時

に多くの市町村で「区長」等の名称で、地域自治組織の長等に行政との連絡調整や、庶務遂行のために役職を委嘱する制度が導入されてきた。そして委嘱の際にその身分を「特別職公務員」とする市町村が多かった。

　地方公務員法及び地方自治法の一部を改正する法律（平成29年法律第29号）は2000（令和2）年4月1日に施行となった（以下本改正という）。本改正に関するポイントの一つは「特別職の任用及び臨時的任用の厳格化」であった。その背景として「地方の厳しい財政状況が続く中、多様化する行政需要に対応するため、臨時・非常勤職員が増加（中略）している中、任用制度の趣旨に沿わない運用が見られ、適正な任用が確保されていない」（総務省2022a）ことがあった。改正の結果、臨時的任用職員と特別職非常勤職員が合わせて40.4万人減少した（総務省2022b）。

　後に詳しく述べるが、総務省の法解釈上は本改正により、行政区長を特別職公務員として委嘱することは原則できなくなった。本稿ではコミュニティ政策の観点から、本改正が自治体において「行政区長」制度を廃止する契機となったか否かを中心にして、与えた影響につき特に宮城県内市町村を対象に行った条例等の調査をもとに論述する。本制度については、研究そのものが少なく（日高2018a、森2014等）、これまでは質問紙調査等によるものが主流であったが、本稿ではインターネット上の条例等データベースを利用して調査を行った。本改正前の同様の研究には森（2009）がある。これについては後に詳しく触れる。

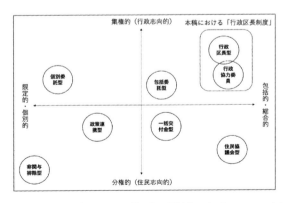

図1　日高の理論モデルと本稿における「行政区長制度」（日高2018：100をもとに筆者作成）

　今回の調査で次のことが判明した。①宮城県内においては、本改正後も多く（35市町村中28）の市町村において現在においても行政区長制度が利用されていた。つまり、行政区長制度を廃止するとまでの大きな影響はなかった。②多くの市町村においては、本改正に条例改正などで対応した。加えて工夫によって「公務員」としての立場を残そうとする動きが見られた、という2点である。これらのことについて次章より詳述する。

2　行政区長制度について

2.1　「行政区長制度」の定義

　一般に「区長」といわれる際には、特別区あるいは政令指定都市の「区長」が想起されるがこれは本稿で取り上げる「区長」とは異なる。混同を避けるため、本稿において扱うものを「行政区長」と呼ぶことにする。森（2009）は、このことにつき取り扱うものを「市町村内部の地域に設置される、いわゆる行政連絡機構としての区長」（森2009：85）であると断っており、それについては本稿での定義と同様である。

　野村総研の2005年の調査によると、わが国における公務員数は人口千人当たり42人であり、欧米各国と比較して相対的に少ない（野村総合研究所2005：3）。限られた人的資源の中で任務を遂行するために、わが国の地方政府ではこれまで住民を動員し、その区域内の隅々まで行政の手を届かせるための工夫が行われてきた。それらは住民による「行政協力制度」と呼ばれ、この行政協力に関して、日高はこの機能を地域自治会などの地域自治組織の機能の一つととらえ（日高2018a：30）、その理論モデルを**図1**のように整理した。日高は右上の象限に①行政区長型：「町内会自治会の会長を直接に行政委嘱員として市町村長が任命し、一定の行政事務の執行の補助や行政と担当地域との連絡調整などに当たらせる制度」、②行政協力員型：「会長という役職とは制度上切り離して、住民『個人』を市町村長が委嘱する形をとる」もの、③包括委託型：「単位町内会自治会を網羅する連合会との業務委託契約に基づく行政協力制度」の3つの型を置いている（日高2018a：99−107）。日高は行政協力員について付け加えて「ところが、その実態は、委嘱された『個人』のほとんどが当該地区の町内会

自治会の会長もしくは役員である」（同：102）としている。また森（2014）ではこの二つの類型をまとめて「委嘱型」としていることなどを踏まえ（森2014：85他）、本稿では日高の①と②の類型について、役職を委嘱することにより管理する手法を使っている型としてまとめ、その役職名として多くの地域で使われている用語であることから便宜的に「行政区長制度」と呼ぶことにする。なお、後述する宮城県内で行政区長制度の設置が認められなかった市町村に関して、「市政協力員」、「嘱託員」という名称での類似の制度の存在は認められなかった[1]。

2.2　明治地方自治制（市制町村制）施行時の「区・区長」の設置

　明治の始め、我が国の地方制度は試行錯誤を繰り返していたが、1888（明治21）年の市制町村制の制定（翌1889（明治22）年施行）で一応の安定をみた。「その施行の絶対条件として」（日高2018a：12）、いわゆる明治の合併が実施された。総務省「市町村数の変遷と明治・昭和の大合併の特徴[2]」によると、1888（明治21）年に71,314あった市町村は翌1889（明治22）年には15,859となり、約77.8％の減、約1／4となっている。一般的にいって市町村は小学校区程度の規模になったといえる[3]。

　この後、我が国の地方自治制度は一貫して合併による領域の拡大を繰り返していく。その一方で岩崎・小林（2006）が指摘するように、「自治の単位を『大きくする』ことと『小さくする』こと」がいつも同時に検討されてきた（岩崎・小林2006：75）。行政区長制度もいわば、この「大きくする」ことで手の届かなくなった「小さいエリア」にどう手を伸ばしていくかの工夫の結果であったとみることができる。

　この点につき日高は「合併によって『自治体』としての資格を喪失させられた旧町村は（中略）その地域区分を単位として一定の『共同事務』を取り仕切る地域運営組織を必要としており、また、新制市町村も旧町村の補助なしには行政運営が困難な状況にあった」（日高2018a：12-13）としている。そこで、1889（明治22）年に施行された市制町村制では市町村内をいくつかの区画に区切り、それを「区」と呼び、そこに「区長」を置くことを可能とする制度を置いた[4]。

　明治地方自治制では大石（1990）が指摘するように「地方自治は官治の補充」（大石1990：28）と考えられていた。明治地方自治体制においては自治とは、職業的官吏に対する概念としての「名誉職」に行政事務を担わせること[5]であった（白木澤2021：116-117）。そこにおいて市長は「名誉職」とはされてはいなかったが[6]、町村長は「名誉職」と規定されており（町村制第55条）、区長も名誉職とされた（市制第60条、町村制第64条）。また、府県知事等も官僚として任命されていたことを合わせて考えると、明治地方自治体制における「自治[7]」はもっぱら基礎自治体である市町村及び「区」にあったといえる。

　そこにあって区長は市制では「市参事会」の機関として指揮命令を受け（市制72条）、町村制では町村長の機関となり（町村制73条）、その指揮命令を受けて市町村長の事務を補助執行するものとされた。この「区」及び「区長」の設定が多くの論者（鳥越1994、日高2018a他）が現代につながる地域自治会の起源のひとつとしているところである。しかし、あくまでも「区長」は「町村長ノ機関トナリ其ノ指揮命令ヲ受ケテ区内ニ関スル町村長ノ事務ヲ補助執行」（町村制明治21年制定）[8]するものであったことに注意が必要である。

　日高（2018b）によると、1889（明治22）年から1936（昭和11）年までに、市の吏員は20倍以上増加しており、また、同じ期間に町村吏員は約3倍に増加している[9]。そして、特筆すべきは町村吏員のうち4〜5割を区長及びその代理者が占めたことを日高が指摘していることである。つまり、当時は町村運営には名誉職である区長等の存在を欠くことができなかったのである。このことから、日高は「市町村行政を運営するための不可欠な要素として、有給職員の他に、『名誉職』として住民（『公民』）を『最大動員』するメカニズムがビルトイン[10]」されていたとした（日高2018b：34-37）。

　この「区」および「区長」の制度の創出の背景に、明治の大合併があったことは重要である。西尾（2008）によれば、我が国の行政システムは「高度に分散的なシステムであったが故に高度に集権的なシステムにならざるを得なかった（略）大市町村主義に耐えうる市町村を育て上げなければ」ならなかった（西尾2008：11）。「大市町村」を目指す大きな流れのなかで、限られた人的リソースで草の根の住民サービスを行ったり、新しい政策を国民に浸透させたりしていく、そのための制度的工夫がまさに村松（1994）のいう「最大動員シス

テム」なのであった。そしてその後1953（昭和28）年の町村合併促進法施行を
契機としたいわゆる「昭和の合併」により、全国の市町村数は1956（昭和31）
年には3,975となった。そして1999（平成11）年の地方分権の推進を図るための
関係法律の整備等に関する法律一部施行により始まる「平成の合併」を経て、
2022（令和 4 ）年現在の市町村数は1,718となっている。実に1889（明治22）年
比97.6％減、約 1 /42となったことになる。

　端的にいえばわが国のこれまでの地方制度は行政区画としての市町村が大き
くなることにより希薄化するサービスや、広域化したことによる役所の手の届
かない部分を補完するためのシステムをいわば「つぎはぎ」しながら、地方行
政を行ってきたという面が否めない。その「つぎはぎ」が明治の大合併＝市制
町村制による「区」や「区長」であり、昭和の合併＝特別職非常勤公務員とし
ての行政区長制度であり、そして平成の合併＝まちづくり協議会制度だったと
いえる。いずれにせよ明治の合併において広域化した市町村のなかにおいて
隅々まで行政の手を届かせるために、こうして「区長」の制度が作られたので
ある。

2.3　昭和の合併に際して出された「新市町村建設方針」

　まず議論の前に背景としての昭和30年頃までの地域を取り巻く状況に目を向
けておく必要がある。1889（明治22）年の市制・町村制の施行以降、社会は大
きく変化した。都市部においては、大正時代から昭和のはじめにかけて人口の
都市への流入が起こった。また幾度かの感染症の大流行（コレラ、ペスト等）
が起こり多数の死者を出した。そのため都市部では共同して防疫に取り組むた
めの「衛生組合」等の組織化が行われることになる（笠原2000他）。また、防
犯の必要性等も拡大し、藤田のいう「特定の目的を持った地縁組織」（藤田
1982：273）が多数結成されることになり、後に「町内会」となっていったも
のも多い。

　また非都市部では、明治市町村制に基づく「区」「区長」制度の名誉職によ
る地域自治が継続しており、昭和10年代には戦前・戦中の「部落会・町内会」
の制度へとつながっていくことになる。そして昭和15年内務省訓令17号、1943
（昭和18）年の市制町村制の改正により「部落会・町内会」は官製化、義務化

されたものとなり、終戦を迎える。そして占領下での1947（昭和22）年内務省
訓令4号により、前述の昭和15年内務省訓令17号が廃止されたことにより、事
実上「部落会・町内会」は廃止される。この経緯は自治大学校（1960）に詳し
い。

　サンフランシスコ講和条約により、ポツダム宣言下の政令が廃止となり部落
会町内会の禁止も解除されることになるが、この際に自治省は統一的な措置を
全国の地域自治会について行っておらず、その後各地で様々な形態をとること
になる。

　自治庁（当時）の調査によると、「住民の皆さんへ連絡する組織が全然な
かったときがありますか」という設問に対し、「なかったことがある」と回答
している自治体は11.9%であり、反対に「なかった時期はない」と回答してい
る自治体は75.4%であった。すなわち、この廃止期間にも少なくとも「住民に
接触する」ためのなんらかの組織があった自治体が多数であることがわかる
（自治庁1956：44-45）。そして、そして次なる大市町村化の動きである昭和の合
併を迎えることになる。

　前出のとおり昭和の合併の結果、市町村数は1956（昭和31）年には3,975と
なった。このことは、当然であるが住民の生活はもちろん、市町村行政の業務
執行にも大きな影響を与えた。このことは高木（2005）に詳しい。同書中「資
料58　新市町村建設関係　a（別紙二）新市町村建設方針昭和31年1月31日町
村合併推進本部決定[11]」によると、市町村域が拡大することに伴い、「連絡員」
という制度が構想され、発表された。「新市町村は、その地域の拡大及び支所、
出張所の廃止に伴い住民に対するサービスの徹底を図るとともに、その協力に
よって自治行政の円満な遂行を期するため、職員の巡回、連絡員の配置、部落
電話、有線放送施設の設置等末端連絡組織の整備について検討すること（中
略）連絡員（区長[12]、駐在員、広報員等の名称は、適宜で差しつかえない）は、
通常部落単位に置き、徴税令書の配布、納税思想の普及、広報誌の配布、各種
の調査報告、各種行事の伝達、住民から市町村への連絡事項及び要望事項の伝
達などの事務を行うものとし、その身分は市町村長により選任された非常勤の
公務員[13]」で、市町村役場の末端連絡機関を構成するものであること」（高木
2005：687）とされた。高木も指摘しているがここで区長他の名称で呼ばれる

連絡員が「非常勤の公務員」と明示されている点は特に重要である。このことにより政策的に誘導され、全国に特別職非常勤地方公務員としての行政区長制度が広がったと考えられる。さらに連絡員はいち住民に対して委嘱するものであるものの「町内会や部落会の役員を連絡員に委嘱することによって事実上、市町村が行政を運営していくために町内会や部落会などの地区組織を活用する仕組み」（高木2005：699）であった。さらに自治庁が1955（昭和30）年に宮城、神奈川、新潟、富山、福井、愛知、大阪、和歌山、鳥取、岡山、佐賀の11の各府県からそれぞれ人口別に抽出した66市町村を調査した結果によると「殆どの市町村が行政を運営していくために、町内や部落の地区を単位として地区組織を活用していた」とする。そしてそこには①「連絡員方式」＝「市町村が事務の処理を地区組織の役員に委嘱している形のもの。すなわち、組織の長や代表を市町村の嘱託吏員や特別職非常勤などの身分にしたり、嘱託吏員として選任または委嘱しているもの」、②「町内会・部落会方式」＝「それ以外の地区組織に事務の処理を委嘱しているもの」に大別したところ、連絡員方式が71.2%、町内会・部落会方式が27.3%であり（高木2005：712）、本稿にいう行政区長制度が主流となっていったのである。1968（昭和43）年に行われた調査によると、住民自治組織の長に対しての設問「あなたは、行政連絡員・嘱託員などの辞令を市（町村）からもらっていますか」に対して、市部で40.0%が、町村部で48.2%が「もらっている」と回答している（内閣府2023）。また、その後も1980年に自治省が行った調査によると「『住民自治組織の代表者を行政連絡員や嘱託員』とする方式が全体の66.9%」（森2002：322）であり、昭和の合併後一貫して多くの自治体に活用されている方法であることが確認できる。

2.4　平成29年法律代29号地方公務員法改正

　さて、これまでの経緯で利用されてきた行政区長制度に関して、大きな影響を及ぼすことになった平成29年法律第29号の地方公務員法の改正についてみていく。これまで行政区長は特別職非常勤地方公務員として委嘱されていたケースが多く、その点につき検討する。まず地方公務員については「地方公務員法」により定められている。地方公務員とは地方公共団体及び特定地方独立行政法人のすべての公務員を指し、それは「一般職」と「特別職」に大別される

（地方公務員法第3条1項）。一般職については地方公務員法が適用される（同法4条1項）が特別職には適用されない。法では特別職を具体的に規定した上で、それ以外の一切の職を「一般職」とする、という法構造をとっている（同法第3条2項）。

　同条3項において特別職について列挙、規定されているが、いわゆる窓口や事務職といった一般的な職業公務員以外の首長や議員、あるいは委員会の委員など特別な業務につく公務員を指すと考えてよい。特に同項3号につき今回重要な改正があった。旧条文では単に「臨時又は非常勤の顧問、参与、調査員、嘱託員及びこれらのものに準ずる者の職」とされていたものが改正後はその後ろにカッコ書きで「（専門的な知識経験又は識見を有する者が就く職であって、当該知識経験又は識見に基づき、助言、調査、診断その他総務省令で定める事務を行うものに限る。）[14]」と追加されたことが、本稿において最も注目している改正点である。この条文は限定列挙であるとされる（総務省自治行政局公務員部2018）ことから、一連の定めにあてはまらないと特別職公務員として認められないことになる。今般の改正は「特別職の定義を明確にし、従前の特別職に含まれるとされていた臨時・非常勤職員の多くは一般職に属することを明らかにした」（橋本2020：27-28）ものといえる。

　総務省自治行政局公務員部（2018）においては本改正に際し「行政区長」制度について、Q&Aにおいて「改正法により、特別職非常勤となる対象の要件が厳格化された趣旨を踏まえれば、単に勤務時間の把握が困難であるという理由のみで特別職として任用することは適当ではない」とし、さらに「『区長』について地方公務員として任用するのであれば一般職とすべきであるが、地方公務員として任用するのではなく、文書の回覧・配布などといった業務について委託することも考えられる」（総務省自治行政局公務員部2018：55）として、私人としての委託契約を示唆する回答となっている[15]。この点から、基本的にこれまでの行政区長制度を用いて、行政区長の身分を「特別職」公務員として任用することはできなくなったことになる。

　行政区長を任命する際に「公務員」としての身分があることにはどういった意味があるのであろうか。このことについて森（2009）は自治体が地縁組織に与えることのできる「リソース」の一つであるとみる。森によると、本制度に

は「区長設置条例や規則といった公的な法規制の下に制度化されており、そこでは区長の権能や責務、また公的地位保障のスキームが明示」されるという（森2009：101）。そして、提供されるリソースには、「正当性リソース」「金銭的リソース」等があるが、その中においても行政区長に対して非常勤特別職公務員の身分を与えることは、活動を後押しするものであるとみている（同：94）。それはいわば、行政からの「お墨付き」であり、「公的地位によって、地縁組織がいわゆる一民間任意組織にもかかわらず、地域代表性を有する団体として機能する余地が保障される」（同：102）。

　このように地縁組織を、当該地域を代表する組織として、公認することにつながる「特別職非常勤公務員」としての委嘱が、法制度上できなくなったことは、この行政区長制度という行政協力制度の根幹にかかわる問題であり、このことが制度そのものを取らなくなる、あるいは大きく変更を促すものとなったのか否か。このことが、本研究における着眼点である。これに関して、後に述べる条例等データベースを用いた調査を実施した。

　なお、調査対象として宮城県を選択した理由についてであるが、宮城県は全国的に見ても多くの市町村において行政区長制度を過去から現在にわたり導入している。日高（2018a）における調査（2008年12月実施）では宮城県では行政区長型が60.9％、行政協力委員型が13.0％、あわせて73.9％が本稿でいう行政区長制度を導入していることが示されている（同：161　表4-10）[16]。さらに宮城県は市町村制が施行された1889（明治22）年にすでに名誉職区長を市部、町村部あわせて3,000名以上[17]設置しており、最も早期に行政区長制度を導入した府県のひとつである。日高は「明治期に早々にして採用して以降、それが部落会町内会制度に『橋渡し』される昭和期まで、市制町村制下で行政区長制を守備一貫して採用してきた市町村の割合の多い県ほど、現代においてもそれに類似した『行政区長型』を採用する割合が多い」と指摘している（日高2018b：50）。他府県と比較しても多くの実例が調査できるであろうことから、調査対象として宮城県を選んだものである。

3　調査

3.1　利用システム・方法等

　今回の条例等調査については「株式会社ぎょうせい」提供の「条例データラボ for academic」を利用した。本システムは同社 WEB サイト[18]によると「日本の法律・政令・省令・告示約25,000件、全国47都道府県1741市区町村の条例・規則・要綱約1,500,000件日本国内で公開されている法令と自治体条例等の全て」を見ることができるという。現在は大学で「地域政策」を研究する研究者に限定して、ユーザー登録することにより利用が可能である。検索条件として法令・条例等の件名／キーワード／法令・条例等の種別／特定の地域と都道府県と市区町村／都道府県・市区町村の別／人口規模／制定や改正があった期間／施行日の期間等が利用できる。

　今回の調査については次の手順および内容で行った（**表1**）。表中の（3）の目視調査の項目は次の通りである。①規定する条例等の種類、②行政区の設定の有無、③役職名、④選任方法、⑤指揮命令、⑥委嘱者の解任権、⑦報酬規定、⑧守秘義務規定、⑨個人情報保護規程、⑩保険等、⑪任期（年）、⑫業務内容、⑬身分について、の13項目である。次に調査結果を報告する。

表1　調査手順（調査日2022（令和4）年11月21日～25日）

手順	内容
（1）データベース検索	検索ワードを「区長」OR「行政区」とし、宮城県内のすべての条例等の件名につき検索を行う
（2）改正日、制定日の調査	（1）の結果をもとに、法改正に関する国会決議から施行までの改正、制定状況を調査
（3）目視調査	（1）により抽出された条例等につき、13項目につき目視による確認を行った。

出典：筆者作成。

3.1　データベース検索結果

　今回はいくつかのパターンを実証的に試した結果、「区長」「行政区」のOR検索にて条例等の件名を検索することにした。その結果宮城県内で63の条例等がヒットした。しかし、その中には例えば「行政区スポーツ・レクリエーショ

ン活動奨励事業補助金交付要綱」のような制度そのものとは関係のないものも
含まれるため、そういったものを除外していくと、49が残った。さらに、市町
村別にまとめていくと、令和4年11月において宮城県内では28市町村に本稿で
いう行政区長の制度を置いていることが確認できた。県内35市町村のうちの実
に80.0％の市町村に当該制度が制定されていることになる。前出のとおり日高
(2018a)の調査（2008年12月実施）によると宮城県の同制度の導入率は73.9％で
あったので、県内回答市町村数が23[19]であり、回答率が63.9％であることを考
えると、ある程度実情を反映していると考えられる。結果を**表2**に示す。

表2　宮城県内行政区長制度採用状況

結果	市町村名
行政区長制度が確認できた市町村	気仙沼市、名取市、角田市、利府町、岩沼市、登米市、栗原市、大崎市、富谷市、蔵王町、七ヶ宿町、大河原町、村田町、柴田町、川崎町、亘理町、山元町、松島町、七ヶ浜町、大和町、大郷町、大衡村、色麻町、加美町、涌谷町、美里町、女川町、南三陸町
行政区長制度が確認できなかった市町村	仙台市、石巻市、塩竈市、白石市、丸森町
行政区長制度を近年廃止したことが確認できた市町村	多賀城市、東松島市

出典：調査結果より筆者作成。

3.2　条例等内容の目視調査結果

　これまでにも触れた森（2009）では本研究と同様に条例等の検索を条例
WEB、自治体条例検索ページ等で行ったとしており、全国の83の条例につい
て調査を行っている。この調査は、網羅的でないことは森自身も断っており、
原則条例のみを取り扱ったものとみられる。しかしながら森の研究は本改正前
の状況を知ることのできる貴重なものであり、この後の調査結果では項目ごと
に参照し、可能な限り比較してみることにする。

　まず「①規定する条例等の種類」としては、制度を設けている28市町村のう
ち、条例が11（39.3％）、規則が14（50.0％）、要綱が3（10.7％）であった[20]。
「②行政区の設定の有無」では22（78.6％）が設定していた。「③役職名」は、
28のうち10（35.7％）が「区長」、17（60.7％）が「行政区長」、1（3.5％）が
「行政委員」となっている[21]。「行政区長」とせず、「区長」としている市町村

ではいずれも「行政区」の設定をしていなかった[22]。

「④選任方法」は3つの類型に分けて集計を行った（**表3**）。森（2009）では、行政区長の選任につき、「ほぼすべての条例では、区内の住民による推薦→市町村長の委嘱（または任命）という2段階の方式が規定されている」（森2009：96）としているが、本調査においても類似の結果となった。その中でも、AとBの類型の違いは条文上「地縁組織を前提とするか」ということである。その他3はそれぞれ、特定の条件にあてはまるものを首長が委嘱するもの、行政区で住民が選挙により選んだ者とするもの、また単に「首長が委嘱する」とのみしているものであった。加えて「住民などの推薦によることができない場合」の規定を置いている市町村も多く、人選に苦労している様子がうかがえた。

表3　選任方法

類型	回答数（%）
A.住民の推薦により首長が委嘱	18（64.3）
B.地縁組織から推薦されたものを首長が委嘱	5（17.9）
C.その他	3（10.7）

出典：調査結果より筆者作成。

続いて「⑤指揮命令」であるが、この制度では歴史的経緯及び公務員として委嘱していたこともあり、指揮監督を受けることとなることが多いと考えられるが、今回2つの町に首長の指揮命令に服する旨の条項が確認できた。具体的には「区長は、町長の指揮を受け、次の各号に掲げる職務を行う」、「町長の指揮、監督を受け（中略）示達、調査、報告をし、町政の円滑な浸透を図らなければならない。」とするものであった。これらについては、旧市町村制において区長が町村長の機関として指揮命令をうけていたことを連想させる。森（2008）は福岡市の町世話人制度を取り上げ、1978年の町世話人規則においては、行政機関によって業務執行が委嘱される際、町世話人は「区役所総本部、庶務課長（中略）の指揮監督を受けるものとする」と規定されており、その規定は1994年の規則では姿を消していることを指摘している（森2008：185）が、それに類似する指揮命令系統の存在を確認できる条例等が今回の調査で確認された。

表4　解任に関する規定

市町村	解職条項の内容
A	町長は、区長等が身体の故障により職務に支障をきたすおそれがあると認めるときは、その職を免ずることができる。／（略）指導などに係る改善がなされないときは、その職を免ずることができる。
B	町長は、区長がその職に必要な適性を欠く場合、委嘱を解くことができる。
C	市長は、区長が職務の遂行に支障がある場合、又はその職に必要な適格性を欠く場合は、委嘱を解くことができる。
D	町長は、行政区長の任期中といえども次に掲げる事由に該当した場合は、解任することができる。（職務の遂行上支障がある、信用失墜行為））
E	町長は、区長が次の各号のいずれかに該当することになったときは解嘱することができる。（辞職、心身の故障により職務遂行に支障、信用失墜行為）
F	区長が、心身の故障のために職務の遂行に支障があり、若しくはこれに堪えないと認められるとき、又はその職に必要な適格性を欠くものと認められるときは、市長は、委嘱を解くことができる。
G	行政区長が心身の故障又は適格性を欠くに至ったときは、町長は、その職を免ずることができる。
H	市長は、区長の任期中といえども次に掲げる事由に該当した場合は、解任することができる。（職務の執行上支障がある、信用失墜行為）

出典：調査結果より筆者作成。

　また指揮命令と関連して「⑥委嘱者の解任権」についてであるが、8つの市町村で規定が確認できた（**表4**）。役職者に対する生殺与奪の機会ともいうべき「解任権」を握られる、ということはやはり本制度における行政区長は市町村長の指揮下にある、とみることができるであろう。

　森（2009）が「金銭的リソース」とする、「⑦報酬規定」についてであるが、28市町村のうち21（75.0％）でなにがしかの報酬規程が確認できた。行政区長の報酬については、規定がさまざまであることから比較が容易でないと考えられるが、今回条例等から判断できるものの例をいくつか**表5**にまとめる。報酬額の多寡は負担とのバランスであることは疑いがなく、単純に金額だけでは測ることはできないことは明らかであろう。

表5　行政区長の報酬規程例

市町村 (100世帯の場合の年報酬額)	報酬規定
A (434,000円)	平均割額：315,000円（年額） 世帯割額：その世帯区分に応じて算出した合計額 100世帯まで　119,000円 101世帯から200世帯まで　1世帯当たり900円を乗じた額 201世帯から300世帯まで　1世帯当たり700円を乗じた額 301世帯以上　1世帯当たり500円を乗じた額
B (361,000円)	平等割額：年額　280,000円 世帯割額：810円に毎年7月末日における当該行政区に属する世帯の数を乗じて得た額
C (642,000円)	行政区長：月額 均等割　28,500円 世帯数割　250円

出典：調査結果より筆者作成。

　次に「⑧守秘義務規定」であるが、これは前述の通り地方公務員法の規定にも関連する部分である。この項目について森（2009）の調査項目にはなっていない。前述の通り、特別職公務員には地方公務員法の規定が適用されず、守秘義務は法的には「ない」ということになり、守秘させるためには別に定めが必要である。今回の条例等調査により、28市町村のうち過半数に当たる16（57.1％）に行政区長に対して守秘義務規定を設けていることがわかった。続けて「⑨個人情報保護規程」についてであるが、条例等の中に個人情報に関する保護規定や、他の条例等の準用などの項目を置いているのは、28市町村の中で5（17.9％）であった。

　次に「⑩保険等」についてであるが、上記の通り本改正により特別職非常勤公務員でなくなった行政区長の業務上の災害についてどう取り扱うのか、という点が懸念される。この点については森（2009）では触れられていない。本調査では制度を導入している28市町村のうちで4（14.3％）に何らかの労働災害に関する補償に関する規定がみられた。具体的対応としては、任務中の災害につき「市町村が保証する」が1、「加入する災害補償保険の範囲内で対応」が3であった。市町村が継続的に委嘱して活動すること、また災害時などの危険が想定される場合の対応も含まれる可能性があるので、今後検討が必要な項目といえるだろう。

　「⑪任期（年）」についてあるが、28市町村中25（89.3％）についてなんらか

の行政区長の任期に関する規定を置いていた[23]。その平均は2.63年であった。任期についても森（2009）では触れられていなかった。

　「⑫業務内容」について３つの類型に分けて計数した。森（2009）も指摘するように「個々具体的に機能と責務の内容を項目を列挙する様式と、大まかにその内容を定める様式」（森2009：97）に大きく分けられる。A.限定列挙方式（「その他、首長が定めるもの」等と規定しておらず具体的な内容を列挙しているもの）、B.例示列挙方式（いくつか列挙したうえで、「その他首長が定めるもの」等例示的に列挙しているもの）、C.概括提示方式（「市行政の円滑適正な運営を図るため」等のように概括して示されているもの）、の３つである。このことについて、日高は市制町村制において、施行当初、区長制度が導入されたときには限定列挙方式であったものが、1911（明治44）年の市制町村制の改正により包括的な規定に変更され、この変更がその後の国や県など広域の機関が狭域の機関に様々な業務を委任する原因となったと指摘する（日高2017：14–19）。

表６　業務内容

類型	回答数（%）
A.限定列挙方式	3 (10.7)
B.例示列挙方式	15 (53.6)
C.概括提示方式	8 (28.6)

出典：調査結果より筆者作成。

　結果は**表６**の通りである。例示列挙方式と概括提示方式を合わせると82.2%に上り、やはり「あいまいな」業務内容で行政区長への依頼が行われている、ということが確認できた。かつて鳥越が「明確な役割分担を決定することを避けたまま、区（地域自治会）・役場という二つの集団をつくり、そのときどきによって任意に役割分担の境界線を引く自由を、公的な行政機関である役場に与えた[24]」（鳥越1994：48）と述べたように、官と民の間の境界線は現在でも不確かである上に、決定権は行政にある。伊藤も「実務が拡散し、官僚と民間人によって分有されることの結果として、官僚制の外延が著しく不明確になっている」とし、「底が抜けた組織」としての性格を強く持つことになった、と評した（伊藤1980：23-26）。このような境界のあいまいな官民の関係をつなぐ行

政協力業務に関して森は「地縁組織が行政協力に応諾する代償として、地方政府から地縁組織は公的に是認され、地域要望を伝達する地域代表組織としての正当性を付与される[25]」（森2008：175）と指摘しているが、今回条例等を調査する中で、行政区長の地位のシンボルともいうべき物品等に関する条例等がいくつか見られた。例えば、表札や腕章、身分証明書、徽章などの貸与や交付を定めているものである。これはまさに森（2009）がいう「正当性リソース」のシンボルともいうべきものであろう。ここには、明治名望家支配から、玉野のいう「新中間層」（玉野1993）による支配へとつながっていった、地域内での「名士」への憧れのようなものの残滓を感じる。一方、個人主義の蔓延や権利意識の高まりなどの中、行政区長業務を執行する難しさも想像させる。いずれにせよここに、現在においても行政と住民組織間の相互依存関係ともいうべきものがあることが認められたといえよう。

　最後の項目の「⑬身分について」である。森（2009）では「地方公務員としての身分を有しているケースが多い」としているが反面「条例や施行規則に記載されていないことがある」としている（森2009：99-100）。後の改正状況でも触れるが、その場合行政区長について定める条例などの中ではなく、別途用意されている報酬規程の中で特別職公務員の区分の中に行政区長が含まれていたことが考えられ、そのため本改正への対応として報酬規程について変更した自治体が多いと推測される。

　ところで本改正により行政区長をこれまで通りのスキームで特別職公務員として委嘱することができなくなったことは、先に触れたとおりである。そのうえで、この項目につき2つの自治体につき特に報告したい。一つは「区長等及び行政区長職務代理者は、地方公務員法（昭和25年法律第261号）第3条第3項第2号に規定する非常勤の特別職の職員とする」と規定されている自治体があったことである。本規定は令和2年4月1日施行の改正[26]により追加されているので、今般の法改正に対応したものと考えらえる。またそれとは別に「地方自治法（昭和22年法律第67号）第138条の4第3項の規定に基づき、○○町行政区長会（以下「区長会」という。）を置く」という規定を設けている自治体もあった。地方自治法第138条の4には「調査のための機関」を置くことができると規定されている。これは地方公務員法第3条3項2号「法令又は条例、

地方公共団体の規則若しくは地方公共団体の機関の定める規程により設けられた委員及び委員会」とし、特別職非常勤公務員とするというロジックと考えられる。この点について先にも引用した総務省自治行政局公務員部（2018）で新地方公務員法第 3 条第 3 項第 2 号について「当該規定については、今回の改正事項ではありませんが、適正な任用・勤務条件の確保という改正法の趣旨を踏まえ、慎重に運用すべきものです」（総務省2018自治行政局公務員部：12）としたうえで、主な委員について例示を行っている。「都道府県労働委員会の委員」「内水面漁場管理委員会の委員」等をはじめ20程度例を挙げているが、その中には「行政委員」あるいは、「行政区長会」などの例示はない。いずれにせよ、難解な法解釈を行ってでも「特別職公務員とすることへのニーズ」、ある意味「正当性リソース」等を必要とする一定の理由があることがうかがえた。

3.3　今般の地方公務員法に対応する条例等の改正状況について

　本稿で取り上げた「地方公務員法及び地方自治法の一部を改正する法律」は2017（平成29）年 5 月17日法律第29号として公布され、2020（令和 2 ）年 4 月 1 日に施行された。この公布から施行の間に宮城県内における行政区長制度を規定した条例等にどのような改正、あるいは新たな制定が行われたのかを見ていく。これまでに見た28自治体の条例等のうち公布前に制定されているものは19であった。その内この期間に改正が行われた市町村は13（68.4％）であった。この期間に新たに行政区長に関する条例等が制定された市町村が 9 あった。この公布から施行までに改正が行われた13市町村の条例等の内容について調査した。主な改正点について**表7**にまとめる。なお比較については、本文のみ行い、別表や附則については行っていない。また、当該期間中に複数回の改正が行われている場合には、本改正公布日時点と施行日時点とを比較した。

　比較結果を見ていくと、多くの自治体において「謝金規定の新設」が行われたことが確認できた。これは、これまでは特別職非常勤公務員として別に定めた謝金規定によっていたが、独自の規定が必要になったものと考えらえる。そのほかの事項については、守秘義務や個人情報保護、業務災害補償等、全体に現代的にアップデートされた項目が多く含まれたような印象である。いずれに

せよ、多くの自治体が条例等の改正や新規の制定により本改正に対応したということは、行政区長制度を残していくための努力といえ、現在においても多くの自治体で必要性を感じていると考えることができよう。

表7　法改正期間に行われた主な改正点

市町村	主な改正内容
A	区長の任期（3年から1年に） 謝礼金規定新設
B	謝礼規定新設 個人情報保護規定の新設
C	依頼事項の具体化（概括提示方式から例示列挙方式に） 謝金既定の新設（特別職非常勤の規定準用より） 守秘義務規定の新設
D	分割して新たに制定のため比較不可
E	区長を地方公務員法（昭和25年法律第261号）第3条第3項第2号に規定する非常勤の特別職の職員とする旨の規定を追加
F	謝金規定の新設
G	解職規定の新設 謝金既定の新設 災害補償についての規定の新設
H	業務を広報の配布のみに限定 「置く」規定を「置くことができる」に変更
I	報酬規程の新設
J	報酬規程を削除し「町長が別に定める」規定に融合
K	町長の指示を受ける旨の規定の削除 任期規定の削除 特別職非常勤地方公務員の報酬規定を準用する旨の規定の新設
L	任命する旨から委嘱するに変更 謝金規定を新設 例示列挙されていた業務内容を削除
M	区域の変更のみ

出典：調査結果より筆者作成。

4．まとめと今後の課題

4.1　調査結果のまとめ

　今回の調査において、次のことが明らかになった。①宮城県内の市町村のうち28（80.0％）に行政区長制度が令和4年現在も実装されていた。このことは、少なくとも宮城県下においては、特別職公務員として委嘱することが基本的に

できなくなった今回の法改正は、本制度を廃止するほどの大きな影響を与えなかったと考えられる。しかしながら、②本改正に対して既存条例等の改正や新規の制定によって28のうち21（75％）の自治体が対応したこと。このことは、現在においても行政区長制度が必要であるとの認識があると考えられる。なかでも森（2009）が指摘した「正当性リソース」に対する求めが一定程度あり、いわば「からめ手」のような手法で公務員としての委嘱を継続する自治体があったように、そこには「行政区長を特別職公務員としたい」というニーズが一部に存在したことが指摘できる。

　森（2008）は行政協力業務に関連して「政府の仕事が民間に浸透する構造ができていること、さらにはそうした浸透構造が政府と、とりわけ非営利組織との間に不平等的融合関係をつくりだしている[27]」（森2008：172）とした上で「地域組織の長を行政委嘱員・行政区長に委嘱する、あるいは地縁組織へインフォーマルに事務執行を依頼することによって、地縁組織を行政内部化・エージェント化する構造は改めていく必要がある」とし、この制度を否定的にとらえている（森2008：177）。一方、日高（2011）においては、こういった良くも悪くも固定的ではない、行政協力員や行政区長等を含む曖昧な業務内容による包括的委託関係につき、本来ならば入札などで効率を上げていくべきものであるが、それと区別することに意味があるという。それを「組織スラック[28]」であると捉え、地域自治会等の持つ「サービス対象への近接性」が優位に働き、単に紙をポストに入れることだけでない役割がそこにはある、としている（日高2011：233-234）。上田は「町内会は、住民が自主的に結成する組織といわれながらも、実際には多かれ少なかれ行政と『持ちつ持たれつ』の相互依存の関係にあることが多い。行政が町内会に文書配布といった行政末端事務を依頼していることはよく知られている。（中略）町内会が行政に要望を伝える場が制度化されているところもある。行政と町内会とは相互依存関係にある」（上田1989：439）としている。森のいうように、この制度を違うものに作り変えていくためには行政が変わることはもちろん、「相互依存」のもう一方、「住民からの依存」についても変えていく必要があるだろう。地域に唯一の地縁組織であること、そして建前上地域住民のすべてが構成員となっていることに根差す地域代表性という「正当性リソース」を手放すのであれば、かつてペッカネン

に「政策提言なきメンバー」（ペッカネン2008）といわれた、地域住民は自らが
行政と対等に語る言葉を持つ必要があるだろう。

4.2　今後の課題

　今回の条例等調査は一定の成果を得ることができたと考えているが、課題も
ある。筆者は今後この調査方法を発展させリサーチ範囲を全国に広げ、本改正
が行政協力制度としての行政区長制度にどのような影響を与えたかを調査した
いと考えている。それに際し、今回の研究で明らかになった具体的課題には、
調査範囲を全国に広げた場合に目視確認には事実上限界があるという点があげ
られる。

　この点については、テキストマイニングおよびRPA（ロボティック・プロセ
ス・オートメーション）等による調査の自動化を試みたい。今回は「行政区」
「区長」というキーワードでデータベース検索を行った後は目視としたが、出
力された条例等につきテキストマイニング等により、さらに絞り込みを行うこ
とを検討したい。また出力されたファイルを新旧比較し、変更部分に色付けを
行ったりする部分についてRPA等を利用して自動化し、さらに研究を進めた
いと考えている。

おことわり

　本稿は宮城県内の市町村の条例等について調査を行ったものであるが、その対応
状況や先進性などを市町村間で比較することを目的とはしていないため、具体的市町
村名については制度の導入状況以外では伏せた表記とさせていただいたものであるこ
とをお許し願いたい。

【注】

1)　2023（令和5）年3月2日追加調査を行った。
2)　https://www.soumu.go.jp/gapei/gapei2.html
3)　一般の言説に小学校を設立・維持するために小学校区程度で合併が進められた、というも
　のがあるが、松沢は俗説である、と否定している（松沢2013：13）
4)　多くの場合「市制町村制」と一括表記されるが、実際には「市制」「町村制」の2つの法律

であり、「区」「区長」はそれぞれ、市においては常に（市制第60条）、町村においては面積が広いか、人口が多い場合には（町村制第64条）、区を設定し区長及びその代理者を設置することができる、としていた。

5) 傍点は筆者
6) 明治地方自治制発足時（1889（明治22）年）の市の数は39であり（総務省2022）、東京、大阪、京都などが市とされており、現在の感覚よりもかなり規模の大きい都市が、市に指定されていた。
7) それが、現代的な意味における「自治」であるかについては、別の議論があろう。
8) 傍点は筆者
9) 日高によると、本データは内閣統計局編「日本帝国統計年鑑」をもとにしており、市、町村吏員には有給職として「書記」、「雇傭」が、無給職として「区長・代理」と「常設委員」が含まれることが示されている（日高2018b：35-36）。
10) 傍点は筆者
11) 本資料は「町村合併の完遂及び新市町村の育成について通達」（昭和31年2月8日自乙振発第4号、各都道府県知事あて自治庁次長）の別紙（二）である（高木2005：691）
12) 傍点は筆者
13) 傍点は筆者
14) 傍点は筆者
15) 特に取り上げたQがあることからも、行政区長制度が全国の多くで導入されていることを示しているともいえるかもしれない。傍点は筆者。
16) 筆者による2022年9月のインターネット公開情報を利用した条例、条例等調査によると宮城県内36市町村のうち28市町村（80.0％）に行政区長制度類似の制度が認められた。後に詳述する。
17) 当時は宮城県では仙台市一市のみであった（日高2018b：31の表より）。
18) https://shop.gyosei.jp/datalabo/
19) 日高によると、調査は2008（平成20）年11月1日現在における全国市区町村1,805団体を対象に調査を行っている（日高2018:319の巻末資料調査票より）。宮城県においては2009（平成21）年9月に気仙沼市が本吉郡本吉町と合併し、市町村数が35となっている（宮城県市町村課行政第1班2022）が、調査当時は36であったので、それを母数とした。
20) 条例、規則、要綱の順により上位のものにより計数している。また、森の調査では条例のみを対象としている。
21) 日高2018aでは行政協力制度につき「人事管理的制御タイプ」と「財政的制御タイプ」とに大きく分類した（日高2018a：150-156）が、「人事管理的制御タイプ」の中で「自治委員」や「市政協力委員」などの役職名をあげている。今回の調査では検索ワードを「行政区」「区長」としているため、市町村域のなかに「行政区」でないエリアを設定し「区長」あるいは「行政区長」でない行政委嘱員が漏れ落ちている可能性がある。今回の調査ではいわば狭義の「行政区長制度」がピックアップされており、そのほかのワーディングでの役職を検討に入れると宮城県内での類似制度の採用率はさらに上がる可能性はある。しかし、上述の通り今回の調査では「市政協力員」、「嘱託員」という名称での類似の制度の存在は認められなかった。
22) 反対に、「行政区」を設定しつつ「区長」としている市町村が4あり、用語の使用につい

てはさまざまのようであった。
23) うち1は「地縁組織の長を首長が委嘱する」という制度との整合性から「地縁組織の任期の終期まで」という定め方をしていた。
24) 傍点は筆者
25) 傍点は筆者
26) 法施行日と同日である
27) 傍点は筆者
28) 組織（連合体）が利用できる資源の必要最小限以上のいわば『ゆとり』資源のことを指す。

【参考文献】

藤田弘夫、1982、『日本都市の社会学的特質』、時潮社。

橋本勇、2020、『新板逐条地方公務員法（第5次改訂版）』、学陽書房。

日高昭夫、2011、「基礎自治体における町内会・自治会との包括的な委託制度の特性：『連合体』としての組織スラックの視角から（政治行政学科創立二十周年記念号）」、『山梨学院大学法学論集』68、pp207–40。

日高昭夫、2015、「『行政協力制度』に関する実証研究 - 基礎的自治体と町内会自治会との『協働』関係 - 」、『山梨学院大学法学論集』76、pp1–64。

日高昭夫、2017、「市町村における『公民関係』の歴史的変遷：町内会自治会との『行政協力制度』を中心に」、『山梨学院大学法学論集』、80、pp1–77。

日高昭夫、2018a、『基礎的自治体と町内会自治会　「行政協力制度」の歴史・現状・行方』、春風社。

日高昭夫、2018b、「市制町村制下の行政区長制度の普及状況：名誉職区長及び代理者の人数の推移」、『山梨学院大学法学論集』81、pp29–55。

伊藤大一、1980、『現代日本官僚制の分析』、東京大学出版会。

岩崎恭典・小林慶太郎、2006、「地域自治組織と町内会」、『都市問題研究』58（8）、pp74–92。

自治大学校、1960、『戦後自治史Ⅰ（隣組及び町内会、部落会などの廃止）』、自治大学校。

自治庁、1956、『町内会部落会についての調査』、自治庁。

笠原英彦、2000、「近代日本における衛生行政の変容：『十九年の頓挫』の実相」、『法學研究：法律・政治・社会』73（4）、pp63–84。

松沢裕作、2013、『町村合併から生まれた日本近代　明治の経験』、講談社。

宮城県市町村課行政第1班、「合併による市町村数の変遷について」、宮城県、参照2022年11月23日、https://www.pref.miyagi.jp/documents/23566/sichousongappeir40331.pdf。

森裕亮、2002、「わが国における自治体行政と地域住民組織（町内会）の現状：行政協力制度を対象に」、『同志社政策科学研究』、3（2月）、pp315–32。

森裕亮、2008、「パートナーシップの現実 - 地方政府・地縁組織間関係と行政協力制度の課題」、『年報行政研究』43、pp170-188。

森裕亮、2009、「地縁組織と『公的地位』- 行政区長制度に焦点を当てて」、『北九州市立大学法政論集』、37（1）、pp 81–128。

森裕亮、2014、『地方政府と自治会間のパートナーシップ形成における課題:「行政委嘱員制度」がもたらす影響』、溪水社。

内閣府、2023、「住民自治組織に関する世論調査」、参照2023年3月1日、https://survey.gov-online.go.jp/s43/S43-07-43-07.html。

中田実・山崎丈夫・小木曾洋司、2017、『地域再生と町内会・自治会』、自治体研究社。

西尾勝、2008、「四分五裂する地方分権改革の渦中にあって考える」、『行政研究叢書』2008 (43)、pp2–21。

野村総合研究所株式会社、2005、「公務員数の国際比較に関する調査報告書」。

大石嘉一郎、1990、『近代日本の地方自治』、東京大学出版会。

ロバート・ペッカネン、2008、『日本における市民社会の二重構造:政策提言なきメンバー達』、翻訳者:佐々田博教、現代世界の市民社会・利益団体研究叢書、木鐸社。

白木澤涼子、2021、「明治地方自治体制における『自治ノ移行』とはなにか:1943年部落会・町内会の法制化から考える」、『經濟學研究』71 (2)、pp 93–122。

総務省、2019、「地方公務員法及び地方自治法の一部を改正する法律の概要」、参照2022年11月24日、https://www.soumu.go.jp/main_content/000486090.pdf。

総務省、2022a、「地方公務員法及び地方自治法の一部を改正する法律案の概要」、参照 2022年11月28日、https://www.soumu.go.jp/main_content/000472093.pdf。

総務省、2022b、「地方公共団体における会計年度任用職員等 臨時・非常勤職員に関する調査について（ポイント）」、参照 2022年9月8日、https://www.soumu.go.jp/main_content/000724639.pdf。

総務省自治行政局公務員部、2018、「会計年度任用職員制度の導入等に向けた事務処理マニュアル（第２版）」、総務省。

高木鉦作、2005、『町内会廃止と「新生活協同体の結成」』、東京大学出版会。

玉野和志、1993、『近代日本の都市化と町内会の成立』、行人社。

鳥越皓之、1994、『地域自治会の研究』、ミネルヴァ書房。

上田惟一、1989、「行政、政治、宗教と町内会」、『町内会の研究』、編集者:岩崎信彦・上田惟一・広原盛明・鰺坂学・高木正朗、pp439–468、御茶の水書房。

The 2017 Amendments to the Local Public Service Act and the Administrative District Head System ~From a survey of the rules and regulations in Miyagi Prefecture

IKEYAMA, Atsushi

[summary]

The system of "wards" and "mayors" was established in the Law on Local Autonomy enacted in 1989. Later, many municipalities merged during the Showa period (1926-1989). This system was recommended in the policy issued by the Local Autonomy Agency at that time. Therefore, many local government officials were appointed as civil servants under the name of "ward mayor" or "borough mayor" by the president of the local government association. Subsequently, in April 2020, the law on local government officials was amended, making it more difficult to appoint them as public servants. This paper refers to the history of such a system. We then conducted a survey of Miyagi Prefecture, where this system is used particularly frequently, in terms of the rules and regulations, using a database on the Internet. As a result, we found that many municipalities (80.0%) in Miyagi Prefecture still use this system. Furthermore, it was found that many municipalities (75.0%) were responding to the recent revision of the law concerning local public officers. Furthermore, we found that a small number of municipalities intend to continue to make special positions available in the future.

[Keywords] Wards, town chairman, Local Civil Service Law Amendments, Rules and Regulations, Database

┌ 研究ノート ─────────

本論文は複数のレフェリーによる査読を受けたものです。

日仏における地域コミュニティへの参加に関する住民意識調査
—— 持続可能な地域運営基盤の構築に向けて ——

A study from citizen surveys toward local community participation in Japan and France:
Establishment of a sustainable regional management system

東北大学　中嶋 紀世生
（NAKAJIMA，Kiyomi）

───── 要　約 ─────

　本稿では、日本とフランスの住民を対象とした意識調査の比較を通して、日本の地域コミュニティの特性を捉えるとともに、2019年からのコロナ禍がコミュニティや地域活動へ与えている影響を把握し、今後の我が国の持続性の高い地域運営基盤のあり方について考察した。その結果、日本の地域コミュニティの特性と課題として以下の諸点が得られた。

　第1に、住民と地域との関係について、近所付き合いや地域内での交流の頻度は年数回以下であり、同時に地域との結びつきや地域コミュニティに対する住民の意識や期待の低さが示された。第2に、地域コミュニティの役割について、約半数の住民が地域に支えられていると感じていないことがわかった。また、フランスと比較して日本では共同体的なつながりをベースとした支え合いが中心となっており、町内会や自治会の役割も依然として大きいことが示唆された。第3に、なんらかの地域活動に参加している住民ほど地域活動が盛んであると感じている。また、フランスと比較して日本では若い世代の地域活動への参加率が非常に低いことが明らかとなった。第4に、新型コロナウイルス感染症（Covid-19）の影響による住民と地域との関わりの変化について、地域行事や住民同士の交流機会の減少から住民と地域とのつながりの希薄化が見られる。以上の結果から、持続可能な地域運営基盤の構築に向けて、住民同士や住民と地域とのつながりを強化するとともに、若い世代や移住者などの人的資源を地域活力として生かす仕組みづくりが必要である。

[キーワード]　小規模自治体、持続可能な地域づくり、市民意識調査、日仏比較分析、アソシエーション型組織

1　はじめに

1.1　研究の背景・目的

　人口減少が急速に進む日本の地方都市では、地域運営の基盤を担う自治会や地域組織団体を維持し継続することが困難な状況となってきている。そのような中で、持続性の高い地域運営体制を維持するため、従来の行政主導から官民協働や住民主体の地域運営への転換が図られている。しかし、地域運営体制の転換は行政主導で行われることが一般的であり、必ずしも住民意向の反映や意識の醸成が十分に図られないまま進められているケースも多い。

　このような課題に対して、コミュニティ政策研究においては、人口減少時代の地域力向上に向けた地域コミュニティのあり方や、官民協働による地域自治活動支援の仕組み、地域コミュニティが自立しつつ支え合う社会の実現等の議論が行われてきた。しかし、国内の地域間の比較による議論は多いものの、他国との比較を行う事例は少ない。日本の地域コミュニティの特性や課題を、海外との比較から改めて捉えることで、今後の地域運営や地域コミュニティのあり方についての新たな知見が得られるのではないかと考える。そこで本研究では、日本とフランスでの住民の地域づくりへの意識や参加実態に関するアンケート調査結果の比較分析から、今後の持続性の高い地域運営基盤のあり方を考察し、コミュニティ政策検討に向けた課題を整理することを目的とする。

1.2　研究経過と本研究の課題

　筆者らは本研究に関連して、国内外の農山村地域を対象とした調査研究を行ってきた。日本では、平成の大合併で誕生した宮城県大崎市を対象に、定性・定量的アプローチから調査研究を行っている。また国外では、日本と共に中央集権的な国家体制を取るフランスの農山村地域を事例として調査研究を行っている。フランスでは、コミューン間広域行政組織（EPCI）の枠組みに基づく地方分権改革の推進と、実質的な自治体の合併が図られており、農山村地域の自治体では日本と類似する課題を抱えている。他方、地域運営の基盤をみると、日本では自治会を中心とした地縁型組織が地域運営を担っているのに対して、フランスではアソシエーション（Association）と呼ばれる志縁型組織

が基盤となっていることに違いがある。

　これまでの研究では、宮城県大崎市における住民意向の分析から、地域づくりに関わることが難しい若い世代や移住者などが参画できる仕組みづくりと、住民が地域活動に参加するきっかけづくりの重要性が明らかとなった（中嶋ほか2020）。また、筆者が同地域で行ったアクションリサーチを通して新たな地域活動基盤の可能性を検討した研究（中嶋2020）では、住民同士の交流機会の減少を補うために、地域内の多様な人々の結びつきや住民同士のつながりづくりや相互交流できる場を作ることが、地域活動の活性化に有効であることが示された。フランスにおいては、グラン・テスト地域圏バ・ラン県（Grand Est, Bas-Rhin）などを対象に、行政とアソシエーションによるコミュニティ運営の仕組みや、小規模自治体の地域づくりの現状と課題について現地調査を行っている（中嶋, 2021）。日本では農山村地域の人口減少が全国的な課題であるが、フランスでは農山村地域の人口は増加傾向にある。この違いを生んでいる要因を追求することが、今後の日本の持続可能な地域づくりへのヒントになるのではないかと考えている。特にこれまでの事例研究から、地域運営体制に違いのある両国において住民への意識や地域活動への参加実態には差があるという仮説を持つが、具体的にどのような差があるのか、両国の住民を対象とした調査から明らかにする。あわせて2019年からのコロナ禍が地域コミュニティや地域活動へ与えている影響について把握し、今後の持続性の高い地域運営基盤のあり方について考察する。

2　研究方法

　調査は、日仏で調査が可能なSurveyMonkey社の消費者パネルに対して配信し実施した[1]。各調査の概要は以下のとおりである。

　日本国内での調査は宮城県を対象地域とした。調査期間は2022年3月18日から3月20日、調査対象は20歳以上の住民である。集計数は384件で、うち完全回答数は371件、完全回答率は96.6％であった。フランス国内での調査はイルド・フランス地域圏とグラン・テスト地域圏の2地域を対象とした。調査期間は、2021年10月11日から10月12日で、調査対象は18歳以上の住民である。集計

数は678件であり、うち完全回答数は619件、完全回答率は91.3%であった。

　調査内容は、住民の地域との関わりや地域づくり活動への参加状況や意識を中心に設計した。具体的には①お住まいの地域との関わり、②地域コミュニティやご近所との支え合い、③地域活動への参加経験・関心度、④新型コロナウイルス感染症（Covid-19）による地域との関わりの変化などである。なお、両国での調査において各設問は同一内容で設定しているが、設問文等は各国の状況を考慮して調整している。また、本研究では、回答者の居住区分を都市部と農村部に定義して分析を行った。宮城県を対象とした調査では、仙台市を都市部、仙台市以外の地域を農村部とした。イルド・フランス地域圏とグラン・テスト地域圏を対象としたフランス国内の調査では、パリを都市部、パリ以外の地域を農村部とした。

　本稿の構成は次の通りである。第1に調査結果から、近所付き合いや地域との関わりの実態を整理する。第2に住民が認識する不安要素や困りごとの傾向について整理する。第3に地域活動への参加経験と関心度について整理する。第4にコロナ禍が住民の地域活動に与えた影響について整理する。それぞれの結果については、居住区分や年齢など属性別での比較も行う。以上の結果をふまえて、最後に調査結果を総括し、持続可能な地域運営基盤の構築に向けた今後の課題を整理する。

3　研究結果

3.1　近所付き合いや地域との関わり

　はじめに、近所付き合いや地域との関係性について集計した結果を示す。

　まず、近所付き合いの頻度について尋ねた。その結果、日本においては「年に何回か交流がある」（40.7%）が最も多く、次いで「全く交流がない」（32.3%）、「週に2回程度交流がある」（17.0%）、「月に1〜2回程度交流がある」（6.5%）、「ほぼ毎日交流がある」（3.5%）となった。対してフランス国内で実施した調査結果では、近所付き合いの頻度は「ほぼ毎日交流がある」（34.7%）が最も多く、次いで「週に2回程度交流がある」（28.6%）、「月に1〜2回程度交流がある」（19.4%）、「年に何回か交流がある」（10.7%）、「全く交流

がない」（6.6%）となった。（**表1**）このうちフランスでは、都市部、農村部とも「ほぼ毎日」と「週に2回程度」の合計が全体の6割を超える結果となった。

　次に、近所付き合いや地域との交流の程度について複数回答で尋ねた。日本の結果は「道端で会えば立ち話をする」（75.7%）が最も多く、次いで「挨拶や会釈をする」（26.7%）、「おすそ分けやお土産などを渡しあうことがある」（21.8%）、「全く付き合いがない」（18.3%）などの順となった。居住区分で比較すると、農村部では「おすそ分けやお土産などを渡しあうことがある」、都市部では「全く付き合いがない」の回答割合がやや多い結果となった。フランスにおいては、「挨拶はするが、長く話し込むことはない」（59.6%）、「不在時の荷物を預かり合うことがある」（40.1%）、「お互い頻繁に招きあって一緒に食事をする」（22.9%）などの順となった。（**表2**）居住区分の比較では、農村部では「不在時の荷物の預かり」や「子供やペットの預かり」「お互い招きあって食事をする」などより親密な交流に関する回答割合が多い。

　さらに、今後の近所付き合いや地域との関わりへの意向について尋ねた。日本では「現状を維持したい」（74.9%）が最も多く、次いで、「どちらかといえば増やしたい」（12.1%）が多かった。同様の質問についてフランスでは、「どちらかといえば増やしたい」（32.3%）が最も多く、「増やしたい」（22.5%）、「どちらかというと減らしたい」（28.8%）などの結果となった。（**表3**）加えて、いざという時に地域内で助け合えると思うかを尋ねた結果、日本では「協力しあえる」と「おそらく協力しあえる」の合計が44.5%、「あまり協力しあえるとは思わない」と「全く協力しあえるとは思わない」があわせて20.2%となった。一方、フランスでは「協力しあえる」と「おそらく協力しあえる」の合計が82.4%、「あまり協力しあえるとは思わない」と「全く協力しあえるとは思わない」の回答があわせて12.9%であった。（**表4**）これらの設問に関しては、日本とフランスのどちらも居住区分での差はほとんど見られなかった。

3.2　地域コミュニティやご近所との支え合い

　次いで日常生活での不安要素や困りごと、地域に支えられていると感じることについて尋ねた。

　まず、住民が認識する不安要素や困りごとを複数回答で尋ねた結果、日本で

表1　近所付き合いや地域の人との交流頻度

	日本 (n=371)	フランス (n=619)
ほぼ毎日交流がある	3.5%	34.7%
週に2回程度交流がある	17.0%	28.6%
月に1〜2回程度交流がある	6.5%	19.4%
年に何回か交流がある	40.7%	10.7%
全く交流がない	32.3%	6.6%
総計	100.0%	100.0%

表2　近所付き合いや地域の人との交流の程度（複数回答）

	日本 (n=371)	フランス (n=619)
全く付き合いがない	18.3%	5.5%
挨拶や会釈をする（挨拶はするが、長く話し込むことはない）	26.7%	59.6%
道端で会えば立ち話をする	75.7%	—
おすそ分けやお土産などを渡しあうことがある	21.8%	10.8%
お互いの家を訪問する（お互い頻繁に招きあって一緒に食事をする）	4.6%	22.9%
子供（孫）やペットの預かり、留守番などを気兼ねなく頼める	0.0%	18.6%
不在時の荷物を預かりあうことがある	2.4%	40.1%
一緒に出掛けたり旅行に行ったりすることがある	2.7%	4.5%

表3　近所付き合いや地域との関わりへの意向

	日本 (n=371)	フランス (n=619)
増やしたい	2.4%	22.5%
どちらかといえば増やしたい	12.1%	32.3%
現状を維持したい	74.9%	12.9%
どちらかといえば減らしたい	2.7%	28.8%
減らしたい	7.8%	3.6%
総計	100.0%	100.0%

表4　いざという時にご近所や地域の人と協力しあえるか

	日本 (n=371)	フランス (n=619)
協力しあえる	8.4%	46.4%
おそらく協力しあえる	36.1%	36.0%
どちらともいえない	35.3%	4.7%
あまり協力しあえるとは思わない	11.6%	11.8%
全く協力しあえるとは思わない	8.6%	1.1%
総計	100.0%	100.0%

出典：筆者作成。

は「不安に感じていること・困っていることはない」(41.0%) が最も多く、次いで「金銭的なこと」(21.0%)、「健康面の不安があること」(17.8%)、「災害への備えや避難に関すること」(17.0%)、「コロナウイルス感染症に関連すること」(14.0%) などの順で回答が多かった。一方、フランスでは「食事づくり・洗濯・ゴミ出しなどの日常生活のこと」(34.4%) が最も多く、次いで「近所での騒音」と「金銭的なこと」(各19.2%)、「住まいの修理・改装に関すること」(17.9%)、「買い物・通院などの移動手段 (交通手段) がないこと」(17.8%)、「地域内の工事のこと」(15.5%)、「コロナウイルス感染症に関連すること」(14.1%) などの順で回答が多かった。関連して、日常生活で困った時や不安になった時の相談相手について複数回答で尋ねた。その結果、日本では「家族・親戚」(68.7%) が最も多く、次いで「友人」(31.3%)、「相談できる相手がいない」(17.5%) などの順となった。フランスでは「家族・親戚」(72.5%) が最も多く、次いで「友人」(55.3%)、「カウンセラー・医者」(51.7%)、「地域やマンションの組合や協会の人」(35.1%) などの順となった。

　次に、地域に支えられていると感じることについて複数回答で尋ねた。回答の選択肢が日仏で同一のものではないため単純な比較はできないが、日本においては「特に支えられているとは感じない」(49.1%) が最も多く、次いで「町内会・自治会の運営」(23.7%)、「ごみ集積所の環境整備」(19.9%)、「日常の声かけ・見守り」(9.7%) などの順となり、フランスにおいては「修繕や庭作業 (草刈り) などの軽作業」(49.9%) が最も多く、次いで「留守番」(26.2%)、「特に支えられているとは感じない」(23.4%)、「日常のちょっとしたトラブル時の手助け」(20.2%) などの順となった。(図1)

3.3　地域活動への参加経験と関心度

　さらに地域内の地域づくりや奉仕活動が盛んだと思うかどうかを尋ねた結果、日本では「非常に盛んに行われている」(3.2%) と「あるていど盛んに行われている」(28.8%) の合計が約3割であり、「あまり盛んに行われていない」(30.2%) と「ほとんど行われていない」(14.8%) の合計が約半数を占めた。対照的にフランスでは、「非常に盛んに行われている」(21.8%) と「あるていど盛んに行われている」(37.3%) の合計が約6割で、「あまり盛んに行われてい

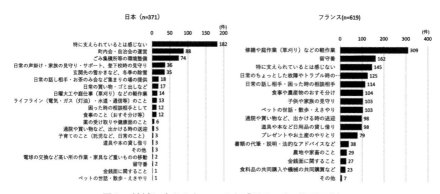

図1　地域に支えられていると感じること（複数回答）
出典：筆者作成。

ない」（23.4％）と「ほとんど行われていない」（5.3％）の合計が約3割であった。

　続けて、地域づくりや奉仕活動への参加経験について尋ねた。日本での結果を見ると「参加したことがない」（46.9％）が最も多かった。次いで「参加経験はあるが、過去1年間は参加していない」（32.1％）、「過去1年間で参加経験がある」（21.0％）の順となり、半数以上がこれまでに地域活動への参加経験があった。これについてはフランスでも「参加したことがない」（39.3％）の回答が最も多かった。次いで「参加経験はあるが、過去1年間は参加していない」（31.8％）、「過去1年間で参加経験がある」（28.9％）の順となり、概ね同様の傾向であった。一方で、これを年齢別にみると、日本では20歳代から50歳代までは「参加したことがない」がそれぞれ半数を超えて最も多いが、「過去1年間で参加経験がある」は70歳代以上が37.5％と最も多く、次いで60歳代が29.9％と年代が上がるにつれて参加経験が多い。対してフランスでは、「過去1年間で参加経験がある」が〜20歳代（34.2％）、30歳代（30.1％）、40歳代（36.7％）など若い世代で高い割合となり、「参加経験はあるが、過去1年間は参加していない」が60歳代（40.8％）や70歳代〜（54.5％）など高齢の世代が高い割合となった。（**表5**）これについては、地域づくりや奉仕活動への関心度に関する調査結果をみても、日本では年齢が高くなるほど関心が高くなる傾向があった。また、地域活動の参加経験に関しては、都市部と農村部での差は見られなかったが、日仏ともに参加経験がある者ほど、地域内の地域づくり活動や奉仕活動

表5　地域づくりや奉仕活動への参加経験

日本（n=371）、フランス（n=619）　　　　　　　　（%）

		～20歳代	30歳代	40歳代	50歳代	60歳代	70歳代～	総計
過去1年間で参加経験がある	日本 (n=78)	20.0	8.8	10.3	18.3	29.9	37.5	21.0
	フランス (n=179)	34.2	30.1	36.7	14.9	14.3	18.2	28.9
参加経験はあるが、過去1年間は参加していない	日本 (n=119)	26.7	23.5	26.9	31.2	42.5	31.3	32.1
	フランス (n=197)	33.2	30.1	25.0	34.0	40.8	54.5	31.8
参加したことがない	日本 (n=174)	53.3	67.6	62.8	50.5	27.6	31.3	46.9
	フランス (n=243)	32.6	39.9	38.3	51.1	44.9	27.3	39.3
総計	日本 (n=371)	100.0	100.0	100.0	100.0	100.0	100.0	100.0
	フランス (n=619)	100.0	100.0	100.0	100.0	100.0	100.0	100.0

出典：筆者作成。

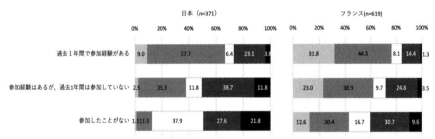

図2　地域内の地域活動に関する参加経験別の意識
出典：筆者作成。

が盛んに行われていると感じていることが示された。（図2）

3.4　コロナ禍における地域との関わりの変化

　最後に、新型コロナウイルス感染症（Covid-19）の拡大による地域活動や交流への影響について集計した結果を示す。

　日本の調査において、新型コロナウイルス感染症拡大前後での近所や地域との関わりの変化について尋ねた。その結果、「変わらない」（67.1%）が半数以

上を占めたが、「関わりが減った」（17.3％）と「やや関わりが減った」（14.8％）
があわせて約３割で、「関わりが増えた」（0.5％）と「やや関わりが増えた」
（0.3％）があわせて１割未満であった。また、在宅時間の変化について尋ねた
ところ、休日の在宅時間が「やや増えた」（18.3％）と「かなり増えた」（11.6
％）の回答があわせて３割となった。一方で、地域活動・地域行事への参加は
「かなり減った」（19.7％）と「やや減った」（12.7％）の回答があわせて３割を
超える結果となった。

　回答の選択肢が同一ではないため単純な比較はできないが、同様に新型コロ
ナウイルス感染症拡大前後での近所や地域との関わりの変化をフランスで尋ね
たところ、日本と同様に「変わらない」（46.0％）が最も多く約半数を占めた。
また、「知っている人との繋がりが強まった」（26.3％）、「これまで知らなった
地域の人たちとの交流が増えた」（25.2％）など、一定数の住民がコロナ禍で住
民同士のつながりや交流が増えたと感じており、特に都市部でその割合が高
かった。

4　考察

　本研究では、日仏で実施した住民アンケートの結果から、地域づくりへの参
画と関心度について分析した。課題に沿って検討した結果、日本の地域コミュ
ニティの特性と課題について以下の諸点が得られた。

4.1　地域コミュニティに対する住民意識と関係性

　第１に、近所付き合いや地域内での交流の実態から、日本における住民と地
域との関係性について考察した。まず、近所付き合いや地域内での交流の頻度
は、住民の７割以上が年数回以下であることが明らかとなった。これに対して
フランスでは、都市部、農村部とも住民同士での日常的な交流が行われている。
また、今後の意向について、日本では８割以上が「現状を維持したい」もしく
は「交流を減らしたい」と回答しているのに対して、フランスでは関わりを増
やしたいという意見が半数を超え、日本よりも地域との交流機会の創出に対す
る住民意識が高いことがわかった。さらに、いざという時の地域内の助け合い

という地域への信頼度も、協力し合えるとの回答が日本では約4割であるのに対して、フランスでは8割を超えている。これらの結果からは、地域コミュニティに対する住民意識には日仏で大きな差があり、日本では住民と地域との結びつきが弱く地域コミュニティへの意識や期待も低いことが示された。

　また、交流の程度（内容）については、日本ではおすそ分けやお土産のやりとりを通した交流が多く行われているという特徴があり、フランスでは不在時の荷物を預かることやお互いの家に招きあって食事をするなど、日本と比べてよりプライベートに踏み込んだ交流も多く行われていることがわかった。

4.2　地域コミュニティの役割

　第2に、地域内での支え合いの実態から、日本における地域コミュニティの役割について考察した。まず、住民の不安や困りごとは、日仏ともに個人や家庭に関する身の回りの不安や困りごとへの回答が多かった。また、困りごとの相談先については、日本では家族や友人への相談が中心となり、それ以外の相談先がほとんどないが、フランスではカウンセラーや医者、地域の組合や協会の人など、家族や友人以外にも多くの選択肢を持つことがわかった。

　地域に支えられていると感じることについては、日本では約半数の住民が地域に支えられているとは感じていないが、フランスでは日常生活のちょっとした作業の手伝いや困りごとの手助けなど、近隣住民同士での支え合いが行われている様子が明らかとなった。一方、日本では自治会活動やごみ集積所の管理など共同体的なつながりをベースとした支え合いが中心となっているほか、回答の中では町内会・自治会に対する回答割合も多く、日本では現在も地域コミュニティにおける自治会の役割が大きいことが伺える。

4.3　地域活動への参加意向や関心度

　第3に、地域活動への参加意向や関心度と属性との関連性を考察した結果、年代別での参加経験で、日仏での違いが顕著にあらわれた。フランスでは40歳代以下の若い世代の多くが地域活動に参加しているのに対して、日本では50歳代以下の参加率が低く、60歳代以上の住民が中心となって地域活動が行われていることが明らかとなった。日本では特に、フランスで参加率の高い30歳代40

歳代の参加の少なさが目立つ。世帯を単位として構成される地縁組織によって運営されてきた日本の地域コミュニティにおいて、若者を含めた幅広い年代層が参加できていない現状が示された。

　また、既存調査（中嶋ほか2020）の結果でも同様の傾向が見られたが、何らかの地域活動に参加している住民ほど地域づくり活動が盛んであると感じており、これは日本とフランスで共通する傾向であることがわかった。これに関しては、過去の研究結果でも指摘したように、まずは広く住民が地域活動の情報を得られることや、活動への参加のきっかけづくりが重要である。また、地域内のつながりづくりや交流のための場づくりの可能性として、板倉（板倉2021）の言う、従来の地域組織ではアクセスできない参加者とともに新しい活動を生み、それを地域のイノベーションにつなげていくような柔軟なマネジメントができるプラットフォームなどが、今後のコミュニティ政策において展開が期待できる。

4.4　コロナ禍による地域との関わりの変化

　最後に、新型コロナウイルス感染症が住民と地域との関わりにどのような影響を与えているか考察した。その結果、日本では地域行事や住民同士の交流機会が減少したことでの住民と地域とのつながりの希薄化が懸念される。他方、住民の在宅時間は増加しており、地域内に留まる時間が増えていることがわかった。これは、住民に地域内の活動に参加する機会や目を向けてもらえる機会が増えている状況だとも言える。特に、地域内の防犯防災、見守りなどの活動は、コロナ禍においても地域コミュニティにとって必要不可欠であり、地域内のつながりの減少を補う対応が必要である。

　また関連して、住民が認識している地域課題や困りごとの傾向を「共同体的課題」「家庭的課題」「個人的課題」に分けて分析した。コロナ禍前後での変化について本アンケートにおける宮城県の農村部での結果と、参考値として同設問項目で2019年1月に宮城県大崎市で実施した調査（中嶋ほか2020）とを比較した結果、2019年の調査では「共同体的課題」が上位を占めていたが、今回の調査では金銭的不安、健康や雇用への不安など「個人的課題」が上位を占めた。この結果からも、地域社会との交流機会の減少が影響していることが推察され

る。コロナ禍をきっかけに地域行事の実施や集会のあり方が見直されるなかで、住民が多く地域に留まるこの機会を捉えて住民間のつながりや交流機会を今後どのような形でつくるのか、改めて議論することも重要となる。

5　おわりに

　本研究では、日仏での地域コミュニティへの意識や関わり方の比較から、持続性の高い地域の実現に向けた日本の課題として主に次の2つの点が示された。

　1つは、住民同士や地域との関係づくりである。近隣関係を重視してきた日本よりも、町内会や自治会等の枠組みがないフランスの方がご近所付き合いの頻度が高く、その内容も密接であった。また、住民同士の支え合いや交流に対する意識も高く、同時に地域への信頼も厚い。沢井（沢井2004）は、その地域に住むことによってメンバーたる地位を自動的に取得する自治会・町内会型に対して、アソシエーション型組織は自発的に集まった住民組織であると述べているが、町内会・自治会の枠組みを生かしながら、いかに住民個人の参加意識の醸成や、自発的な地域活動への機運を高めるかが日本の課題であると言える。

　もうひとつは、若い世代の地域活動への参加の仕組みづくりである。日本では、担い手の高齢化が進むなかで、若い世代をどのように地域活動に巻き込むかが盛んに議論されている。一方フランスでは、若い世代の地域活動への参加率や意欲が高いことが示された。これに関してフランスで実施したヒアリング調査からは、地域活動を積極的に若い世代に任せていく姿勢が伺えた。具体的には、概ね50代を超えると地域活動の第一線からは退き、若手に任せる雰囲気になるとの話であった。日本では60歳代以上のリタイアした世代が地域活動の中心となるケースが多く、若い世代の参加を促すような地域全体での意識の転換と参加しやすい仕組みづくりが必要である。加えて、フランスの特徴としては複数回の農村回帰ブームを背景として、移住者らが行政や地域活動に参画し中心的な担い手となっているケースも頻繁に見られる。日本では、いわゆる「若者」に加えて移住者などの「よそ者」を地域活力に生かせていないことが課題である。この背景としても、フランスにおけるアソシエーション型の地域運営体制が、移住者を受け入れやすい仕組みとなっていることが推察される。

持続性の高い地域の実現に向けて、深刻な担い手不足が進む日本の農山村地域が、UIJターンや関係人口などの外からの人的資源も活かしながら、柔軟で持続力のある地域社会の実現へと至る方策を明らかにすることを今後の課題としたい。

【付記】
本研究は、公益財団法人鹿島学術振興財団の助成を受けたものである。

【注】
1)　本アンケート調査はSurveyMonkey社を通じたインターネット調査により実施しており、回答者はインターネットユーザーに限られるなど、一定のバイアスがある。なお、本調査は所属機関の研究倫理審査委員会での承認を得ている。

【参考文献】
中嶋紀世生（2020）「プラットフォーム型のコミュニティ形成による地域づくり活動の効果―宮城県大崎市岩出山地域を事例として―」『コミュニティ政策』18、pp.99-120。
中嶋紀世生（2021）「フランスの広域行政と小規模自治体の地域運営に関する考察―バール郷土圏コミューン共同体を事例として―」『コミュニティ政策』19、pp.181-191。
中嶋紀世生・増田聡・中村哲也（2020）「地域づくりへの参画とその関心度―宮城県大崎市岩出山地域における住民アンケートからの接近―」『日本都市学会年報』53、pp.137-144。
坂倉杏介（2021）「都市型コミュニティとプラットフォームのあり方 社会的創発のプラットフォームとしての「おやまちプロジェクト」」『都市社会研究』13、pp73-92。
沢井勝（2004）「「福祉国家」の変容と「地域自治組織」の展望―分権型・分散型都市像を求めて―」『三位一体改革の虚実:地方財政計画のあり方を問う:地方財政レポート2004』地方自治総合研究所、pp185-201。

A study from citizen surveys toward local community participation in Japan and France:
Establishment of a sustainable regional management system

NAKAJIMA, Kiyomi

[Abstract]
This study aims to clarify the future of a sustainable local management infrastructure in Japan. The method of the study is a panel survey of residents in Japan and France regarding their attitudes and values toward their local communities. The results were compared to capture the characteristics of Japanese communities. Simultaneously, the impact of Covid-19 from 2019 on community and local activities was captured.

The following conclusions were obtained as a result of the study. First, Japanese residents socialize with their neighbors less than a few times a year. Residents also have poor awareness of and expectations of their local communities. Second, approximately half of the residents do not feel supported by their local community. Compared with France, community support in Japan is based on communal ties. Furthermore, it was found that the role of the Neighborhood association remains significant in Japan. Third, residents who participate in some community activities are more likely to feel that their community is active. In addition, compared with the findings in France, the level of participation and interest in community activities among the younger generation in Japan is very low. And finally, the decrease in local events and opportunities for interaction among residents due to Covid-19 has led to the weakening of ties between residents and the community.

From these results, it is necessary to realize a sustainable community in Japan to rebuild relationships among residents and between residents and the community, in addition to creating a system to utilize human resources such as the younger generation and new residents in the community as resources for community revitalization.

[Keywords] Small municipalities, Sustainable community development, Survey of citizens' attitudes, Japan-France comparative research, Association.

┌ 研究ノート ─────
本論文は複数のレフェリーによる査読を受けたものです。

消防団の地域密着性をめぐる論議過程の分析
—— 消防審議会を対象に ——

The Process of Discussions Surrounding Community-based Nature in Volunteer Fire
Corps: Focusing on Fire and Disaster Management Council

関西大学大学院人間健康研究科 博士課程後期課程　齋藤　光
立命館大学大学院社会学研究科 博士課程前期課程　仙田　真也
（SAITO, Akira）
（SENDA, Shinya）

┌──── 要　約 ────

　本研究では、消防審議会における議事録・議事要旨を対象とし、消防団の地
域密着性に関わる発言を分析した。その結果、消防団の地域密着性は、消防団
によるその地域に関わる情報への精通を前提としてきたことが明らかとなった。
また、その具体的な内容の変遷として、当初は①地域防災のリーダーや地域自
治組織としての役割が期待されていたが、②2011年の東日本大震災での取り組
みを通じて、地域に密着した活動の意義が再認識されることとなり、その後、
③消防団活動における連携や多様化が問い直されてきたことを明らかにした。

[キーワード]　地域防災、コミュニティ、連携、消防行政、消防団を中核と
した地域防災力の充実強化に関する法律

1　はじめに

　日本における地域防災の担い手として、一般市民によって構成される消防団
が存在する。1995年に発生した阪神・淡路大震災では、兵庫県旧北淡町におい
て、日頃からの住民と地元消防団の連携や信頼関係が最大限生かされたことで、
いち早く救出活動が開始された。その結果、被災した地域住民の所在確認がス
ムーズにおこなわれ、約300人もの生き埋めになった人々を救出し、震災によ
る犠牲者を最小限にくいとめることができた（北淡町災害復興対策室編1997：

8）。その後、2011年に発生した東日本大震災を受けて、消防団を中核とした地域防災力の充実強化に関する法律（以下、「消防団等充実強化法」とする）が2013年に公布され、「消防団が将来にわたり地域防災力の中核として欠くことのできない代替性のない存在」（第8条）と位置づけられた。このように消防団は「代替性のない存在」とされたが、その構成員である消防団員の数は減少傾向にある。実際に、1956年には183万222人であったが、1960年には159万1053人となり、1990年には100万人を下回り、2021年には80万4877人と推移してきた（消防庁編 2022：資料70）。このような消防団員数の減少に対して、消防団員を確保するため、女性及び学生団員への注目がなされた。加えて、特定の活動にのみ特化した機能別団員・機能別分団制度による団員数の確保が試みられてきた。これらの確保策は、団員数の確保を重視したものであるため、活動の質の低下の可能性とともに、消防団の管理事務を実施する市町村の担当者の安全管理上の知識不足や装備・訓練が近代化されていないといった消防団の課題も指摘されている（永田 2013）。

　消防団の活動には、消防組織法や消防法の中で想定されているものがある。具体的には、災害現場での消火活動をはじめ、地震や風水害といった大規模災害発生時の救助・救出、警戒巡視、避難誘導などが挙げられる。平常時においては、応急手当の普及指導、住宅への防火指導、特別警戒、広報活動などが挙げられる[1]。それ以外にも、地域のニーズに応じた活動を実施することがある。実際に、岐阜県白川村でおこなわれる「どぶろく祭り」において、消防団は、祭りのスケジュールと観光客のマネジメント、プログラムの告知、交通整理、重い機材の準備・搬送といった地域防災と直接的に関係しない活動も担っているが、その活動の多くは緊急時においても求められるものであるため、暗示的に災害時に役立つ訓練となっている（Ochiai 2014：167）。

　このような活動を担ってきた消防団の特徴として、①地域密着性、②要員動員力、③即時対応力の3つが存在する。①地域密着性は、構成員である団員は地域の住民であることが多く、地元の事情などに通じ地域に密着した存在であること、②要員動員力は、団員数が常備の消防職員の約5倍であること、③即時対応力は、日頃から教育訓練を受けており、災害発生時には即時に対応できる能力を保有していることとされている[2]。これらは、消防職員によって構成

される消防本部や消防署といった常備消防と比較して、①地域に密着した固有性（情報などの質）、②総数（人的資源の量）の観点で優れており、他の地域住民と比べて③災害対応に関わるスキルを有していることと理解できる。しかし、それぞれの特徴が、①地域コミュニティの希薄化、②団員数の減少、③活動範囲の限定された団員・制度の拡大などといった様々な課題に直面している。これらの3つの特徴の関係性として、②要員動員力や③即時対応力の前提には、活動地域について熟知していることが求められるため消防団が①地域密着性に関わる情報を獲得・活用することで、より円滑な消防団活動が可能となる。また、常備消防では、一定期間での人事異動による職員の担当地域の変更に加えて、近年では「消防の広域化」による管轄地域の拡大も生じている。そのため、主に地域住民によって構成される消防団には、地域密着性を活かしていくことが一層期待されている。これまでも、消防団に対して、地域特性に応じた確保方策に加え（地域特性に応じた消防団員の確保方策に関する検討委員会 1999）、地域に密着した幅広い活動も期待されてきた（21世紀に向けた消防団の充実強化に関する検討委員会 1998）。したがって、過去の消防団の地域密着性をめぐる議論を整理することで、消防団に求められてきた期待や役割が明確になるといえる。

　消防団の地域密着性に関わる議論を検討するにあたり、消防審議会における発言内容を分析することが不可欠と考える。消防審議会とは、「消防庁長官の諮問に応じて、消防に関する重要事項を調査審議するとともに、これらの重要事項に関し、消防庁長官に意見を述べること」を所掌事務とした審議会である[3]。実際に、1957年の第1回消防審議会では戦後の消防体制の方向性が示され、1961年には「救急業務に関する諮問」を受けて、今日まで続く救急搬送業務の起点となる答申が出された（魚谷 1966：336-349）。このように消防審議会の議論や答申は、消防行政や国民生活に対して大きな影響を与えてきたことから、消防機関である消防団について考察する上でも、これらを分析対象とすることが極めて重要である。

　加えて、前述の消防団の活動の質の低下や近代化の遅れといった課題に関わる消防審議会における議論が見落とされてきたことからも、そこでの発言内容を対象とした論議過程の分析が不可欠である。しかし、これまでの消防団に関する研究[4]は、消防審議会を主たる分析対象に位置づけてこなかった。実際に、

消防審議会については、その概要が紹介されるにとどまった（魚谷1966：336-342）。近年では、総務省（旧自治省）消防庁が設置した委員会の報告書のうち、消防団に関するものを分析対象とした研究がなされたものの（林2007）、消防審議会における具体的な発言までを注目するに至らなかった点で、先行研究は課題を有する。また、今日における地域コミュニティの希薄化が問題視されている状況において、消防団の地域密着性という観点から、消防団と地域の関係性の変化を論じることは、消防審議会の求めてきたコミュニティ政策の一端を解明する点において意義がある。さらに、新たな分析対象として消防審議会の論議過程を射程に入れた点においても、本研究には学術的な意義があると考える。

　そこで、本研究では、消防審議会における消防団の地域密着性に関わる発言から、消防団に求められてきた期待や役割を明らかにする。

2　研究方法

　本研究の分析方法について、前述の通り、消防審議会における論議過程を分析した研究がなされていないことから、他の審議会分析の手法を参照することが不可欠である。そこで、神谷（2009）による中央教育審議会における論議過程の分析を参考に、審議会における議論の中で分析対象となる発言をカテゴリー化によって整理した上で、論議過程の分析をおこなうこととした。

　ここでの分析対象は、消防審議会における消防団の地域密着性に関わる発言である。そのうち消防団の地域密着性に関する発言がされていても、消防団に関する例示の中で地域密着性を述べたに過ぎない場合は、論議がなされていないものとみなし、本研究における分析対象から除外した[5]。

　また、分析対象とする期間は、前述の通り消防団の活躍が見られた阪神・淡路大震災以降、21世紀の消防団の在り方が検討されてきたことを踏まえて（21世紀に向けた消防団の充実強化に関する検討委員会1998；『近代消防』編集局2002；林2007）、2001年以降、消防審議会及びその中に設置された消防団に関わる小委員会の議事録・議事要旨を分析対象とした[6]。具体的な方法としては、本研究の分析対象とした消防審議会・小委員会における消防団の地域密着性に

関わる発言内容を抽出した「紙きれづくり」や「グループ編成」といったKJ法の手順に基づいた（川喜多1970）。そして、「グループ編成」の中で示された「表札」ごとにカテゴリー化をおこない、①地域防災のリーダー・中核としての存在、②事例紹介、③情報収集・発信、④多様な活動、⑤地域の実情・特性への適応、⑥地域自治・コミュニティ、⑦連携、⑧資機材・訓練の充実、⑨地区防災計画に分類した[7]（**表1**）。

　なお、消防審議会における発言を引用する場合は、（**表1-1**［左端の番号]）と記載した。

表1　分析対象とした消防審議会・小委員会一覧

番号	開催年度	会議回次	開催日	内容
1	平成16年度	第2回	2004.12.21	①
2	平成17年度	第1回	2005.5.23	①、②（③）
3	平成17年度	第3回	2006.2.1	①、③、④
4	平成18年度	第1回小委員会	2006.9.13	⑤、⑥
5	平成19年度	第1回小委員会	2007.9.28	⑥、⑦
6	平成19年度	第3回小委員会	2008.3.27	④、⑥
7	平成20年度	第4回小委員会	2008.8.20	①、③、④、⑤、⑦
8	平成20年度	第1回	2008.12.18	③、⑤、⑥、⑦、⑧
9	平成21年度	第1回	2009.6.11	⑤、⑥
10	平成22年度	第2回	2010.9.17	①
11	平成23年度	第1回	2011.6.27	③
12	平成23年度	第3回	2011.10.6	②（⑤）
13	平成23年度	第4回	2011.11.24	①、⑤、⑥、⑧
14	平成25年度	第13回	2013.5.24	⑦
15	平成25年度	第1回	2014.2.13	①、④、⑥
16	平成26年度	第2回	2014.4.21	⑤
17	平成26年度	第4回	2014.11.27	⑥
18	平成27年度	第6回	2015.6.22	④、⑤
19	平成27年度	第8回	2015.12.7	③、⑤、⑥、⑨
20	平成28年度	第1回	2016.5.23	①、②（⑦）、⑦
21	平成28年度	第2回	2016.6.24	③、⑦、⑨
22	平成28年度	第4回	2017.2.16	⑥、⑦

　それぞれのカテゴリーに関して、具体例を示しながら、以下概説する。

　①地域防災のリーダー・中核としての存在とは、「住民一人一人が自ら行う

防災活動、自主防災組織、消防団、水防団その他の地域における多様な主体が
行う防災活動並びに地方公共団体、国及びその他の公共機関が行う防災活動の
適切な役割分担及び相互の連携協力によって確保される地域における総合的な
防災の体制及びその能力」(消防団等充実強化法第2条)を指す「地域防災力」
に関わる活動において、それらの中核・つなぎ役・リーダーとしての消防団の
役割を示したものである。実際に、災害時に地域住民を援護・避難誘導できる
ような体制の中核としての消防団という役割が述べられている (**表1-2**)。

　②事例紹介は、地域と関連する消防団事例についての発言である。第3章以
降で紹介している成功事例だけでなく、消防団を中心とした体制づくりにむけ
て、神戸市消防局と連携してビデオを全国に配布したものの、「なかなかそう
思うようにいかなかった」というように (**表1-20**)、成果があったとは言い難
い事例も含んでいる。

　③情報収集・発信は、災害情報の把握などの情報収集及び情報発信としての
消防団の役割のことである。消防団の対応に関わる「災害弱者の情報」につい
ての発言も含んでいる (**表1-19**)。

　④多様な活動とは、永田 (2014) において、消防団の「本来業務以外の活
動」とされているものであり、慣例的な活動・市町村などの思惑による地域限
定的な活動・大規模災害時にやむを得ずおこなわなければならない活動などの
ことである。実際に、防犯活動への期待も語られた一方で (**表1-7**)、何でも屋
のような活動をしているが負担軽減のための整備の必要性についても述べられ
ている (**表1-18**)。

　⑤地域の実情・特性への適応とは、消防団が地域や社会の実情・特性へ応じ
ていくことである。実際に、消防団の現状分析として消防団員数の地域別分析
や地域特性の調査について語られたものなども該当している (**表1-16**)。

　⑥地域自治・コミュニティとは、消防団の役割として地域住民同士やコミュ
ニティで助け合っていくという「共助」の文脈から語られた消防団への期待の
ことである。ここでは、行政の積極的な努力が非常に重要な一方で、住民の力
をそいでいく側面という「公助」との関係から、地域住民による消防団の必要
性の認識について述べる発言も含んだ (**表1-22**)。

　⑦連携とは、常備消防や地域住民などと消防団が連携することである。また、

連携に関わる役割分担の明確化（**表1-20**）及び連携に関わる体制づくりといった発言を含んでいる（**表1-14**）。

　⑧資機材・訓練の充実は、消防団の抱える課題として認識されてきたものである。地域密着性と関連した発言に限定して見ても、資機材の整備・充実のための国の対応や技術の向上のための訓練の充実の必要性が述べられている（**表1-8**）。

　⑨地区防災計画とは、災害対策基本法で示された「市町村内の一定の地区内の居住者及び当該地区に事業所を有する事業者が共同して行う防災訓練、地区居住者等による防災活動に必要な物資及び資材の備蓄、災害が発生した場合における地区居住者等の相互の支援その他の当該地区における防災活動に関する計画」（第42条第3項）のことであり、同法の改正に伴い2014年度から制度化された。この計画の策定において、消防団の参加に関わる発言のなされたものが該当している（**表1-19、表1-21**）。

　本研究における分析の結果、消防団の地域密着性に関して、次の3つの流れが重なり合うというプロセスを辿ったことが明らかとなった。具体的には、①2000年代初頭において地域防災のリーダーや地域自治組織としての役割が期待されていたが（第3章）、②2011年の東日本大震災での活動を通じて、地域に密着した活動の意義が再認識され（第4章）、その後、③地域特性に応じた消防団やその多様化が問い直された（第5章）。以下では、その変遷を解説する。

3　地域防災のリーダーや地域自治組織としての役割

　21世紀に向けた消防団の充実強化に関する検討委員会は（1998）、21世紀の消防団の姿を示す中で、既に地域防災のリーダー及び地域社会のキーパーソンとしての役割を期待していた。実際に、消防審議会の議論の中でも、同様の役割を期待する発言がなされていく。

　まず、消防団の地域密着性に関わる発言として、2004年には、消防団は、平常時から地域における防火・防災のリーダーであることが述べられた（**表1-1**）。2005年には、災害の際に地域住民を援護・避難誘導できるような体制の中核としての消防団について述べられるとともに、避難者情報の収集・管理を制度化

した郵便局の消防団についての事例紹介もなされ（**表1-2**）、2006年には消防団への多様な活動を期待する発言もなされた（**表1-3**）。このように、消防団には地域防災のリーダーとしての役割が期待されると共に、避難者情報の収集・管理を制度化した郵便局の消防団についての事例紹介がなされたことをはじめ、消防団の多様な活動が期待されたのである。

　同年の消防審議会（平成18年度第1回）において、消防団員数の減少や高齢化といった問題の共有を受けて、「消防団の問題については、消防審議会の方向としても大変重要な案件かと思う。そこで、提案であるが、小委員会か何かを作り、もっと詳細に、かつ広範に検討した方がいい」という発言があった[8]。その後、消防審議会内に小委員会の設置することが決定された。このような経緯で設置された「消防団機能向上のための総合戦略検討小委員会」では、常備消防と消防団（非常備消防）との構成の問題があり、地域の実情に合わせた消防団機能向上のための総合戦略をとる必要性に加えて、「消防団は地域自治の原点」といった発言も見られた（**表1-4**）。

　また、2007年には、地域総合防災力の充実方策に関する小委員会が開催され、地域防災力の向上のための消防団員と地域住民の連携、「消防団はまさに地域に根ざした組織」といった発言も見られた（**表1-5**）。2008年に開催された同小委員会では、報告書の素案について触れる中で、消防団の3つの特徴である要員動員力・即時対応力・地域密着性に加え「消防団による情報収集力・情報発信力を総合的に確保・向上させるための方策について早急に検討すべき」ということも述べられた（**表1-7**）。このように、2つの小委員会での議論を通じて、地域の実情に合わせた消防団機能向上のための総合戦略をとる必要性とともに、消防団に対する地域防災を担う地域自治組織として役割や、消防団の有する特徴の1つとしての地域密着性が示された。ここでの地域密着性は、消防団が活動する地域の情報と関連するものであった。

4　東日本大震災での活躍

　2011年3月11日に発生した東日本大震災において、消防団は消火活動だけでなく、水門閉鎖、避難誘導、瓦礫撤去、救助、行方不明者検索、避難所運営支

援、被災地の夜間警戒など地域住民のために必要なあらゆることを実行したという活躍が見られた一方で、多くの殉職者を出すこととなった（日本消防協会、2012）。そのことを踏まえ、「消防団の命を守る」ことを含んだ議論もなされていく。同年の6月27日に開催された発災後初の消防審議会では、殉職者をなくすための議論とともに、消防団が情報発信者になることができれば、迅速な救助・救援活動もできた可能性についても発言がなされた（**表1-11**）。同年10月6日には、宮城県塩竈市浦戸地区桂島において、要援護者の住まいも把握していた消防団員の活躍によって人的被害が1人も出なかった事例に加えて、消火活動の他にも地域のニーズに応じた活動として人命捜索や給水をおこなった事例の紹介がなされた（**表1-12**）。

　このように、これまでの消防審議会における議論の中で述べられてきた消防団の役割として、情報収集・発信や多様な活動が強調された。また、東日本大震災における宮城県塩竈市浦戸地区桂島での消防団の活動事例は、冒頭で述べた阪神・淡路大震災における兵庫県旧北淡町の事例と地域密着性の観点において共通性が見られる。ここでの地域密着性においても、消防団が地域の実情、要援護者の住まいといった情報の把握及びその関係性の構築を前提としたものであった。

5　連携や多様化する活動への問い直し

　2013年には、東日本大震災での消防団の活動と犠牲が契機となり消防団等充実強化法が公布された。同法では、消防団を「将来にわたり地域防災力の中核として欠くことのできない代替性のない存在」（第8条）として位置づけ、第3条で基本理念を次のように定めている。

　　地域防災力の充実強化は、住民、自主防災組織、消防団、水防団、地方公共団体、国等の多様な主体が適切に役割分担をしながら相互に連携協力して取り組むことが重要であるとの基本的認識の下に、地域に密着し、災害が発生した場合に地域で即時に対応することができる消防機関である消防団がその中核的な役割を果たすことを踏まえ、消防団の強化を図るととも

　に、住民の防災に関する意識を高め、自発的な防災活動への参加を促進することと、自主防災組織等の活動を活性化すること等により、地域における防災体制の強化を図ることを旨として、行われなければならない。

　ここでは、地域住民を含めた役割分担を前提とした記述が示された。そして連携の中での具体的な役割分担に関わる議論が、消防審議会においてもなされていく。2015年には、消防団活動の多様化に対して、何でも屋のような活動をしているが、負担軽減のために整備が必要といった旨の発言や「日本の常備消防全体の、時代に即した、そして日本の社会の実情に即した進み方があって、その中で消防団の姿などは変わっていくんじゃないかと思う」といった発言もあり（**表1-18**）、消防団のあり方を再考する必要性が述べられた。
　同年には、2013年に改正された災害対策基本法に規定された市民主体の「地域防災計画」や「地域防災力を充実強化するための具体的な事業に関する計画」（消防団等充実強化法第 7 条第 2 項）の策定において、消防団が参加することで、「消防団員等の加入促進や自主防災組織の立ち上げに結びつくことが期待」するという旨の発言に加えて、災害弱者に関する情報公開の必要性も述べられた（**表1-19**）。2016年には、地区防災計画に関する議論の中で、「何か一緒に考えながら、時々訓練するものじゃないか。その過程で人間関係もできるし、情報共有のルートも次第にできてくる」といった発言もなされた（**表1-21**）。同年には、要援護者への対応といったローカルな問題に対して、常備消防と消防団の連携の必要性も述べられた（**表1-20**）。
　このように、地域特性に応じた消防団へのニーズの高まりによる活動の多様化に対して、連携による役割分担の明確化を通じた解決の方向性が示されていた。また、新たに地区防災計画策定への参加も期待されたが、これは短期的には業務の拡大をもたらすものとも捉えることもできる。しかし、長期的には、連携や消防団の役割を明確化することにつながるため、業務の精選や効率化に関わるものであったと評価することができる。消防審議会の中で、消防団の連携や多様化する活動が問い直されたこの時期においても、それらの消防団活動の質を高めるために、実際に活動する地域及びその実情に関わる具体的な情報を有していることが求められていた。

6　おわりに

　本研究では、消防審議会における議事録・議事要旨を対象とし、消防団の地域密着性に関わる発言を分析した。その結果、消防団の地域密着性は、消防団によるその地域に関わる情報への精通を前提としてきたことが明らかとなった。また、その具体的な内容の変遷として、当初は①地域防災のリーダーや地域自治組織としての役割が期待されていたが、②2011年の東日本大震災での取り組みを通じて、地域に密着した活動の意義が再認識されることとなり、その後、③消防団活動における連携や多様化が問い直されてきたことを明らかにした。

　本研究で明らかにした消防団の地域密着性に関わる様々な期待を踏まえると、今日の消防団員の増加策のように、特定された業務にのみ従事する消防団員に頼るだけでは、通常の活動における地域に関する情報を把握する機会が減少することになり、消防団活動の質の低下が危惧される。そのため、消防団のみの活動をするだけでなく、町内会・自治会や自主防災組織といった地域で活動する組織との連携をはじめとした多様化する消防団活動の質を高めるためにも、管轄地域及び隣接地域に関する学習内容や方法までの検討が求められる。

　今回の分析対象となった地域密着性に関わる発言は、消防団の活動が想定されている管轄地域内におけるものが前提とされていた。しかし、大規模災害などにおいて隣接する地域での活動の可能性があることも踏まえると、隣接地域に関する情報についても、可能な範囲で精通しておくことが求められる。具体的には、隣接する消防団や消防分団との積極的な人的交流や情報共有などが考えられる。

　本研究では、消防団の有する特徴のうち、地域密着性にのみ注目した点に課題がある。今後は、要員動員力や即時対応力についても論議過程を分析することで、消防団の期待や役割のさらなる解明が求められると考える。

【注】

1)　総務省消防庁消防団オフィシャルウェブサイト「消防団の活動」より「災害時の活動」と「平常時の活動」を参照。
　　（https://www.fdma.go.jp/relocation/syobodan/activity/）2022年10月29日閲覧
2)　総務省消防庁消防団オフィシャルウェブサイト「消防団の概要と位置づけ」

（https://www.fdma.go.jp/relocation/syobodan/about/role/）2022年10月29日閲覧
　他にも、地域密着性については、2004年以降に発行されたすべての『消防白書』の中で、定義がなされている。原則として、そこでの地域密着性は「消防団員は管轄区域内に居住又は勤務」と定義されてきた（消防庁編、2004：161；2005：165；2006：169；2007：163；2008：131；2009：107；2010：119；2011：155；2012：142；2013：135；2014：128；2015：145；2016：134；2017：153；2019：160；2020：172；2021：152；2022：31）。しかし、例外として、『平成20年版　消防白書』では、同様の定義がなされているものの、特集記事内においては「地域の事情に精通している」ことを地域密着性としている（消防庁編2008：2）。本研究では、今日の希薄化した地域コミュニティにおいて、同管轄区域内に居住・勤務しているだけでは、先述の兵庫県北淡町のような事例は生じえないと考え、『消防白書』で示された2つの定義を内包する定義を採用した。
3)　総務省消防庁ウェブサイト「審議会」
（https://www.fdma.go.jp/singi_kento/singi/）2022年10月29日閲覧
4)　代表的な消防団の研究としては、①コミュニティにおける役割を論じた研究、②歴史研究、③事例研究などが挙げられる。①では、フィールドワークを通じた消防団の地域防災組織としての役割や（Ochiai 2014）、阪神・淡路大震災における消防団の活躍について防災福祉コミュニティの枠組みから論じた研究がなされてきた（倉田1999）。②では、東京の消防の近代史を論じる中で、江戸の町火消の伝統が、今日の消防団や江戸消防記念会、東京消防庁にも引き継がれていることを述べた研究（鈴木1999）、消防団の源流がむらの若者契約まで遡ることができることを論じた研究がある（後藤2001）。③では、計量分析から小規模常備消防の補佐組織としての消防団の存在意義を明らかにした研究や（永田2001）、複数の消防団を分析対象とした研究も存在する（伊藤2012）。
5)　消防広域化に関わる大きな問題の1つとして、「これはやっぱり自治体との関係というか、消防は自治の原則としての建前と本来のあり方がある。これは消防団の関係も地域密着型の自治との関係のシステムですよね。」と述べた室崎会長代理の発言がある（第26次消防審議会2012：14）。続く発言において、消防団や地域密着性については触れられていないため、論議過程には該当しないと判断した。
6)　消防審議会による答申や報告書も存在する。しかし、本研究では消防審議会における論議過程を論じることを目的としたため、表1で示した分析対象は、消防審議会の議事録・議事要旨とした。また、それらは総務省消防庁ウェブサイトより閲覧し（総務省消防庁ウェブサイト・前掲注3)、字数の制約上、引用・参考文献への記載を省略している。
7)　参考にした神谷（2009）は、論点と発言をカテゴリーで整理しているがKJ法を用いていない。しかし、本研究では、カテゴリーをより精査するために、KJ法を用いることとした。また、本研究でのKJ法による分類は、筆者2名で相談しておこなった。なお、②事例にて、他のカテゴリーと重複する場合は、②（重複するカテゴリー番号）のように示した。
8)　総務省消防庁ウェブサイト「消防審議会議事要旨」
（https://www.fdma.go.jp/singi_kento/singi/singi021.html）2022年10月29日閲覧

【引用・参考文献】

地域特性に応じた消防団員の確保方策に関する検討委員会（1999）『地域特性に応じた消防団員

の確保方策に関する報告書』

第26次消防審議会（2012）「第26次消防審議会（第7回）議事録」

後藤一蔵（2001）『消防団の源流をたどる―二一世紀の消防団の在り方―』、近代消防社

林春男（2007）「21世紀に適した消防団のかたちとは？」『都市問題研究』59（6）、29-50頁

北淡町災害復興対策室（1997）『阪神・淡路大震災　北淡町の記録』、北淡町役場

古屋圭司・石田真敏・務台俊介編（2015）『"消防団基本法"を読み解く～地域防災力の充実強化のために～』（第2版）、近代消防社

伊藤桃子（2012）「伝統的防災組織「消防団」からみる地域防災」『名古屋大学社会学論集』（32）、21-48頁

神谷拓（2009）「部活動の教育課程化に関わる論議過程の分析― 2001年から2008年までの中央教育審議会の議論に注目して―」『筑波大学人間総合科学研究科学校教育専攻学校教育学研究紀要』、21-39頁

川喜多二郎（1970）『続・発想法』、中央公論新社

『近代消防』編集局（2002）「特集シリーズ 21世紀の消防団を考える（43）（最終回）　最終回にあたっての総括と展望」『近代消防』40（8）、67-69頁

倉田和四生（1999）『防災福祉コミュニティ―地域福祉と自主防災の統合―』、ミネルヴァ書房

永田尚三（2001）「わが国消防行政における非常備消防組織の存在意義についての計量分析―小規模常備消防の補佐組織としての消防団―」『武蔵野女子大学現代社会学部紀要』（2）、71-79頁

永田尚三（2013）「消防団の現状と課題―共助の要である消防団の衰退を食止めることは可能なのか―」『武蔵野大学政治経済研究所年報』（7）、77-111頁

永田尚三（2014）「消防団衰退の背景と今後の消防団活動」『都市問題』105（9）、46-54頁

21世紀に向けた消防団の充実強化に関する検討委員会（1998）『21世紀に向けた消防団の充実強化に関する報告書』

Ochiai, Chiho(2014)"Traditional Community-based Disaster management in World Heritage Site of Shirakawa Village", edited by Rajib Shaw, *Community Practices for Disaster Risk Reduction in Japan*, Springer, pp.155–173

消防庁編（2004）『平成16年版　消防白書』、ぎょうせい

消防庁編（2005）『平成17年版　消防白書』、ぎょうせい

消防庁編（2006）『平成18年版　消防白書』、ぎょうせい

消防庁編（2007）『平成19年版　消防白書』、ぎょうせい

消防庁編（2008）『平成20年版　消防白書』、ぎょうせい

消防庁編（2009）『平成21年版　消防白書』、日経印刷

消防庁編（2010）『平成22年版　消防白書』、佐伯印刷

消防庁編（2011）『平成23年版　消防白書』、日経印刷

消防庁編（2012）『平成24年版　消防白書』、勝美印刷

消防庁編（2013）『平成25年版　消防白書』、日経印刷

消防庁編（2014）『平成26年版　消防白書』、勝美印刷

消防庁編（2015）『平成27年版　消防白書』、勝美印刷

消防庁編（2016）『平成28年版　消防白書』、勝美印刷

消防庁編（2017）『平成29年版　消防白書』、勝美印刷
消防庁編（2019）『平成30年版　消防白書』、日経印刷
消防庁編（2020）『令和元年版　消防白書』、日経印刷
消防庁編（2021）『令和2年版　消防白書』、勝美印刷
消防庁編（2022）『令和3年版　消防白書』、日経印刷
鈴木淳（1999）『町火消たちの近代　東京の消防史』、吉川弘文館
魚谷増男（1965）『消防の歴史四百年』、全国加除法令出版
財団法人日本消防協会編（2012）『消防団の闘い—3.11東日本大震災—』、近代消防社
財団法人日本消防協会編（2013）『消防団120年史—日本消防の今日を築き明日を拓くその歩み—』、近代消防社

The Process of Discussions Surrounding Community-based Nature in Volunteer Fire
Corps: Focusing on Fire and Disaster Management Council

SAITO, Akira
SENDA, Shinya

[Abstract]

In this study, we examined the records and agendas from the meetings of the Fire and Disaster Management Council, analyzing statements about the community-based nature of the Volunteer Fire Corps (VFC). The analysis revealed that the nature was built upon the premise that VFC are well-versed in information related to local communities. Furthermore, it became clear that there was a change in the specific contents of these statements. Initially, (1) VFC were expected to play a leadership role in local disaster prevention and local self-governing organizations. However, (2) there was an increased recognition of the significance of community-based activities as a result of their efforts during the 2011 Great East Japan Earthquake, leading to (3) a reexamination about the possibility of more collaborative and diverse activities in VFC.

[Keywords] Community Disaster Management, Community, Collaboration, Fire Service, Act on Enhancing and Strengthening Regional Disaster Prevention Capabilities Centered around Volunteer Fire Corps

コミュニティ政策学会 第21回宮崎大会　プログラム

コロナ禍で問う
── 令和の地域コミュニティと新たなコミュニティ政策のゆくえ ──

　会　期：2022年7月2日（土）、3日（日）
　会　場：宮崎市民プラザ（宮崎県宮崎市）
　主　催：コミュニティ政策学会
　共　催：宮崎大学、宮崎市
　後　援：宮崎県／公益財団法人宮崎県観光協会／綾町／西都市／宮崎日
　　　　　日新聞社／ＮＨＫ宮崎放送局／時事通信社宮崎支局／宮崎空港
　　　　　ビル株式会社

開催趣旨

　第21回大会は、「コロナ禍で問う ── 令和の地域コミュニティと新たなコ
ミュニティ政策のゆくえ」を大会のテーマとし、宮崎県宮崎市で実施致します。
　2020年から始まった新型コロナウイルス感染症の世界的なパンデミックは、
未曾有の社会的・経済的な停滞をもたらし、地方創生や地域活性化の推進に
とって大きな障壁となっています。また、2021年12月に公表された2020年国
勢調査の確定値をみると、我が国の総人口は2015年からの5年間で86万8千
人（0.7%）減少し、特に地方圏での人口減少が著しい状況にあります。全国の
38道府県で人口減少が進み、このうち33道府県で減少の加速化が進行してい
ます。例えば、九州地域の人口減少をみると宮崎県3.1%減、鹿児島県3.6%減
と大都市圏よりも人口減少の進展が早く、持続可能な地域社会の形成がより一
層困難な状況となってきています。
　深刻な人口減少社会の進展と終息が見通せないコロナ禍のなかで、地域コ
ミュニティや地方自治体のコミュニティ政策のあり方も大きな変化・変容がみ
られました。第21回大会を開催する宮崎県においても、地域社会を構成する各
種団体は組織的萎縮や活動停滞を経験し、これら団体が担ってきた社会的・地

域的機能の停止・後退が顕在化してきています。これに伴い地方自治体のコミュニティ政策も、ポストコロナを見すえたニューノーマルへの対応、将来人口ビジョンに基づく地域コミュニティの再編や後継者育成など新たな政策への転換が求められています。また、地方創生や地域づくりのなかに、ＳＤＧｓ、ＤＸ、Society5.0等の新たな理念やテクノロジーの導入が求められるとともに、コロナ禍で加速化した地方回帰、地方移住、働き方改革等の新たな社会経済動向にも注視することが必要となっています。

　第21回学会大会では宮崎県内自治体、特に宮崎市に焦点をあて、コロナ禍や人口減少社会において地域コミュニティが直面する地域課題の深層を探り、令和に対応した新たな視点が求められる地方自治体のコミュニティ政策のゆくえについて考察を進めていきます。

プログラム

【大会第１日目：7月2日（土）】

> ■総会：11時30分〜12時30分　　　大会議室
> ■基調講演：13時40分〜14時40分　　　　オルブライトホール
> 　「地域自治区制度とコミュニティ政策のこれから」
> 　　名和田是彦（コミュニティ政策学会会長、法政大学法学部教授）

要旨

　平成の大合併を契機に、大都市、広域都市を対象に「住民自治の充実」を基本理念に創設された地域自治区制度は、制度化から18年が経過し、大きな転換期を迎えている。

　地域自治区制度は「地域協議会のあり方」、「住民組織の二重化」などの問題点が指摘されてきたが、"コミュニティ政策の良きツール"として制度を導入した宮崎市では、地域協議会の重視、地域コーディネーターの配置、地域まちづくり推進委員会の設置など、独自の地域自治区制度の運用と展開を進めてきた。

本講演では、我が国並びに宮崎市の地域自治区制度の沿革をたどりながら、コミュニティ政策として地域自治区制度が果たした意義や政策上の効果を検証する。

■シンポジウム：15時〜17時　　　オルブライトホール
・テーマ　「宮崎市における新たなコミュニティの潮流と自治体政策」

企画主旨

1924 年（大正 13 年）に市制施行した宮崎市は、7 次の市町村合併を経験し、2024には市制施行100周年を迎える。中核市への移行（1998年）、地域自治区制度の導入（2006年）等の政策的画期を経ながら、本市では独自のコミュニティ政策を推進し、全国的にも注目を集めてきた。

人口減少・少子高齢化のなかで、公共領域における共助・協働の取組を推進するために、実効性のあるコミュニティ政策の新たな展開が求められている。本シンポジウムでは、コロナ禍のなかで顕在化した地域コミュニティの課題や新しい潮流を踏まえ、本市の自治体政策のあり方から、我が国の地域コミュニティ及びコミュニティ政策の未来を展望する。

〈企画責任者：宮崎市／コミュニティ政策学会〉

● パネリスト

　　矢方 幸（ＮＰＯささえ愛生目台代表）

　　石井 大一朗（宇都宮大学 地域デザイン科学部准教授）

　　名和田 是彦（コミュニティ政策学会会長／法政大学 法学部教授）

　　帖佐 伸一（宮崎市副市長）

● コーディネーター

　　根岸 裕孝（宮崎大学 地域資源創成学部副学部長・教授）

【大会第2日目：7月3日（日）】

分科会Ⅰ：9時30分〜11時30分

（Sesson A）「宮崎市の地域自治協区　住民主体のまちづくり」　ギャラリー1
企画主旨

　2004年に地方自治法改正後、導入された地域自治区制度であるが、現在、一般制度を利用し、地域自治区を設けている自治体は、13市町と少数となっており、全国の自治体の1パーセントにも満たない。宮崎市の特徴は、市域を22の地域に区分し、市長の諮問機関である地域協議会を設けるとともに、実践機関として、住民自らの意志で「地域まちづくり推進委員会」を組織している点である。

　宮崎市が地域自治区制度を導入して、16年が経過した今、どのように制度を活用し、運営してきたのか、また、現在の課題等はどこにあるのか、取組を共有し、考察する。

　　　　〈企画責任者：宮崎市（地域コミュニティ課）／コミュニティ政策学会〉
　　●　コメンテーター
　　　　　　宗野　隆俊（コミュニティ政策学会理事／滋賀大学 経済学部教授）
　　●　コーディネーター
　　　　　　名和田　是彦（コミュニティ政策学会会長／法政大学 法学部教授）
　　●　パネリスト
　　　　　　加藤　千明（新城市 企画部副部長兼市民自治推進課新城地区自治振
　　　　　　　　　　興事務所参事）
　　　　　　根井　翼（宮崎市地域まちづくり推進委員会連絡協議会会長／佐土
　　　　　　　　　　原地域自治区地域協議会会長）
　　　　　　黒木　淳子（宮崎市地域コミュニティ活動交付金評価委員会委員）
　　　　　　富田　智美（宮崎市地域振興部地域コミュニティ課長）
　　●　オブザーバー
　　　　　　地域自治区制度導入自治体

(Sesson B)「宮崎県綾町のまちづくりと地域コミュニティ」 ギャラリー2
企画主旨
　2020年からスタートした綾の肖像プロジェクトは、綾町民が営んできた昔ながらの生活実態や思い出を後世に残すために地域の写真をデジタルデータ化し、綾町役場ＷＥＢサイトで発信している。写真を見ながらヒアリングを実施しており、地域特有の時代背景や生活実態を明らかにしている。合わせて、定住意向や生活における困りごとなども聞き取りをし、それをもとに、地域住民の意向に沿った集落の維持について地域住民の行動計画や役場の支援策を取り纏めた「集落ビジョン」を作成し、集落と役場、大学で共有し実践している。
　中山間地域の集落を取り巻く諸問題は、日本全国共通の問題であることから、取り組み状況を踏まえ様々な視点で意見交換ができる分科会としたい。
　　　　　〈企画責任者：綾町／松岡崇暢（宮崎大学地域資源創成学部准教授）〉
　● コーディネーター・コメンテーター
　　　　松岡 崇暢（宮崎大学 地域資源創成学部准教授）
　● 報告者
　　　　大原 ゆかり（綾町 総合政策課 まちづくり推進係）
　　　　安藤 由貴（宮崎大学 地域資源創成学部）
　　　　迫 優花（宮崎大学 地域資源創成学部）
　● 挨拶
　　　　籾田 学（綾町長）

(Sesson C) 自由論題報告部会①
　● コーディネーター（司会）
　　　　井出 晃憲（ＮＰＯ法人日中文化交流推進会理事）
　● 報告者
　　　　①浅野幸子（法政大学大学院公共政策研究科博士後期課程）「"未災地"という視点から考察する高知市の地域共生社会推進政策の取り組み」
　　　　②中嶋紀世生（東北大学）「持続可能な地域運営基盤の構築：

　　宮城県を対象とした住民意識調査からの接近」

　　③仁科伸子（熊本学園大学）、加藤眞理子（西南学院大学）「中山
　　　間地域における産業の担い手と社会包摂」

　　④東良太（島根県中山間地域研究センター）「関係人口と関わり
　　　しろの視える化－島根県飯南町ふるさとアンケート調査の事
　　　例から」

(Sesson D) 自由論題報告部会②

● コーディネーター（司会）

　　小出 秀雄（西南学院大学 経済学部教授）

● 報告者

　　①谷　亮治（京都市役所）、山田大地（京都市役所）「不動産事業
　　　者がボランタリーなコミュニティ形成事業に取り組む論理の
　　　検討－株式会社プラスホームのケーススタディ」

　　②田中利枝（ふくろうクリニック等々力）、坂倉杏介（東京都市
　　　大学）「創発的なコミュニティにおけるネットワークの構造
　　　に関する研究－東京都世田谷区尾山台「おやまちプロジェク
　　　ト」を事例に」

　　③早田宰（早稲田大学社会科学総合学術院）「知識集約型社会に
　　　おける知識統合とまちづくり実践の新展開」

　　④吉村輝彦（日本福祉大学）「場づくりを基軸とした地域づくり
　　　とビジョンの位置づけ」

分科会Ⅱ：12時30分～14時30分

(Sesson E)「人と地域がつながる場とこれからの地域まちづくりについて-公立の地域拠点（公民館等）」 ギャラリー1

企画主旨

　住民ニーズや地域課題が多様化し高度化する中、多くの地域で、活動者の高齢化や固定化が課題となっているが、活動者や地域の関係者の関係性が限定的

であると、新たな課題への対応が難しくなる。

　新たな人と人とのつながりを促し、つながりを生み出す「場」として、地域活動の拠点である公立公民館等（交流センターやコミュニティセンターなどのコミュニティ施設を含む。）に着目し、先進地の事例を共有したうえで、その役割やつながりをつくるプロセス、これからの地域のまちづくりについて、考察する。

　　　　　　　〈企画責任者：宮崎市（地域コミュニティ課）／コミュニティ政策学会〉

● コーディネーター

　　　石井 大一朗（コミュニティ政策学会理事/宇都宮大学地域デザイン科学部准教授）

● コメンテーター

　　　役重 眞喜子（コミュニティ政策学会理事/岩手県立大学総合政策学部准教授）

● パネリスト

　　　佐伯 亮（一般財団法人明石コミュニティ創造協会アドバイザー・元事務局次長）

　　　井上 聖子（広瀬小学校区地域づくり協議会会長）

　　　川越 晴美（宮崎市地域振興部主幹 地域まちづくり推進室長）

(Sesson F)　「地域遺産の継承と地域コミュニティ」　ギャラリー2
企画主旨

　宮崎県北部に位置する「高千穂郷・椎葉山地域」は，2015 年に世界農業遺産（GIAHS）に認定されている。本地域においては，伝統的な知識システムを活かした農林業複合がおこなわれているが，これは農林家を中心とした地域住民が営む様々な活動に支えられている。本分科会においては，本 GIAHS 地域における遺産的価値やその継承の実態について宮崎大学 GIAHS 研究会がおこなってきた研究を紹介しつつ，地域コミュニティの関わりについて議論を深めていきたい。

　　　　　　　　　　　　　　　　〈企画責任者：宮崎大学ＧＩＡＨＳ研究会〉

● コーディネーター

　　　　西　和盛（宮崎大学 地域資源創成学部副学部長・教授）
　● 報告者
　　　　西　和盛（宮崎大学地域資源創成学部副学部長・教授）
　　　　竹下　伸一（宮崎大学農学部准教授）

(Sesson D)　自由論題報告部会③
　● コーディネーター（司会）
　　　　坂倉　杏介（東京都市大学 都市生活学部准教授）
　● 報告者
　　　　①村松英男（宇都宮大学地域創生科学研究科博士後期課程）「国際
　　　　　移住者の在留継続における価値意識の変容－永住者の視点か
　　　　　ら捉えた多文化共生に関する学際性と家庭部門に着目して」
　　　　②早田絵里菜（代表）、相原悠伸、王詩瑶、清水英行、朱子宜、
　　　　　藤本竜音（早稲田大学社会科学研究科）「カーボンニュートラ
　　　　　ルに向けた基礎研究－学際性と家庭部門に着目して」
　　　　③菊地敦子（宇都宮大学地域創生科学研究科先端融合科学専攻）
　　　　　「地方におけるWFCの緩和を踏まえた育児期母親のワーク
　　　　　スタイルの創出」

(Sesson H)　「移住者から見た地域コミュニティの活性化とは」
　　オルブライトホール

企画主旨
　地方創生や地域活性化の推進において"移住者"が果たす役割が極めて重要と
なっている。ＵＩＪターン型の移住者に加え、地域おこし協力隊、ワークイン
レジデンス、コワーキング、ワーケンション、移住起業など、地域での新たな
働き方が社会的に形成・認知され、移住の目的・方法も多様化する現状にある。
コロナ禍のなかでリモートワークが定着してからこうした傾向がより顕著に
なってきている。
　そのなかで地域活性化の具体化や地域課題解決に資するイノベーションの創
出など、移住者主導によるまちづくりの成果が多数生み出され、その社会的存

在感が大きくなってきている。

　その一方で、移住者の居住地となる地方自治体では、新たな移住スタイルや移住ニーズに対応した移住・定住対策の再構築が必要となっており、特に移住者の生活や就労の基盤となる地域コミュニティのあり方が政策上の重要な課題となってきている。また、コミュニティ活動やまちづくりに対する理念や価値観の相違から、移住者と地元住民との間に軋轢や相克が生じるケースもみられる。

　本セッションでは、宮崎県内において移住者主導によるまちづくりが具体的な成果をあげ、新たな地域価値が形成されている都農町、椎葉村、高千穂町を取り上げ、移住者と行政の双方の視点からみた移住・定住対策のあり方や今後の地方創生や地域コミュニティの活性化のあり方について考察していく。

〈企画責任者：宮崎大学（地域資源創成学部）／企画協力：宮崎県（中山間・地域政策課）〉

● コメンテーター
　　　永山 英也（宮崎大学 産学・地域連携センター部門長・特別教授）
● コーディネーター
　　　桑野 斉（宮崎大学 地域資源創成学部教授）
● パネリスト
　　都農町　　中川 敬文（株式会社イツノマ 代表取締役社長）
　　椎葉村　　上野 諒（合同会社ミミスマス 代表社員）
　　　　　　　椎葉 豊　　（椎葉村地域振興課長）
　　高千穂町　佐藤 高功（特定非営利活動法人一滴の会 事務局長）
　　　　　　　林 康弘　　（高千穂町 企画観光課 地域振興係長）

なお、7月に開催した宮崎大会自由論題部会において、zoomへのアクセスに不具合が生じた。そのため、再報告会を以下の通り開催した。
　○開催日時：2022年12月18日（日）14：00〜16：00
　○開催形態：Zoomを利用したオンラインビデオシステム会議
　○司会：乾亨（立命館大学名誉教授、学会副会長・研究企画委員長）
　○報告者
　　①谷　亮治・山田大地（京都市役所）14：15〜14：45　「不動産事業者がボランタリーなコミュニティ形成事業に取り組む論理の検討〜株式会社プラスホームのケーススタディ」
　　②浅野幸子（法政大学大学院公共政策研究所後期博士課程）14：50〜15：20　「"未災地"という視点から考察する高知市の地域共生社会推進政策の取り組み」
　　③東　良太（島根県中山間地域研究センター）15：25〜15：55　「関係人口と関わりしろの視える化 —— 島根県飯南町ふるさとアンケート調査の事例から —— 」

エクスカーション：15時〜

①「木花・青島地域のまちづくり」
②「生目台地域のまちづくり」
③「宮崎空港ビルにおける地方創生の取組」

3　分科会報告

コミュニティ政策学会 第21回学会大会 分科会（Session A）「宮崎市の地域自治区　住民主体のまちづくり」概要報告

宗野　隆俊（滋賀大学）

　2004年の地方自治法改正で、地域自治区制度が導入された。しかしながら、現在、一般制度としての地域自治区を設けている自治体は13市町にとどまり、全国の自治体の1パーセントにも満たない。

　宮崎市は、上記の13市町のうちの１つである。その特徴は、市域を22の地域に区分し、市長の諮問機関である地域協議会を設けるとともに、実践的な活動を担うものとして、住民自らの意思で「地域まちづくり推進委員会」を組織している点である。

　では、宮崎市は地域自治区の制度をどのように活用してきたのか。特に、地域協議会はどのように運営されてきたのか。こうした問いを立て、議論を深めようとしたのが本分科会である。当日は、市民の立場で地域自治区の運営に深く関わってきた方々をパネリストとして迎え、また2013年に地域自治区を設置した愛知県新城市からの参加も得て、複数の興味深い論点を探り当てることができた。

　登壇者は、以下の方々である。

　　コーディネーター　名和田 是彦（コミュニティ政策学会会長／法政大学教授）
　　コメンテーター　宗野 隆俊（コミュニティ政策学会理事／滋賀大学教授）
　　パネリスト　加藤 千明（新城市企画部副部長兼市民自治推進課新城地区自治振
　　　　　　　　　　　興事務所参事）
　　　　　　　根井 翼（宮崎市地域まちづくり推進委員会連絡協議会会長／佐土
　　　　　　　　　　　原地域自治区地域協議会会長）
　　　　　　　黒木 淳子（宮崎市地域コミュニティ活動交付金評価委員会委員）
　　　　　　　富田 智美（宮崎市地域振興部地域コミュニティ課長）

　以下、分科会の概要を述べる。

　まず、名和田本学会長より趣旨説明が行われ、続いて富田氏が、宮崎市の地域自治区の仕組みとこれまでの運用の経緯を包括的に説明した。さらに加藤氏より、新城市の地域自治区の仕組みと運用についての説明が行われた。

　これらを受けて、宗野が両市の報告につきコメントを行い、さらに議論を深めるためにいくつかの質問を行った。紙幅の制約があるため、富田氏と加藤氏の応答から、特に興味深い内容を記す。

　宮崎市では、地域自治区のなかに地域協議会と地域まちづくり推進委員会が

設置されるが、多くの地域協議会で専門委員会が設置され、例会だけでは議論し尽くせない課題を協議する場となってきた。たとえば、生目台地域自治区では、2つの小学校の統合について協議する専門委員会を設け、そこでまとめられた統合案を市長に提出した。注目すべきは、専門委員会、さらには地域協議会での結論に至る過程で、当事者となる就学前児童への説明を行い、さらにPTAとの協議を重ねたことである。このことは、結果として、地域協議会と地域コミュニティの接点を増やし、議論に参加する機会を協議会委員以外の市民にも開くこととなった。地域協議会における協議の実質化は、この仕組みを導入した自治体にとり重要な課題である。協議会と地域コミュニティとの接点の多様化は、この課題を考える際に示唆となるのではないか。

　地域協議会の協議のあり方につき、新城市の実践も大変に興味深いものであった。同市には10の地域自治区と地域協議会がある。委員の実数は17名から28名、年間の開催回数は9回から20回とのことである。この開催回数は、複数の自治体の地域協議会をみてきた筆者にとっても、高頻度との印象を抱かせる。地域協議会のなかには、出席したすべての委員が1回は発言できるよう、グループワークを組み込んでいるところもあるという。また、同市は若者議会というユニークな取り組みでも知られるが、若者議会に参加した市民が、その後に地域協議会委員になった例もあるという。

　こうした議論を受けて、本分科会のハイライトというべき、根井氏と黒木氏のコメントをいただく段となった。

　根井氏は、佐土原地域自治区地域協議会長であると同時に、同地域自治区を構成する5つの小学校区の1つ、広瀬西小学校区地域づくり推進委員会（地域まちづくり推進委員会である）の会長でもある。加えて、同氏は宮崎市自治会連合会副会長でもある。その経歴から、地域コミュニティの様々な相に深く関わり、困難な合意形成の場面に幾度も立ち会ってきた方であろうと推察される。根井氏の発言からは様々な示唆が得られたが、とりわけ印象深かったのは、地域協議会は市が設置した協議機関であり、その提言は自治会や町内会の陳情とは自ずと異なるというものである。さらに根井氏は、地域協議会は市に対して積極的に提言を行うべきであり、市はこれに応答すべきであるところ、予算措置を伴う提言に対して市の応答は必ずしも十分でないとも述べられた。地域協

議会の提言は陳情ではないとの根井氏の言は、こうした認識とも併せて考慮されるべきであろう。根井氏の市政への向き合い方は、地域リーダーの1つの典型であろうと思われ、コミュニティ政策に関わる者にとって、示唆するところが大きい。

　黒木氏は、宮崎市の地域コーディネーターを経て地域協議会の副会長となり、現在、地域コミュニティ活動交付金評価委員をつとめる。

　ここでは、黒木氏の印象的なコメントを2つ紹介する。1つは、コロナ禍で多くの団体が休止する一方で、子ども食堂や民生委員が様々な工夫を重ねながら、文字どおり草の根で活動を維持したことである。もう1つは、地域協議会に関する言及である。地域まちづくり委員会の「しかるべき事業が、しかるべく行われているか」、「事業を必要としている人に、確かに届いているか」、「事業が、誰かに過重な負担をかけていないか」。黒木氏は、こうしたことを見届けるのが地域協議会の重要な役割であろうと述べた。さらに、地域協議会がこの役割を十全に果たすためには、地域に生きる人びとのことを知る必要があるとも述べる。一見、当然のように思われるが、容易なことではないはずだ。それでも、地域協議会が目指すべき姿が、ここにはあると思われる。

　さて、この記録は、分科会開催後しばらくの時をおいて記されている。分科会当日の筆者のメモには、「ひとりの人間の思い、活力をいかにして地域に向けていくか」「個を支える地域コミュニティ」という走り書きが残る。既に記憶が曖昧になりつつあるが、その含意は「日々の生活の忙しさから、地縁やそこから派生する活動に常時関わることはできないが、他人のために自分を役立てたいと思う人は案外多い。では、そうした人たちがしかるべき時に力を発揮できる仕組みをどう整えていくか」であったと思う。会場に来られた多くの宮崎市民は、既に模索を始められた方々であろう。学会にとっても、追求していくテーマの1つだと思う。

コミュニティ政策学会 第21回学会大会
分科会（Session B）「宮崎県綾町のまちづくりと地域コミュニティ」概要報告

松岡　崇暢（宮崎大学）

分科会趣旨

　2020年からスタートした綾の肖像プロジェクトは、綾町民が営んできた昔ながらの生活実態や思い出を後世に残すために地域の写真をデジタルデータ化し、綾町役場ＷＥＢサイトで発信している。写真を見ながらヒアリングを実施しており、地域特有の時代背景や生活実態を明らかにしている。合わせて、定住意向や生活における困りごとなども聞き取りをし、それをもとに、地域住民の意向に沿った集落の維持について地域住民の行動計画や役場の支援策を取り纏めた「集落ビジョン」を作成し、集落と役場、大学で共有し実践している。

　中山間地域の集落を取り巻く諸問題は、日本全国共通の問題であることから、取り組み状況を踏まえ様々な視点で意見交換ができる分科会としたい。

　企画責任者：綾町・松岡　崇暢（宮崎大学　地域資源創成学部）
　司会進行：松岡　崇暢（宮崎大学　地域資源創成学部）
　事業説明：大原　ゆかり（綾町　総合政策課）
　報告者：安藤　由貴・迫　優花（宮崎大学　地域資源創成学部）

報告内容

大原ゆかり氏：人口約7000人の綾町内では、昔から自治公民館活動を展開し住民主体の地域づくりを推進してきた。人口減少や高齢化が顕著な地区から、昭和時代の綾の生活を記録として残す「綾の肖像プロジェクト」を宮崎大学と連携し実施し、更に10年後も住み続けられるように「集落ビジョン策定」により支援方法を検討した。策定後の地区の変化なども併せて説明があった。

安藤由貴氏：大学生として参加した「綾の肖像プロジェクト」における注意点や気を付けたことが報告された。更に、昭和時代の綾の生活状況を知り、相互扶助による助け合いの生活を通じた地区に対する熱い想いを報告した。

迫優花氏：地区住民の幼少期の遊び、普請とばれる共同作業の実態などを聞き取り、昔を大切に懐かしむ気持ちから住民は地区を大切にしていることを実感できた。聞き取り調査後に、地区の問題に向き合う住民が増えるのではないかと報告している。

コミュニティ政策学会 第21回学会大会
分科会（Session E）
「人と地域がつながる場とこれからの地域まちづくりについて
―公立の地域拠点（公民館等）―」概要報告

石井　大一朗（宇都宮大学）

報告者　川越　晴美（宮崎市地域振興部主幹 地域まちづくり推進室長）

　　　　井上　聖子（広瀬小学校区地域づくり協議会　会長）

　　　　佐伯　亮太（一般財団法人明石コミュニティ創造協会　アドバイザー・
　　　　元事務局次長）

コメンテーター　役重　眞喜子（岩手県立大学総合政策学部　准教授）

コーディネーター　石井　大一朗（宇都宮大学地域デザイン科学部　准教授）

　本分科会は、人と地域がつながる場とこれからの地域まちづくりについて、公立の地域拠点（公民館等）に着目し、宮崎市における地域づくりの視点に立った公民館等の管理運営の現在を把握しつつ、宮崎市内の実例や他都市の先進事例から学び、議論を行った。

　住民ニーズや地域課題が多様化し高度化する中、多くの地域では、活動者の高齢化や固定化が課題となっている。また、活動者や地域の関係者の関係性が限定的であると、新たな課題への対応が難しくなる。こうした地域づくりの実情を踏まえ、新たな人と人のつながりを生み出す「場」として、地域活動拠点である公立公民館等（交流センターやコミュニティーセンターなどのコミュニティ施設を含む）は、新たなつながりをつくるプロセスをどのように生み出すことができるのか、そしてそこにどのような課題があるのかを探った。具体的な報

告とディスカッションの内容は以下の通りである。

報告者：

　川越氏からは、大会 1 日目に報告のあった、宮崎市が2006年より導入した地域自治区による住民主体のまちづくりを振り返りつつ、2009年の公立公民館等の管理運営における教育委員会から市長部局への所管の見直し、その後の使用基準の見直しや新たな施設整備状況等の制度的な変遷について説明があった。また、地域と行政の協働の力を発揮する拠点として公民館があること、地域自治区事務所と公立公民館等の一体的な運営により、地域での学びを地域活動につなげていくことの重要性、さらには指定管理制度導入の検討状況について報告があった。

　井上氏は、宮崎市内でも活発に活動を行っている地域の 1 つとして、広瀬小学校区地域づくり協議会の実践を紹介した。くらし安全部、まちおこし部、きょうど文化部、自治会部、広報部の 5 つの部会の実践について、広瀬地区交流センターを中心に、石崎川や中学校体育館等の地域資源を活用するとともに、これまでに地域に無かった新しい活動を行うことで人と人の新しい交流やつながりが生まれている状況について説明があった。今後の展望として、人材育成にフォーカスした部会の必要性を述べつつ、他の団体との連携、指定管理制度導入を視野に入れた取組、施設の有効活用、さらに学校部活動の地域移行への主体的な協力の必要性を示した。

　佐伯氏は、明石市の校区まちづくり、市による地域自治支援の体制、またそれらに対して研修や会合等の運営支援を行う中間支援組織として、一般財団法人明石コミュニティ創造協会（以下、コミ創）の取組を紹介した。そのなかで、行政職員が直接支援しづらい内容等があり、民間の力を生かした地域支援も重要であること、また具体的に、組織強化や新たな参加を促す取組内容として、既存組織の統廃合や事務局作り等の組織体制の見直し、ワークショップの進行、計画づくりのアドバイス、先進事例の紹介、住民アンケート実施時に協力者を募る方法などの説明があった。施設管理については、建物の管理にとどまらない、対象地域の地域づくりを担うエリアマネージャーという視点が重要であることが示された。

コメンテーター：

　役重会員からは、上記の報告を踏まえて、自身が研究・実践を行う花巻市の事例を紹介しつつコメントがあった。まず、従来のコミュニティ政策が目指した「しくみづくり」に加え、今後は「場づくり」そして「対話づくり」がより焦点化されるとした上で、公立の地域拠点に着目した今回のテーマにおいては、⑴参加と協働の担保（しくみづくり）、⑵公民館のコミセン化に伴う人的な支援機能の充実、⑶拠点における場の活用と対話づくりという３点が重要になることを示した。特に、（２）（３）においては住民のつぶやきや雑談を受け止め、コーディネートできる「つぶやきキャッチャー」や「雑談デザイナー」といった専門性を備えた人材が求められるとした。

　以上を踏まえ、人と人、人と地域のつながりを支える公立の地域拠点（公民館等）づくりを進めていく観点から、報告者・コメンテーターとともにディスカッションを行い、最終的に石井が総括コメントを行った。第１に、市の悩みとしても示された、施設の管理運営において、単なる建物管理や住民サービスのみの拠点とならない運営体制の確立である。この点については、場づくりはもとよりプロジェクトを生み出せるようなコーディネーターとしての専門性の向上と、その価値を評価するしくみが重要となる。第２に、地域づくり協議会等の組織化や一部の人たちによる活動の継続は排除を生むという観点である。この点については、各報告のなかで紹介されたような、多様な立場や意識をもつ人が参加できる関わりしろのある組織や活動を作り出す必要がある。そして第３は、コーディネート人材、また、地域の実践活動や組織運営を担う人材を育み、伴走的に支える、行政とは異なる中間支援組織（機能）の重要性である。この他には、区域内に一か所しかない公立の地域拠点ではできない事業を展開したり、人と人のつながりを生むコミュニティカフェや子ども食堂といった民間拠点との連携やそれらの活動を支えるといった役割も今後重要となるだろう。本分科会は、宮崎市地域振興部、宮崎大学のみなさまの多大なる支援のもと実現しました。感謝申し上げます。

コミュニティ政策学会 第21回学会大会
分科会（Session H）「移住者から見た地域コミュニティの活性化とは」
概要報告

桑野 斉（宮崎大学）

　UIJターン型の移住者に加え、地域おこし協力隊、ワークインレジデンス、ワーケーション、移住者起業など、地域での移住者の新たな働き方が社会的に形成・認知され、地方創生や地域活性化の推進において移住者が果たす役割が極めて重要となっている。本セッションでは、宮崎県（以下「本県」という。）内において移住者主導によるまちづくりが具体的な成果をあげ、新たな地域価値が形成されている都農町、椎葉村、高千穂町を取り上げ、移住者の視点からみた移住・定住対策のあり方や今後の地方創生やコミュニティの活性化の視点について報告及び意見交換を行った。

　セッションの報告者、コメンテーター、コーディネーターは以下の通りである。

報告者　①都　農　町：中川 敬文（株式会社イツノマ 代表取締役社長・移住者）、
　　　　②椎　葉　村：上野 諒（合同会社ミミスマス代表社員・移住者）、椎葉
　　　　　　　　　　　豊（椎葉村地域振興課長）、
　　　　③高千穂町：佐藤 高功（特定非営利活動法人一滴の会事務局長・移住
　　　　　　　　　　　者）、林 康弘（高千穂町 企画観光課 地域振興係長）
コメンテーター　永山 英也（宮崎大学 産学・地域連携センター部門長・特別
　　　　　　　　教授）
コーディネーター　桑野 斉（宮崎大学 地域資源創成学部長）

　本セッションの研究対象地域とした都農町、椎葉村、高千穂町の 3 町村は、いずれも中山間地域に該当する。本県の中山間地域は宮崎県中山間地域振興条例及びその規則で地域振興 5 法（過疎法、離島振興法、山村振興法、半島振興法、特定農山村法）で指定された地域と農林統計上の中間・山間農業地域が該当する。県内26市町村のうち23市町村の全部又は一部が中山間地域となっており、県土面積の約 9 割、人口の約 4 割を占めている。深刻な人口減少を背景に本県

の中山間地域が抱える大きな共通課題としては、地域での雇用・所得の確保や安全安心な住民生活に資する社会的機能の維持・充実等があげられる。その課題解決にはコミュニティ（集落等）機能の維持や再生が必要不可欠であり、そのなかでの移住者の役割が期待されている。本県においては、こうした地域課題解決に関与・貢献する移住者が増えている。

以下、3町村別の報告の概要を示す。

最初に報告のあった都農町は県央に位置し、人口は2020年時点で9,906人、国立社会保障・人口問題研究所（以下、社人研）の推計では2040年には6,677人まで減少することが見込まれている。移住者として報告を行った中川敬文氏（株式会社イツノマ代表取締役社長）は、東京都出身で関西の大学卒業後、民間企業を経て26歳で新潟県上越市に移住し、複数の地域活性化のプロジェクトに移住者として関わった経験を持つ。本町の地域活性化に関わったことが契機となり、2020年に単身移住し、現在は移住後に起業した株式会社イツノマの代表として本町のまちづくりに多角的に関わっている。移住タイプとしてはIターン移住者となる。

中川氏の報告として、急激な人口減少を背景に町やコミュニティの持続可能性が大きく低下しており、最も深刻な問題としては若者の域外流出の現状が示された。町やコミュニティの持続可能性を回復するためには、20代の若者、特に20代女性の地域定住のためのロールモデルづくりが重要であり、中川氏が代表を務める（株）イツノマが進める①場づくり、②地域のデジタル化推進、③次世代育成の3つの取組が紹介された。これらの取組のなかから、若い移住者が地域に定住する条件として、就業機会の確保だけではなく、まちづくりに参加する機会の拡充と同年代・同一業務といった個人属性が近接類似した若者同士のネットワークづくりの重要性が示された。

次に報告のあった椎葉村は県北東部・九州中央山地に位置し、人口は2020年時点で2,503人、社人研の推計では2040年には1,399人まで減少することが見込まれている。報告者（移住者）の上野諒氏（合同会社ミミスマス代表社員）は、宮崎市出身で首都圏の大学を卒業後、金融機関勤務を経た後、2017年に地域おこし協力隊として本村に単身移住した。移住タイプとしてはJターン移住者となる。移住後、農業振興、企業誘致等の業務に携わった後、2020年に合同会社

ミミスマスを起業し、同村をベースにワーケーションなどの公民連携型の地域再生事業に取り組んでいる。

　報告では、上野氏が取り組んだ地域再生事業のうち、町役場と進める公民連携型企業誘致が紹介された。本県では交流人口・関係人口の増大を目的に自然や観光などの地域資源を活用したワーケーションの推進を図っている。村では村内外の交流を目的とした拠点施設Katerieを2020年に開設したが、上野氏はそこを拠点に企業単位のワーケーションプログラムを提供し、本県ワーケーションのフロントランナーとなっている。大きな成果としては、ワーケーション参加企業が2021年に村内に事務所を開設し、村としては33年ぶりとなる企業誘致に成功した。また、本村のマスタープランである総合計画へ移住者が関わる重要性も指摘しており、特に集落毎に実施されたワークショップへ移住者が積極的に参加することで、地域住民との意識・価値観の共有、地域課題解決に向けた連携強化が効果的に進展することを具体的な実例に基づき報告が行われた。

　最後の報告となった高千穂町は県北端部に位置し、人口は2020年時点で11,642人、社人研の推計では2040年には7,803人まで減少することが見込まれている。報告者（移住者）の佐藤高功氏（特定非営利活動法人一滴の会事務局長）は、本町出身で県内大学を卒業後は製薬会社に勤務し、東京、福岡、岡山、鹿児島などの全国各地の転勤を経験した後、故郷である本町に貢献するため地域おこし協力隊に志願し、製薬会社を早期退職をして帰郷した。移住タイプとしてはUターン移住者となる。現在は地域おこし協力隊の業務の他に、移住支援を行うNPO法人の事務局長として本町で活動している。

　佐藤氏は、地域が移住者を受け入れる条件として「医職住」の確保が重要であることを提示したうえで、NPO活動として進めている"移住者による移住者のための支援活動"について報告があった。移住者の定住支援に係る取組の重要性を指摘し、具体的には「医職住」に係る移住前後の相談体制・機能の整備、移住後の交流事業の拡充等の効果について報告があった。特に「住」に関しては、中山間地域では移住者向けの賃貸物件が極めて少ない反面、空き家等の遊休不動産が増大している現状を踏まえ、町内集落の空き家の調査や管理に係る取組の具体的効果が示された。

　3町村の報告後、コメンテーターの永山英也氏（宮崎大学 特別教授）は次のように総括した。3町村及び移住者3者の共通点として、移住者が企業、NPO等の代表等となり組織的な体制を構築し、他の移住者の力も総合化して地域課題の解決に取り組んでいること。また、地域課題の解決にあたっては、移住者が地域でやりたいこと、実現したいことなど、移住者自身の移住・定住目的との密接化・一体化が重要であり、移住者主導の事業や活動が地域課題解決へとつながるための環境整備の必要性が強調された。こうした環境整備の最も重要なものの1つがコミュニティと移住者の関係づくりであり、会合やイベント等を通じて移住者と地域住民が「混じり合う」関係づくりと、コミュニティのなかでの移住者の能力を活用する役割づくりがポイントとなっていることが示された。

　最後に紙数の制約から紹介ができなかったが、椎葉豊（椎葉村地域振興課長）、林康弘（高千穂町 企画観光課 地域振興係長）の両氏からも、両町村の現状や移住者による地域活性化やコミュニティ再生の具体的な効果や今後の期待や展望について有益なコメントを頂戴した。また、宮崎県総合政策部中山間・地域政策課から資料提供などの宮崎大会開催前より多くの支援をいただいた。

金川幸司・後房雄・森裕亮・洪性旭編著
『協働と参加——コミュニティづくりのしくみと実践』
（晃洋書房、2021年、237頁、2,800円＋税、ISBN 978-4-7710-3504-1）

滋賀大学　宗野　隆俊

　コミュニティ政策に関心をもつ者にとり、「協働」「参加」は見過ごすことの
できない言葉であろう。近年、地域自治のしくみをどのようにつくり運用する
かが盛んに論じられてきたが、議論の中心には常に「協働」と「参加」があっ
た。その2つの概念をタイトルとするのが本書である。とはいえ、本書は概念
の考察に終始するものではない。興味深い事例をもとに協働と参加の実際を検
証し、明快なタイトルからは予想できないほどの内容の広がり、深みを獲得し
ている。
　本書のもう1つの、しかしタイトルには表れないキーワードが、「地域自治
組織」である。とりわけ平成の市町村合併後に、地域自治組織と総称される住
民組織が多くの自治体に誕生した。地域自治のしくみとして、この組織形態が
有力な選択肢となったのである。本書もこの認識に基づき、地域自治組織にお
ける参加と協働の実態を考察している。
　さて、本書では、地域自治組織を「小学校区、中学校区、旧町村など、基礎
自治体の内部の一定の区域を単位として、住民、自治会等の地縁団体、住民活
動団体、PTA、NPO、地元企業などを構成員として、地域課題の解決やまち
づくりなどを行っている組織・体制を指し、自治体が何らかの関与を行ってい
るものを指す」と定義する。また、地域自治組織の機能を協議機能と実施機能
に分け、前者を「地域自治組織が設置される区域を対象に、計画の策定、一括
交付金の使途決定、また自治体への意見具申や提案などの意思決定を行う機
能」とし、後者を「地域自治組織が設置される区域を対象に、具体的に地域課
題の解決やまちづくりの事業を実践する機能」とする（第1章）。両機能が参

加と協働に対応していることは、いうまでもない。

　では、これらの定義に当てはまる地域自治組織を有する自治体は、全国にど
れほどあるのか。編者らが全国1741市区町村を対象に行ったウェブアンケート
によると、939件の回答中、地域自治組織のある自治体は372件（有効回答件数
の39.6パーセント）であったという（第4章）。地域自治組織のある自治体が相
当数に上ることが理解されよう。

　では、地域自治組織の担い手はだれであろうか。ウェブアンケートには、地
域自治組織の構成員・構成団体を問う項目があり、それに対する回答では、
「自治会等の地縁団体（連合組織を含む）」が88パーセント、「地域民生委員・児
童委員協議会または民生委員・児童委員」が62パーセント、「老人クラブ」が
59パーセントとなっている。また、地域自治組織の実質的な意思決定機関の構
成メンバーのうち「自治会等の地縁団体」の割合を問う項目に対しては、「75
〜100パーセント程度」とする回答が43.5パーセント、「50〜75パーセント程
度」が18.2パーセントとなっている（第4章）。意思決定機関の構成メンバーの
半数以上を「自治会等の地縁団体」とする地域自治組織が60パーセントを超え
るのだ。多くの地域自治組織が自治会等の地縁団体を基盤に成立していること
が、大規模なアンケート調査を通じてあらためて確認されたことになる。

　さらに本書では、多数の事例を通じて、地縁組織が地域自治組織のなかで果
たす役割の大きさが述べられている。雲南市や名張市などは著名な事例である
が、他にも掛川市、伊丹市、宗像市、静岡市などの興味深い事例が次々と紹介
される（第5章〜第11章）。さらに、地域自治組織に対する中間支援を行う明石
コミュニティ創造協会（第10章）なども登場し、地域自治組織の運営を考える
際のユニークな切り口を与えてくれる。

　このように、地域自治組織における地縁組織の役割の大きさは、様々な事例
を通じてよく理解できる。しかし、ここにさらなる論点が現れる。いうまでも
なく、地縁組織が直面する課題である。自治会の加入率の低下と活動量の低減
が、最もわかりやすい課題であろう。若い世代の参加の停滞はつとに指摘され
てきたところだが、それはさらに、組織の運営を実質的に担う高齢世代の負担
を増すことになる。このような状況は、住民に対する自治会の正統性を失わせ
かねないとも指摘される（第20章）。

　さらに本書は一歩踏み込んで、地域自治組織内の「協議」の結果が「他の団体や住民に対して拘束力を持つのかどうかが曖昧」（第19章）であることの問題を指摘する。あるいは、自治会やその連合会の「役割が不十分であるがゆえに地域自治組織を設立するのである以上、その地域自治組織が民主主義的に運営されるためにも、高い事業性を発揮するためにも、町内会自治会の役員たちの同意がなくても自律的な意思決定ができる必要がある」（第19章）とも述べる。この問題意識は、何に向けられたものであろうか。

　先に述べられていたように、多くの地域自治組織の「協議」の内容には、自治体からの一括交付金の使途が含まれる。協議を経て組織内で決定された交付金の使途は、さらに議会の議決を経ることで民主的な手続きを経たことになる。しかしながら、組織内の意思決定が民主的なものであることは、いったい何によって担保されるのか。これは、地域自治組織の民主主義的な運営をめぐる問題の、１つの典型である。あるいは、地域自治組織の「協議」のなかには、当該自治組織が置かれる区域に関わる計画の策定も含まれる。これらのことに鑑みるならば、「協議」が民主的であることをいかに担保するかは、地域自治組織にとりきわめて重要な課題であろう。この文脈から、本書では、「公選議会をもつ近隣政府を設立するべき」（第19章）との意見も述べられる。

　加えて、本書の最終章では、地域自治組織が「何をどこまで担うのか」（第20章）という問いが投げかけられている。

　既に多くの自治体で誕生し、おそらく今後も増えていくと思われる地域自治組織であるが、担い手の確保という実務的な課題にとどまらず、意思決定の拘束性、意思決定の及ぶ範囲という原理的な検討課題があるのだ。本書が示したこれらの問いをめぐって、議論がますます盛んとなることが期待される。

─── 書　評 ───

名和田是彦著
　『自治会・町内会と都市内分権を考える』
　（東信堂、2021年、76頁、1,000円＋税、ISBN 978-4-7989-1596-8）
石井大一朗編
　『横浜の市民活動と地域自治』
　（東信堂、2021年、108頁、1,000円＋税、ISBN 978-4-7989-1598-2）
伊藤雅春著
　『熟議するコミュニティ』
　（東信堂、2021年、85頁、1,000円＋税、ISBN 978-4-7989-1600-2）

放送大学教授　玉野　和志

　コミュニティ政策学会では、これまでコミュニティ叢書というかたちで、コミュニティ政策に関する本格的な学術書を東信堂から出版してきた。これに加えて、もう少し手軽に手に取れる実践的なブックレットも刊行していこうということで、これまで5冊のシリーズが公刊されている。そのうち標記3冊の書籍について、書評としては異例なかたちになるが、まとめて紹介してみたい。
　まずは、それぞれについて、簡単にその内容を紹介しておこう。
　名和田是彦の『自治会・町内会と都市内分権を考える』は、自治会・町内会の関係者にたいする講演会というかたちで、わかりやすく自治会・町内会と都市内分権についての考え方が述べられている。ここでは自治会・町内会を、合併などの地方自治に関する制度の変更にもかかわらず放置された、制度的に未整備な部分を補完する住民側の組織として成立してきたものであるとしたうえで[1]、都市内分権の制度化が、近年困難な状況にある自治会・町内会を後押しするものであることが強調されている。
　石井大一朗編『横浜の市民活動と地域自治』には、横浜において特徴的な市民活動と横浜市のコミュニティ政策の歴史とその成果を、市民活動と行政の協働という観点から、それを支える中間支援組織に注目しながら紹介している。具体的には、市民セクターよこはま、NPO法人「はぐっと」、戸塚区の郊外団

地「ドリームハイツ」、NPO法人「サードプレイス」の4つの事例が扱われている。

　そして、伊藤雅春『熟議するコミュニティ』では、無作為抽出によって選ばれた市民が集まって継続的に討議することで、熟議民主主義によるミニ・パブリックスを形成し、親密圏とも公共圏とも異なるコミュニティ圏における共同主観性にもとづくコミュニティ・デモクラシーを生み出すようなコミュニティ・マネジメントが、これからのコミュニティ政策には求められることが主張されている。

　コミュニティ政策学会が発刊したまちづくりブックレットの1、3、5に当たるこの3冊は、期せずしてコミュニティ政策のこれまでとこれからを考えるうえで、格好の題材を提供している。コミュニティ政策に関する独立の学会が形成された背景には、いうまでもなく1960年代から70年代にかけての革新自治体の叢生と、それに対抗するべく構想された旧自治省によるコミュニティ施策の展開がある。国民生活審議会調査部会コミュニティ問題小委員会の報告「コミュニティ――生活の場における人間性の回復」にもとづく、自治省の「コミュニティ（近隣社会）に関する対策要綱」に端を発するコミュニティ施策は、やがてコミュニティ行政とよばれるようになり、最終的にはコミュニティ政策として一般化した。当初の自治省モデル・コミュニティ施策は、コミュニティ・センター（「コミセン」とよばれた）の建設にともない住民協議会を組織するというものであったが、これが名和田のいう都市内分権のしくみに連なることは明らかであろう。他方、当時の革新自治体はこのコミュニティ施策の提案に、おしなべて批判的であった[2]。その急先鋒が横浜市であり、同様に独自のコミュニティ政策を展開したのが世田谷区であり、神戸市であった。この3つの自治体は、いずれも自治会・町内会などの組織を基盤とした一律の都市内分権的な組織を整備することをしていない。近年になって地域福祉政策として同様の組織化が図られつつあるが、それは必ずしもコミュニティ政策とは位置づけられていない。これらの自治体ではあくまで個別の市民活動や市民団体に行政がそのつど対応するかたちをとっており、それがやがて市民と行政の協働とよばれるようになる。横浜市の場合は、自治会・町内会すらもひとつの市民団体として、他の市民団体と同様に、中間支援組織の支援を受けて活動してい

る。しかも皮肉なことに、横浜市の自治会・町内会は現在もなお高い加入率を
維持しているのである。この系譜が石井の編著によって雄弁に語られているも
のであることは、いうまでもない。

　この２つのコミュニティ政策の、とりわけ後者においてよく用いられたのが、
ワークショップなどの手法を用いた、一般住民を巻き込んだ共同討議による課
題の発見や提案である。前者における「協議会型住民自治組織」が、名和田が
強調するように、「参加」（意思決定や行政の監視）だけではなく「協働」に重
きをおくがゆえに、どちらかというと実務的な打合せが中心であったのにたい
して、後者は市民や住民による主体的な提案や気づきを重視してきた。この系
譜の延長線上で近年工夫されているのが、伊藤のいう熟議によるミニ・パブ
リックスの形成なのである。自治会・町内会を中心とした都市内分権であろう
と、市民活動や市民団体による行政との協働であろうと、市民参加や住民参加
の機運が衰えてくるにつれて、コミュニティ政策において代表性や多様性の確
保が徐々に困難になっていった。そこで試みられたのが無作為抽出という方法
である。しかしながら、たとえ代表性を意図して無作為抽出を行ったところで、
実際に来てくれる人は限られるので、本当の意味での代表性は到底確保できな
い。しかし無作為抽出によって、それまではそのような場に縁のなかった人が
来てくれる可能性はあるのであって、そのような場を継続的に確保することで、
少なくとも多様性を広げることができ、これまでにない熟議による相互理解が
得られるところに、その意義があるのだと伊藤は主張している。そのような可
能性を組み込んだコミュニティ・マネジメントこそが、これからのコミュニ
ティ政策には求められるというのである。

　以上のように、この３冊のまちづくりブックレットは、現在のコミュニティ
政策が進むべき３つの道を示しているように思う。もちろんそれらは相互に排
除されるべきものではなく、組み合わせて併用できるものである。それぞれの
コミュニティが抱える課題や現状、住民や市民の状況や、地域の歴史的経緯に
よって、どれに重点を置くべきかを慎重に見定める必要がある。自治会・町内
会がまだ健在な地方の現実をふまえるならば、都市内分権のかたちを基本にす
べきだろうし、テーマごとの市民の自由な活動がゆたかに展開する都市ならば、
横浜の事例が参考になるだろう。コミュニティのレベルで住民や市民が直接討

議し、地域の課題や将来像を共有していくことが必要であったり、可能なところでは、ミニ・パブリックスでの熟議の機会を提供することが有効かもしれない。いずれにせよ、この3冊のブックレットは、コミュニティ政策の実務に携わる人びとに、直接の示唆を与える価値を持っている。

　それでは、この3冊のブックレットは、コミュニティ政策の研究者には、どのような学問的課題を提起しているのだろうか。最後にこの点についてふれておきたい。

　この3つの方法が相互に排他的なものでないことについてはすでに述べておいた。しかしこれまで、ともすれば、とりわけ最初の2つが対立的に論じられることが多かった。自治会・町内会を中心とした都市内分権も市民のボランティアな活動にもっと目を向けるべきだとか、自治会・町内会などの基盤を無視して市民の自由な活動だけに目を向けていたのではコミュニティは成り立たない、などの議論である。しかし、研究者に求められるのは、そのような対立をあげつらうことではなく、それぞれがどのような条件の下であれば積極的な効果をもたらすのか、それぞれがどんな課題にたいしてうまく対応でき、逆にうまくいかないのはどういうときか、それゆえそれらをどう組み合わせるのが適切であるかについての、各々の原理と経験則を明らかにすることだろう。自治会・町内会と市民活動団体をどのようにむすびつけるかは、コミュニティ政策が語られるようになって以来の、相も変わらぬ永遠の課題である。われわれコミュニティ政策の研究者は、そろそろこの問題に決着をつける覚悟を固めるべきである。そのときに熟議という協議の場を設けることが、どのような意味をもつのかを明らかにすることが、ひとつの糸口になるのかもしれない[3]。いずれにせよ、この3冊のブックレットはコミュニティ政策の研究者に、改めてこの基本的な問いへの取り組みを求めているのである。

【注】

1)　町内会の歴史的起源について、同じような立場をとる論者に、日高昭夫『基礎的自治体と町内会自治会——「行政協力制度」の歴史・現状・行方』春風社、2018年がある。評者はこの見解があてはまる地域は限定されていることを指摘したことがある。玉野和志「日高昭夫『基礎的自治体と町内会自治会——「行政協力制度」の歴史・現状・行方』」『コミュニティ政策』18、167－169、2020年。

2) このような枠組みにもとづいて日本のコミュニティ政策をふりかえった労作として、広原盛明『日本型コミュニティ政策——東京・横浜・武蔵野の経験』晃洋書房、2011年がある。

3) 評者は、熟議とか、ミニ・パブリックスとはいっていないが、協議の場を設けるという構想について述べたことがある。玉野和志「都市とコミュニティ——求められる新たなガバナンス」後藤・安田記念東京都市研究所編『都市の変容と自治の展望』後藤・安田記念東京都市研究所。

宮崎市地域振興部地域コミュニティ課地域まちづくり推進室著
『宮崎市地域自治区住民主体のまちづくり』
（東信堂、2021年、92頁、1,000円＋税、ISBN978-4-7989-1597-5）

名古屋市立大学大学院人間文化研究科准教授　三浦　哲司

　本書は、宮崎市の地域自治区制度を事例に、導入経緯や制度設計、制度を活かした地域の活動、関連する支援のしくみなどをまとめた内容である。周知のとおり、地方自治法に基づく地域自治区制度を導入している自治体の数は限られている。それでも、宮崎市では制度を活かしながら多様な取り組みを展開し、今日にいたる。本書は、現在までで見えてきた成果と課題をふまえながら、制度設計を中心に宮崎市の地域自治区制度を整理している。

　本書評では以下、各章の内容を概観したうえで、本書の意義に触れたい。本書は第1章から第6章までの本編、関係者の寄稿文、名和田是彦コミュニティ政策学会長による巻末解読などから構成される。なお、ここでは紙幅の都合から、本編のみを対象としたい（ぜひ全体を通読されたい）。

　さて、第1章では、宮崎市の地域コミュニティそのものに焦点を当て、既存の地域コミュニティが困難な状況に直面している動向、および合併前の旧5市町ごとの地域コミュニティのかたちについて整理している。第2章では、そうしたなかで導入された地域自治区制度を取り上げ、制度導入までの経緯、地域自治区の区割りや地域協議会・地域自治区事務所の役割といった制度設計をまとめている。第3章では、各地域自治区において実行機能を担う地域まちづくり推進委員会（各地域で活動する各種団体の関係者などが参加）、およびその活動を支える地域コミュニティ活動交付金の制度概要などを紹介している。

　第4章では、地域自治区の現場における活動に焦点を当て、地域協議会による審議や意見具申、地域まちづくり推進委員会による交付金を用いた清掃活動や防災活動、地域協議会による将来計画策定の動向、といった内容を取り上

げている。第 5 章では、宮崎市行政による地域まちづくり推進委員会に対する多様な支援内容に触れている。具体的には、交付金以外の各種補助金、地域調整担当職員をはじめとする人的支援、地域活動への参加を希望する住民を対象とした人材育成の場づくり、などに相当する。最後に第 6 章では、今後の展望および取り組みとして、地域まちづくり推進委員会によるコミュニティビジネスや将来計画に沿った活動の可能性、地域活動の基盤としての自治会の再生、地域コミュニティ活動交付金のあり方の再考、地域協議会や地域自治区事務所の機能強化、地域協議会と地域まちづくり推進委員会との連携強化、などに言及している。

　評者はこのような本書について、事実関係を丹念に整理し、さまざまな立場の人々が宮崎市の地域自治区制度を学ぶことができる素材を提供したという点に、意義を求めることができると考える。確かに、事実関係が淡々と記述されている部分もみられる。しかし、過去の制度を発展的に解消させた経過とその背景、実践から見えてきた課題など、15年以上にわたる制度運用の蓄積があるからこそ明らかになった内容も豊富に含まれている。これらは同時に、他の自治体で地域自治区制度の運用に関わる住民や行政関係者にとって、今後の制度のあり方を考えるうえでの豊富な示唆を与えてくれる。

　他方、ブックレットの性質ゆえにやむを得ないが、評者としてはつい、より詳細を知りたい内容があったのも事実である。具体的には、地域協議会と地域まちづくり推進委員会との関係に言及しているが、こうした点に関して、連携強化が必要な背景としていかなる事情を抱えているのか、たとえば双方の委員の重複の多さゆえに協議会の位相があいまいになっているのか、などはぜひとも知りたいところであった（この点に関しては、三浦哲司『自治体内分権と協議会』東信堂、2021年、122ページで触れている）。

　ともあれ、本書を通読すると、地域自治区制度は単なる合併の弥縫策にとどまらない、新たな可能性も少なからず見えてくる。制度運用で悩みを抱えている関係者も含め、ぜひとも本書を一読し、今後のあり方を展望してもらいたい。

──── **書　評** ────

中川幾郎編著
『**地域自治のしくみづくり──実践ハンドブック**』
（学芸出版社、2022年、208頁、2500円＋税、978-4-7615-2823-2）

椙山女学園大学　谷口　功

　このようなテキストがあることは心強い。「町内会の担い手育成」、「市民活動の促進」、「協働の制度化」といったテーマで講座や研修をおこなうことがしばしばある。地域自治を実質化することの大切さと、その具体的手法として地域に協議会を設けることを言及し、自治体のホームページや事例を紹介しているが、本書のような体系的に整理されたテキストがあればよいのにと思っていた。

　本書は研究者と実務家の共同作業の成果として、地域自治を理解し実践していきたいと考えている人が気軽に手に取れるようにまとめられている。第Ⅰ部（第1章〜第3章）は「地域自治のしくみはなぜ必要なのだろうか」、第Ⅱ部（第4章〜第6章）は「地域自治のしくみをどう設計するか」と問いかけ、第Ⅲ部（第7章〜第8章）は「実践に学ぶ」とし、事例とともに具体的なQ＆Aが記されている。

　第Ⅰ部第1章「地域自治の現状と課題」（相川康子）では、住民自治協議会（以下、自治協）設立の契機と目的、自助・互助・共助・公助のバランスの変化、検討や調整が足りない課題、そしてコロナ禍の経験から見えてきた新たな可能性とともに、制度設計の創意工夫の必要性を指摘している。

　第2章「地域自治システムのめざすもの」（中川幾郎）では、地方自治法上の「地域自治区」制度のもとで設置される「地域協議会」とは異なり、自治協の基本原則は、①領域性、②自発性・自律性・総合性、③民主性・公開性・参加性、④公平性・開拓性、⑤合規性・協働性であると示し、地域代表のコミュニティ型の思考法と課題別アソシエーション型の思考法とを混在させることが

できる自治協という組織自体が地域の「共同財」だと主張している。

　第 3 章「地域自治の法理論」（阿部昌樹）では、「地域自治のユートピア」という仮想状況を設定して地域住民主体の組織を法人化することの意義とその限界を示している。「法が提供する手法が地域が直面している課題の解決策として、最善のものであるとは限らない」。「地域のために何かをしたいという意欲と、その意欲を行動に移す実行力とを備えた住民が皆無となってしまったならどのような法制度が用意されようとも、住民主体の地域自治の実現は不可能である」（64頁）という、行政そして市民にとって重い指摘がなされている。

　第Ⅱ部第 4 章「自治体に合ったしくみをどうつくるか」（直田春夫）では、制度設計の要点を、予備的段階、制度の基幹、組織・活動、財源という視点から整理し、当該地域に関する様々な情報を「地域カルテ」として体系的に整理することが、地域づくりの方向性や地域の将来の姿（地域ビジョン）を浮かび上がらせ、「地域まちづくり計画」につながると示している。

　第 5 章「合意形成と住民自治協議会設置過程のデザイン」（三浦哲司）では、自治協の設置や運営の際には議会や自治会・町内会など行政内外の利害関係者との調整が重要であると具体的に指摘している。「地縁組織の関係者を抜きにして自治協を設置するとなれば、相互の関係整理は容易ではなく、新たに設置される自治協に対して、地縁組織の関係者から反発の声も生じるだろう」（92頁）。だからこそ「自治協の独自性は何か」を問い続ける必要があると示している。

　第 6 章「行政・中間支援組織の支援と役割」（田中逸郎・馬袋真紀・相川）では、豊中市・朝来市そして大阪市・明石市を例として、地域自治システム構築を行政が支援する取組みと中間支援組織が支援する取組みを紹介し、構築過程で直面する様々な壁とそれを乗り越えるしくみの可能性と課題を示している。

　第Ⅲ部第 7 章「地域自治のさまざまなかたち」（飯室裕文・相川・馬袋・板持周治・松田泰郎・田中・中川）では、小規模多機能自治、地域人材発掘の取組み、多文化共生など、事例と具体的な実践手法を紹介している。

　そして第 8 章「地域自治のしくみづくりQ＆A」（馬袋・相川・直田）では、実践の現場で必ず投げかけられる質問について、その「問い」の捉え方をコンパクトにまとめている。

　地域自治の実質化を生み出すのは、行政とそこに暮らす市民の自治に対する熱量の高さだと私は思っているが、本書には、行政と市民への信頼と、その熱量が上がることへの期待が根底にあると感じた。

　「ミュニシパリズム」という言葉を聞く機会が増えている。地域の主権、自治的な民主主義や合意形成、つまり市民の熱量を重視する立場であるが、本書の「地域自治システム」の定義「持続可能な地域社会づくりという共通の目標に向けて「住民自治の充実」と「団体自治の改革」とが、互いに乗り入れ、参画・協働しながら事業や施策を展開していく全体像」（5頁）と重なっている。本書は、憲法第92条「地方公共団体の組織及び運営に関する事項は、地方自治の本旨に基いて、法律でこれを定める」の「地方自治の本旨」を、行政も市民も考え続けることを求めている。

　本書と合わせて次の 3 冊を手に取ることを薦めたい。そもそも90年代以降進められた地方分権改革はどのような「地方自治」を展望したものであったかについては、兼子仁『新地方自治法』（岩波新書、1999）が、21世紀の地方自治の展望を示していた。では「地方自治は民主主義の学校」と言われるが、その民主主義はどのように立ち上がり何を展望していたものであったのかを知ることは、今日の社会状況の理解を促す。トクヴィルは『アメリカのデモクラシー』（松本礼二訳、岩波文庫、2005-2008）で、独立後のアメリカの民主主義の本質と限界を描写している。そしてもう 1 冊。川島武宜『日本人の法意識』（岩波新書、1967）の記述は、現在の日本の市民意識を理解することに役立つ。これら 3 冊は、地域自治システムを制度化すること、すなわちコミュニティを政策として制度化することの困難さを理解する手助けとなるだろう。

―― 書 評 ――

まちづくりプラットフォーム研究会編
　『まちづくりプラットフォーム──ヒト・カネ・バショのデザイン』
　（萌文社、2022年、129頁、1,200円＋税、ISBN 978-4-89491-398-1）

関東学院大学社会学部准教授　小山　弘美

　2022年の秋に始まったNHK連続テレビ小説「舞いあがれ！」の主人公は、モノづくりのまち東大阪市で、町工場をつなげて新しい商品や価値を生み出す会社を立ち上げる。町工場にはそれぞれ高い技術があるものの、不況の影響や、跡継ぎ、騒音など多くの問題を抱えて、その集積を維持することが難しくなっていることが描かれる。まちづくりの現場もこのように多くの問題を抱えて、立ち行かなくなっていることもある。しかし、このドラマと同様に、素材はすでにそこにあることを前提に、それをどのように展開させ、継続していくかというところにこの『まちづくりプラットフォーム』の本旨がある。

　本書では「まちづくりプラットフォーム」を、「地域の課題解決のために、関係者が集まり、水平な立場で対話と協働をする場（16頁）」と定義している。こうしたプラットフォームは、「これまでのような組織や人が常に存在する大きな施設とは限らず、小さな拠点の可能性もあるうえ、さらに常設ではないネットワークのような仕組みの場合もある（5-6頁）」と考えられている。また、まちづくりプラットフォームは、「ゆるやかな情報共有をする場」である「情報共有のプラットフォーム」と、「課題解決のために協議し実行する場」である「課題解決のプラットフォーム」の二層に分けて考えられている。そして、まちづくりプラットフォームの機能を高める「ヒト」「カネ」「バショ」の三要素を重視する。この三要素と二層について、各章で説明されていく構成となっている。

　まず「ヒト」については、多様な主体の参加を促し、対話や協議の場を形成する「プラットフォーム・マネージャー」という存在を重視する。組織も領域

も横断する「伴走型マネージャー」、地域を歩いてつなぐ「アウトリーチ型マネージャー」、隠された力を引き出す「エンパワメント型マネージャー」の3つの型が示される。

　まちづくりに「カネ」を提供するプラットフォームの仕組みとしては、（1）公的資金を財源とする助成金、（2）民間からの資金と活動をむすびつけるコミュニティ財団、（3）クラウドファンディング、（4）地域金融機関による支援の4つが紹介されている。また、こうした仕組みを通して、地域の新たな課題を顕在化させ、多様な主体の関係が構築され、課題解決に向けた実効性を高めることも期待される。

　「バショ」を活かしたプラットフォームづくりには、（1）「フューチャーセンター」といったプラットフォームを指向して空間を構築するケース、（2）すでにある建物や施設を、プラットフォームとして効果的に機能するようにつくり変えるケース、（3）別のプラットフォームから生まれた「地域の小さな拠点」が新たなプラットフォームとして機能していくケースの3つがあげられている。また、「バショ」を活かしたプラットフォームづくりのヒントとして、（1）アクセスビリティを高める、（2）多目的に対応したスペース・設備、（3）対話・協議が弾む雰囲気の演出、（4）コミュニケーションの創出を意識したレイアウトがあげられている。プラットフォームは対話と協議の「場」であることから、必ずしも常設の「バショ」は必要ないものの、バショづくりにひと手間かけることで、対話や協議の「場」が変わるため、こだわりを持って臨むことが促されている。

　さて次に、プラットフォームの二層構造と課題解決に至る過程の関連が示される。課題解決に向けたプロセスとして、（1）課題の把握・共有、（2）課題解決のための協議、（3）解決策の実施、（4）検証の4つが示される。情報共有のプラットフォームにおいて（1）が行われる。そこから抽出されたある課題について、課題解決のプラットフォームを立ち上げて、（2）（3）（4）が取り組まれる。そしてそれぞれのプロセスに対して、手法や事例の紹介がなされる。

　本書の最後は、「自治的コミュニティの構築へ」という章で締めくくられる。地域社会において課題解決型の新たな共助の自律システムが次第に育まれる中

に、市民社会の具体的なイメージがおぼろげながら見えてきているという。プラットフォームづくりを指南した本書は、こうした次世代型の日本型市民社会の構築を目指したものであるということである。それを前提に本書の勘所として評者が特出したい点は、「すでにある地域資源を活かし、効果的につなぐという姿勢が重要（6頁)」ということである。人口減少社会に突入した日本において、「ヒト」「カネ」は有限の資源である。一方で、「モノ」や「バショ」を一からつくりだす必要のない、成熟社会であるともいえる。こうした中で今あるものを有効活用できるプラットフォームづくりが肝要である。もうひとつは、組織ではなく「ヒト」（プラットフォーム・マネージャー）に注目していることである。これまでの地域社会における課題解決のための第一歩は、組織化であったともいえるだろう。しかし、ネットワーク化された社会において、組織化は必ずしも必要でなく、資源同士をつなげるマネージャーの役割が重視されている。ここに、次世代型の課題解決プロセスを見ることができる。

　さて、評者としては本書に少し物足りなさを感じた点を指摘して本稿を終えることにしたい。本書は、事例からまちづくりプラットフォームとしての要素が抽出されている場面が多かったが、事例に偏りがあるように感じられ、これが一般化できるのか疑問に感じることがあった。また、「まちづくりプラットフォーム」の定義において、「まちづくり」を反映している部分が「地域の課題解決のために」と表現されていると考えられるが、果たしてまちづくりは課題解決だけが対象なのだろうか。課題認識はなくても、楽しい、幸せといった目標に向かったまちづくりもあってもよいように思う。この点が、関わる人々の土壌を拡げるキーポイントになるのではないかと考える。つまり、「まちづくりプラットフォーム」の概念を拡げて、さらに多様な事例が参照されるとよいのではないだろうか。今後に期待したい。

───── **書 評** ─────

鳥越晧之著
『**地元コミュニティの水を飲もう**』
（東信堂、2021年、136頁、1,000円＋税、ISBN 978-4-7989-1599-9）

帝塚山大学名誉教授　中川　幾郎

　いつも思うことながら、鳥越晧之氏の文章は、水が流れるように美しくよどみがない。論理的であって、なおかつ分かりやすく人の心に染み入るのも、その特徴である。そして氏はまた、「水」と社会の関係を主要な研究主題とし、これをライフワークとする社会学者でもある。

　鳥越氏は、これまで『水と人の環境史』（お茶の水書房、1984年10月）、『霞ヶ浦の環境と水辺の暮らし』（早稲田大学出版部、2010年4月）、『水と日本人』（岩波書店、2012年2月）、と、水と社会に関わる多くの論考を、編著としてその仲間とともに著してきた。ブックレットの体裁をとる本書は、それらのエッセンスを内包しながら、いわゆる反近代的な「エコロジスト」の立場ではなく、直線的な近代化に対して、「少しカーブを切る選択をしてもよいのではないか」という視点に立っている。

　それは、たんに「立ちどまれ」という主張ではなく、方向を修正したポスト近代に向けた前進をすることである。著者の言葉によれば、それは「人間にとっての『意味』を大切にする考え方」であり、「人間性の復活であり、機能合理性や能率をもっとも大切なものとみなさない考え方である」さらに、自然そのものを大切にするエコロジー論と生活の中の自然を大切にするエコロジー論の2つがあり、本書は後者の大切さをいう立場である、と述べている。

　前者であれば、地元の水は親水公園などでの「鑑賞」の対象とはなっても、「使う」対象とはならない。「生活の中の自然」を捉えていくには、結局は生活をしている「自分たちがしっかりしなければならない」というのが、著者の眼差しである。さらに著者によれば、「地元の水を飲む」ということは、「生活の

なかの自然への復帰運動なのである。」なぜならば、塩素殺菌された河川の水などではなく、自然な「地元の水を飲もうとすれば、地元の水の質をいつも維持する配慮が必要なのである」から。

そして本書には、生活の中に地元の水が飲料水として活かされている町として、岐阜県郡上八幡市、長野県小諸市、北海道東川町、熊本県嘉島町、愛媛県西条市、滋賀県高島市、富山県黒部市、長崎県島原市、沖縄県南城市、同糸満市が紹介されている。これらの紹介記事は、それ自体が優れた観察記であり、かつまた情感豊かなエッセイである。

評者は、これらの事例の町の大半を訪れたことがある。いずれも現地を訪れると、水をめぐる周辺景観が優れていることに気づく。そこには、人びとの生活の中の自然への配慮と細やかな気遣いが感じられ、明確な地域共同性が存在することにも気付かされる。つまり存在するのは、政府・自治体が提供する「公共財・サービス」としての上水道に対置される、「市場財」としての市販ペットボトル飲料水のどちらでもない、優れた「地域共同財」としての地元コミュニティの水なのである。

地元の水だけではなく、私たちは余りにも多くの「地域共同財」を放棄してきたのではないか、それを取り戻すことは決して不可能ではないが、さまざまな「共同財」がもつ人間に対する「意味」とその重要性を改めて問い直さなくてはならない。本書は、そのような指針と教訓を内包している優れた著書である。

┌─ **書　評** ─────────────────────────┐

金谷信子
『介護サービスと市場原理——効率化・質と市民社会のジレンマ』
（大阪大学出版会、2022年、261頁、4,200円＋税、ISBN 978-4-87259-744-8）

静岡県立大学名誉教授　金川　幸司

└──────────────────────────────┘

　2000年に開始された公的介護保険制度は様々な事業者が参入することを認めた。従来あったサービスは措置サービスであり、利用者は事業者を選択することはできなかった。高齢化の進展と共にその事業量は2000年から2018年にかけて、184万人から554万人に、介設保険給付費は3兆2,427億円から9兆6,266億円へと共にほほ3倍に増加した。

　この制度は疑似市場制度（バウチャー）であり、競争を通じて事業者はサービスの効率と質を高めて、利用者に選別してもらうといった仕組みをとっている。事業主体は、民間営利、協同組合、社会福祉協議会、社会福祉法人、NPO法人、自治体などであり、とくに、民間企業の参入が飛び抜けて多くなっている。

　しかしながら、このような介護保険は多くの問題を抱えていることも確かである。第1に財源の不足、第2に担い手であるヘルパーを初めとする労働者の処遇の悪さと、それに伴うなり手不足、第3にサービスの効率化と質を巡る問題である。

　著者は、第3のサービスの効率化と質を巡る問題に関して、供給側である事業者に焦点を当て、地域性などの環境要因に配慮しながら、事業者がどのような原理で行動しているのかを公表データを使い丹念に分析を試みている。さらに、多くの業種が参加している訪問介護、デイサービス、グループホームに焦点を当て、事業者の行動を明らかにし、そこにおける営利事業体と非営利事業体との比較とそれぞれの特性を明らかにしようとしている。

　具体的な分析内容は、以下の通りである。すなわち、第1章では、介護保険

制度と介護保険サービス市場の実態、および参入事業者の動向について概観し、第2章では、訪問介護市場、デイサービスそしてグループホームを対象として、非営利組織の市場シェアの動向を概観し、市場シェアを規定する地域特性について、都道府県別パネルデータを用いて実証分析を行っている。

　第3章では、訪問介護を分析対象として、本来の目的が異なる営利・非営利事業者の行動の差異を明らかにするため、社会福祉法人、社会福祉協議会、医療法人やNPO法人などの非営利法人および株式会社などの営利法人ごとに、経営主体別の事業者の経営実態（事業規模・内容および雇用者・利用者の特性など）を比較し、クリームスキミング（いいとこどり）の可能性とそれに関連する行動が報酬総額や利用者数総額に与える影響を、サービスの利便性やサービスの質などを考慮した上で分析している。第4章では、グループホームを対象として、全国の事業所の運営状況に関するデータを用いて、非営利・営利事業者の行動を比較、第5章では、第4章の分析を発展させて、グループホーム事業の経済的効率性とサービスの質を軸とした効果性の関係を実証している。第6章では、一部の介護保険サービス事業者のなかで進む介護保険事業の大規模化・多角化の実態を考慮して、こうした行動がもたらす規模の経済効果および範囲の経済効果について実証し、介護保険サービス事業の大規模化・多角化という事業効率化の導入と、そのサービスの質の関係を分析し、介護保険サービス事業の効率化のメリットとデメリットについて考察している。第7章では、介護保険サービスの市場化が市民社会・非営利組織に与えてきた影響について介護系NPOの動向についてまとめた後に、介護保険サービス市場におけるNPO法人事業者の成果について実証分析を行っている。終章の第8章では、これらの研究結果を踏まえて介護保険サービスという準市場に潜在化する競争主義・成果主義の弊害についてまとめた上で、公共サービスの市場化が社会全体に与える副作用に関して言及している。

　著者は、全体的に次のことが示唆できるのではないかと結論づけている。第1に、営利企業と非営利事業体を比較すると営利企業の方がクリームスキミングの可能性が高く、利用者の選別を行っている可能性があるのに対して、非営利事業体にその要素が少なく、不利な部分を支えていること。第2に、非営利事業体でも旧来から福祉サービスを提供している社会福祉法人などと、新しく

創設されたNPO法人（市民主導型非営利組織と称している）では行動形態に違いがありながらも、後者は、本来期待されているアドボカシー機能を十分に発揮できずにいること。第3に、サービス提供を効率化してサービスの質を高めるという政策目標が現実には困難であるということである。これらの結論はほぼ妥当なものと評者も同感するものである。

　介護保険に関する書籍はきわめて多く出版されているが、事業体ごとの性質の違いを大量のデータで明らかにしようとした書籍は類がなく、本書籍が、今後の研究のパイオニア的なものになることは疑いがない。その意味で、筆者の並々ならぬ労苦に心から賛辞を送りたい。

　一方で、筆者の関心が営利・非営利さらには、新興のNPO法人の役割にあるため、非営利組織間の分析は緻密である反面、営利企業はひとくくりにされ、全国展開企業、地域密着型企業の違いなどの分析は必ずしも行われていない。このため、介護保険事業の圧倒的多数を占める営利企業体の多様性には十分に言及されているとは言えない。

　さらに、本書は公表データを用いた計量分析なので、読者には、数字のウラでどのような実態が進行しているのかといったある種のもどかしさが残るのも確かである。特に法人形態だけで十分に説明がつきにくい領域の調査であり、ミクロデータとそれを裏付ける実際の事例にも目配せをするといった作業があっても良かったのかも知れない。また、本書の分析の中の仮説や変数の選択には若干違和感を伴う部分もあったが、その点も、事例調査を繰り返すことにより、より説得力を持った新たな視点からの分析に結びつくことになるのではなかろうか。

　とはいえ、これだけの大著に対して、それはないものねだりということであり、筆者には、続作において是非そういった点を加えた課題の解明を期待したい。

―― 書　評 ――

田中正人
『**減災・復興政策と社会的不平等**――居住地選択機会の保障に向けて』
（日本経済評論社、2022年、364頁、5,400円＋税、ISBN 978-4-81882-604-5）

九州大学大学院法学研究院教授　嶋田　暁文

1　本書の内容

　災害時によりダメージを受けるのは、どの時代の、どの地域であれ、常に、経済的・社会的・身体的により脆弱な人びとである。しかし、（被災時のみならず）復興過程においても、また、さらにその後の減災への取り組み段階においても、不平等は拡大する。そして、次なる発災時においては、そのように拡大した不平等を反映する形で、被害はさらに偏りを増す。つまり、被害の偏りは、ただ脆く、ただ弱いところに集中した結果でもなければ、発災前の社会的格差の単なる具現化でもない。その原因は、あくまで減災・復興政策にある。これが、筆者の基本認識である。

　減災・復興政策の基調にあるのは、被災地を元に戻すのではなく、「よりよい姿をめざす（Build Back Better）」という思想である。それは「疑いえないような基本的なコンセプト」のようにも見える。

　しかし、筆者はこれを疑う必要があるとする。なぜなら、それこそが、経済的・社会的・身体的により脆弱な人びとの住宅・居住地選択機会を奪い、「（生活の場からの）追い出し」や「置き去り」をもたらしたり、「封じ込め」を通じた孤立（孤独死を含む）につながったりする元凶だからである。そこで、筆者は、「残すべきもの」を「掬い取ることも、保護することも、目を留めることさえもないままに、ただひたすらに災害のハザードを避け、居住地の空間を作り変える」という発想を「Build Back Better主義」（以下、「BBB主義」）と呼び、これを改革のターゲットに据えるのである。

　BBB主義に貫かれた減災・復興政策は、「空間を作り変える」政策、「ハザードを避ける」政策、「住宅困窮者を救済する」（住宅セーフティネット）政策の三つから構成される。「空間を作り変える」政策と「ハザードを避ける」政策が一部の人びとの「追い出し」や「置き去り」をもたらし、「住宅困窮者を救済する」政策が、追い出されたり、置き去りにされたりした人びとの住宅セーフティネットへの依存と「行き場のない境遇への『封じ込め』」をもたらす。これが、筆者の作業仮説にほかならない（以上、序章～第2章）。

　そして、当該作業仮説を検証する形で、上記三つの政策ごとに減災・復興政策の実態が明らかにされる（第3章～第10章）。そして、それを踏まえて、「減災・復興政策の転換」について次のような主張がなされている（終章）。

　不平等が拡大することを拒絶しつつ、ハザードを避け、リスクを低減するような減災・復興政策はどうあるべきか。筆者によれば、まず、「基本コンセプトレベル」において、BBB主義から脱却し、「いかに作り変えるのか」ではなく「何を変えずに残すのか」という問いへの転換を図るべきである。端的に言えば、「残すべきもの」とは、「元の居住地とのつながり」である。すなわち、「一人ひとりの生活圏域と生活空間へのアクセスを保障しながら、時間をかけ、段階的に、一時的に、一部ずつリスクを減らし、暮らしを安定的に変化させていくこと」こそが必要なのである。そのためには、「政策実行レベル」において、（イ）長い定住を通して土地との密接な関わりが育まれてきた場所（原住地）へのアクセスの保障、（ロ）移転前後の生活圏域の重なりを重視した居住地移動、（ハ）一人ひとりに身体化された生活空間の継承を大事にしつつ、災害ハザードから段階的に退避する方途を模索することが求められる。さらに、「政策構造レベル」において、「住宅・居住地選択機会をすべての人に保障する」という視点のもとに現行政策の構造を解体・再構築するとともに、住宅セーフティネットの「質の向上」を図ることも不可欠である。

　「以上のすべての方向からのアプローチがひとつも欠けることなく展開するとき、減災・復興政策のパラダイムシフトは起こる」という。しかし、これを実現することは、「できるだけ早く、できるだけ多くのリスクを削減するための資源をできるだけ効率的に分配する」という考え方とは明らかに矛盾する。それゆえ、「非効率」な資源の分配の必要性と「非効率」なリスクの再分配の

妥当性に（国民が）同意できるかどうかが、政策転換の成否のカギを握るとされるのである。

2　若干のコメント

　以上が本書の内容だが、その意義は少なくない。紙幅の都合から2点に限定して述べておこう。

　第1に、防災・災害研究としての意義である。災害が経済的・社会的・身体的により脆弱な人びとにより大きなダメージを与えることは、これまでもしばしば語られてきた。しかし、本書は、復興過程においてもそれが生じているばかりか、そうした不平等が災害サイクルを通して累積的に拡大をしてきたとした上で、その原因が減災・復興政策自体にあるとする。しかも、「BBB主義」という基本コンセプト自体が不平等の拡大につながっているという。この着想は、実に刺激的である。

　そして、減災・復興政策を構成する三つの政策につき、諸制度を網羅的に把握し、内容や経緯を詳細に調べ上げた上で、筆者自身がデータ収集等を行った事例をもふんだんに盛り込みながら、各政策が何を帰結したかを具体的に明らかにしている。こうした網羅性・詳細性・具体性に加え、クリアな文章と理解を助ける図表は、本書の減災・復興政策テキストとしての価値をも高めている。

　第2に、コミュニティ研究としての意義である。本書は、あいさつや立ち話といった視線や動線の交差をきっかけとした偶発的で一時的でかつ反復的な出来事を惹起する「路地」や「店先」や「大きな洗濯物を干すときにみんなが使う日当たりのいい広場」や「いつも人とすれ違う畑につながる道」や「各家の窓越しに会話をする通り道」といった「共有地」のような空間の重要性と、減災・復興政策がそれらを失わせることの問題性を明らかにしている（第6章）。人びとが交流するためには、「未知から既知に至るための段階的なプロセス」が必要なのであって、一緒に趣味等の活動をするような親密な他者との共同行為空間（集会所等）を設けるだけでは不十分なのである。

　他方で、本書にはいくつかの疑問も残る。こちらも紙幅の都合で2点に限定して述べておきたい。

　第1に、「BBB主義」の用法についてである。すでに言及したように、筆者は、これを「新たな居住地を生産する一方、従来の居住地の何を残すのかを一切問わない思想」として位置づけている。しかしながら、他方で、「よりよい姿をめざす（Build Back Better）」という本来の意味で用いているように思われる個所も散見される。

　この点、「よりよい姿をめざす」ことが「何を残すのかを一切問わない」ことに必然的につながるとすれば、そこに何ら矛盾は生じていないことになる。しかし、「よりよい姿をめざす」ことが「何を残すのかを一切問わない」ことに必ずつながるというわけではないだろう。「よりよい姿をめざす」中で「残すべきものを問う」ことが重視されることも十分あり得るからである。やはり、「よりよい姿をめざす」という本来の意味でのBBB主義と筆者の定義するBBB主義とは別物であり、後者が前者から必ず生じるわけではないと考えるべきである。

　以上のように考えるならば、「残すべきもの」を問わないことを「BBB主義」と表現したこと自体がミスリーディングであり、議論を錯綜させてしまったと言わざるを得ない。たとえば、著者が「BBB主義からの脱却」としている内容は、「よりよい姿をめざす」という本来の意味でBBB主義を理解すれば、「脱却」ではなく「修正」ということになろう。

　第2に、「本来の対立関係は、現地再建の意向と居住を禁ずる制度とのあいだにある。にもかかわらず、それが住民どうしの対立・分裂という事態を招いたことはきわめて深刻な問題」（228頁）といった記述に端的に表れているように、筆者は、「住民（のニーズ）VS制度」という見立てをしている。しかし、そうした見立てはどこまで妥当なのだろうか。制度の方向誘導性や制約を看過するわけにはいかないが、住民の中にもいろいろな考え方の人がいるのであり、利害関係も一様ではないはずである。批判の矛先を制度にのみ向け、フォーカスすることで、多様な住民間の合意形成（＝「住民VS住民」）の重要性と困難性の問題がより根本にあることが見逃されるとすれば、それはやはり問題であろう。

　最後になるが、本書に対して「実現可能性ゼロの夢を語る書である」といった批判をする者も中にはいるかもしれない。しかし、評者（嶋田）はそうは思

わない。「どうせ世の中そういうものだろう」という「あきらめ」こそが「好ましからざる現実」を生き延びさせる元凶である。「あきらめ」が蔓延しがちな世の中だからこそ、逆に、本書のように、「本来あるべき姿」を起点にして、（たとえその充足がどんなに困難であったとしても）その実現条件を探求し、明らかにするという学問的営みには大きな意義があるのではないか。筆者の真摯な学問的営為に敬意を表したい。

── 書　評 ──

髙谷幸編
『**多文化共生の実験室**──大阪から考える』
（青弓社、2022年、304頁、2,000円＋税、ISBN 978-4-7872-3504-6）

大阪経済法科大学21世紀社会総合研究センター客員教授　金谷　一郎

　本書は大阪を中心に、多文化共生に関わる研究者や実践者など17名による共著であり、多角的な視点から多彩な内容で提言がなされている。表紙カバーには、「反差別や人権という対抗的な理念に基づき共生を目指す実践としてそれらを再評価する。歴史的にマイノリティ集住地域である大阪の先駆的な取り組みから、全国で進められている多文化共生の動きを批判的に検証する視点を浮き彫りにする」との記載がある。本書の特色を表す文章であり、まず読む前から興味を引くこととなる。さらには、題名である「実験室」「大阪から考える」との用語の意図と、このカバーの記述の意味が、全編を読み終わった段階で納得の行くものとなる。

　私は、大阪生まれの大阪育ちで、大阪しか知らないので、良い意味でも悪い意味でも、大阪の現状が他の地域から突出しているとは思ってもみなかったが、本書を読んで、大阪が「実験室」であることが理解できた。以前から他の地域での活動や事例を学ぶ機会があったが、なぜ当事者が孤立しているのか、学校や地域も含め周りの多様な人材はなぜ手を差し伸べないのか疑問に思ったことがあった。この感覚は、まさしく「実験室」である大阪で生まれ育ったことに起因していることが、今回ようやく理解できたのである。大阪以外の地域の皆さんは、この本を読むと違和感を抱くかもしれないし、「やはり大阪は変わっている」「大阪は違う」「大阪だから出来る」など様々な感情が湧くかもしれない。それは編者や著者の意図する「実験室」の主旨かもしれないし、大阪の取り組みがきっと多くの地域での課題解決の参考になると考えて、あえて「実験室」と表現するのだろうと推測する。

　まえがきで、「関西では被差別部落や在日コリアンへの対応で経験があると
いうか、先人たちの闘いの歴史がベースにあって、そのうえでいまがあるの
だ」との記述があり、さらに「大阪や関西で、多文化共生はあくまで反差別や
人権を基礎としたうえで提示された概念」と述べられている。その説明として
「マイノリティ集住地域だったという現実があ」り、「克服すべき現実に対して
反差別と人権という理念が提示され、その理念の具体化として実践が展開」さ
れてきたことが述べられる。加えて、「現実 —— 理念 —— 実践が明確に結び付
けられてきた。このように、公正な地域社会をつくるための議論と実践が数多
く展開されてきた大阪は、まさに多文化共生の実験室」であるとも述べられる。
多文化共生が、反差別や人権をめぐる実践の上に築かれた理念であることを確
信させられる。

　これらを踏まえて各章を読み進めば、葛藤や苦悩も含めて詳しい実践事例が
あり、各支援者が各々の分野で如何に「反差別と人権という理念」に基づき
「現実 —— 理念 —— 実践」を行っているかが、読者にも理解頂けると考える。

　第1部では教育からの視点で実践事例が紹介され、公立学校での先進的・試
行的取り組みの経過が説明され、在日コリアンへの支援がニューカマーの教育
につながり、高校への進路保障の成立となることが理解できる。また同和教育
で培われた「進路保障」の理念や実践が、障がいをもつ子どもたちも仲間とし
て生きる「校区入学保障」「原学級保障」へとつながることが理解でき、大阪
でのマイノリティ教育で培われた理念や実践が多文化家族支援へとつながって
いることも理解できる。

　次に第2部は、大阪の多文化共生の担い手の考察である。在日コリアンをは
じめマイノリティの背景をもつ担い手が多く育っていることが理解できる。

　この中で私が最も関心が高かった記述が、「多文化共生という言葉に違和感
をもち、使うことさえ拒否していた」「多文化共生が広がった背景への違和感」
「権力側にとって都合のいいためだろうと猜疑心を深めた」「在日問題を希薄さ
せている」（152頁）というものだ。私も同様の違和感から、この言葉をなるべ
く使用しないようにしてきた。同和問題や障がい者問題などの幅広い人権問題
（LGBTQ問題も含む）からの視点で、外国籍住民の権利や尊厳を考えると、こ
の言葉には違和感が存在する。

　あとがきにあるように「大阪の多文化共生も草の根の実践に支えられてきた」とあり「社会を公正な形に一歩でも近づけようと、それぞれの立場で人々が関わり、特徴ある制度や政策を作りだしてきた」との記述は、大阪らしい多様な人材の活躍を表していると思う。

　また一方で、まえがきでは「大阪の実践は転換期を迎えている」とし、大阪維新の台頭・躍進により緊縮財政が実施され、草の根の実践の現場であった公共施設は廃止され、人員も削減され「マイノリティの政治・社会参加の基盤を掘り崩す」と明言される。全国での「共生」政策の浸透により、「反差別や人権という対抗的な理念が共生へと無害化されるおそれ」と危惧する記述もある。

　私としては、編者の危惧は理解できるが、大阪の住民は、そんなに弱いのだろうかと考えさせられる。確かに維新政治の方向がさらなる新自由主義に向かう危惧はあるが、従来から培ってきた大阪人の反差別や人権意識の高さは、そう簡単には揺るがないと考える。特に、この10年あまりの間に2回の住民投票を大阪市民は経験し、政治への関心は高く、市民を二分する議論が家庭・喫茶店・居酒屋など各所で行われ、従来タブーとされた政治の議論が交わされた結果、禍もあったが、市民度・民度は確実に向上したとも考える。

　私は、大阪市生野区御幸森地域で、廃校になった小学校跡地を活用した多文化共生の拠点づくりに関わっている。行政からの財政的・人的支援はまったくなく、逆に行政へ納付する月額使用料はもちろんのこと、約1億円の初期経費を住民の力と知恵で調達した。このように現実 —— 理念 —— 実践は、行政に依存しない住民の覚悟も含めて、脈々と大阪の地で根付き発展していると感じる。以上のように、大阪にお住いの方には大阪の再発見のために、大阪を不思議な地域と思われていたり、違和感をお持ちの方々には大阪をご理解いただくために、本書はお勧めの本である。多文化共生だけでなく、人権問題、教育、福祉やまちづくりなど多彩な分野の研究者にも、ぜひお勧めしたい一冊である。

─── **書 評** ───

鳥越皓之・足立重和・谷村要編著
『コロナ時代の仕事・家族・コミュニティ──兵庫県民の声からみる
ウィズ／ポストコロナ社会の展望』
（ミネルヴァ書房、2022年、266頁、5,000円＋税、ISBN 978-4-623-09355-7）

広島市立大学教授　金谷 信子

　新型コロナショックにより、人々の移動や交流は厳しく制限され、IT技術を標準装備することが突然強いられた。生活、仕事、教育の現場は一変し、その様子を伝える報道や議論は溢れている。一方で、コロナ禍が始まって3年が過ぎた今日でもその実態や影響は混沌としている。そうしたなか本書では、新型コロナ感染拡大が社会に与えたインパクトについて、詳細なフィールド調査とアンケート調査を用いて丹念に描き出している。対象地は兵庫県に限られているが、地理的多様性を反映して、示唆されることは多い。

　扱われている対象は人々の生活、家族、コミュニティ、仕事、教育、子育て、観光、祭礼と幅広い。コロナ禍で翻弄された人々の肉声が伝わってくるエピソードが満載であり、注目すべき論点は尽きないが、ここでは2つに絞って議論したい。第一は、新型コロナ禍が社会の格差の拡大につながっていることを明確に示していること、第二は錯綜する新型コロナ対策のなかで行動してきた人々のしたたかさを描き出したことの意義である。

　第一については、アンケート調査により自営業や非正規雇用、生産工程従事者やサービス職従事者が経済面でより打撃を受けていること、所得が低いほど仕事を辞めたり心身の健康を悪化させたりしていること、また女性は雇用調整の対象になりやすく在宅が増えた家族のために家事負担が増え、また人との交流機会を失うことで充実感が低下していることが目を引く（第2章、第4章）。一方で、テレワークはホワイトカラーを中心に進んだ現象であり、管理職や専門職は他の職種よりも在宅勤務が増えているという。つまり社会的に弱い立場にある人々の方が経済活動の停滞や移動制限の影響をネガティブに受けており、

IT技術などの恩恵を受けたのは一部の恵まれた層であったことが浮き彫りにされている。また経済対策として強行されたGoToキャンペーン下でも、地方の観光地では、感染拡大のリスクと板挟みになり、割引価格に慣れた観光客が今後また戻ってくるか不安に苛まれながら、クーポンの複雑な取り扱いでパソコン操作に不慣れな者は置いてきぼりになった無情が紹介されている（第5章）。

　日本では新型コロナ感染患者が社会的弱者に多いという実態はないようだが、本書が示した実態は、過去の災害で弱者がより苦しい立場におかれてきたことと二重写しである。ここで新型コロナ拡大による経済活動や社会生活の停滞、またこれらを克服する政策さえも、弱者の生業、生活そして心身をより傷つけていることを明らかにした功績は大きい。

　第二については、新型コロナ対策として、学校や保育所の一斉閉鎖が要請されて、人が集まる行事やイベントも中止が要請されるなか、子育て支援を必要とする母親や食糧支援のために奮闘した団体関係者、高齢者の孤立を防ぐ活動を続けようとした自治会関係者、また単に自粛を要請するだけではなく、無事に行事が開催できるガイドラインを作成して側面支援した行政関係者の行動が紹介されている（第6章、第7章）。とりわけ印象に残っているのは、全国的に祭りの中止が相次いだなかで、「新調おひろめ」「見納め」「飾り付け」「遊び」「練習」「試し」などの形で、屋台を出してさわりだけでも祭りを行おうとした地域があったことだ（第8章）。祭りの中止に対して、涙ながらに反論したという話は、一律な行動制限の無慈悲さを象徴する。本書では伝統文化を継承する意義の再考を促しているが、こうした行動には一種の反骨精神も見え隠れしているように思われた。

　本書では冒頭に「自由より安全を優先する社会」が監視体制を強めて民主主義が後退することの危惧が示されており（第1章）、終盤では新型コロナ拡大初期に著しかった感染者に対する差別と人権侵害が議論されている（第9章）。差別と人権侵害に関しては、次のようなことを考えた。私たちは、ハンセン病患者に対する苛烈な差別と悲劇に対する猛省をしたにも関わらず、眼前に危機が迫ると利己心が剥き出しになる悲しい存在なのかもしれないが、こうした極端な排除に至る理由として、住民が自主的に感染症予防に協力した過去の記憶

の影響があるのかもしれないということだ。

　近代社会の行政にとって、感染症（伝染病）対策は最重要課題の１つであり、明治・大正時代にはコレラや赤痢などが猛威をふるい、最悪時には年間10万人以上が死亡した。このために、当時の伝染病対策は警察の取締りを伴う強権的なものだったことが知られている。患家には張り紙がされ、交通が遮断され、患者は犯罪者のように取り扱われた。戦後はGHQの指示により日本の不衛生な環境を改善する名目で、強制的な予防接種行政が展開された。接種拒否は受け入れられずに、結果的に予防接種禍という後遺障害に苦しむ人たちが生まれた。

　ただ強権力を伴い、疾病予防という公益を個人の利益に優先させる感染症対策は一直線に成立した訳ではなく、患者の発生を隠蔽したり隔離病院への入院を拒んだりする住民と警察・行政との間に激しい抗争もあった。そこで住民自らが感染症予防対策に取り組むための、いわば自治的な予防対策が奨励されて、住民・行政関係者による衛生組合の設立が奨励された。衛生組合は戦前の住民組織の母体の１つになったという説もある。戦後の予防接種の普及にも住民組織の協力が織り込まれた。その後、衛生環境や医療技術の向上により、感染症は激減して、強制力を伴う感染症対策は見直された（伝染病予防法は平成10年に廃止され、同年に感染症法が制定された）が、今回でみられた自粛警察という現象は、こうした日本の感染症対策の功罪の表出とみることも出来るのかもしれない。

　また新型コロナ感染拡大後に随所にみられる監視体制の強化と民主主義の衰退に関しては、強く共感しつつ、次のようなことを考えた。未知の病気に対する恐怖心は人によって相当に異なる。１年以上外部との接触を断った人もいれば、留意して外出し続けた人もいた。感染者の情報開示の妥当性についての意見も一致をみなかった。新型コロナ拡大の初期に、学校や保育所また商業施設等の一斉閉鎖、そして移動制限などが要請されたことの是非については、今も議論が続いている。こうしたなかで、未曾有の脅威に直面して、強力な政治的なリーダーシップを求める声だけは着実に高まってきたと評者も感じている。ただ、正確な知見に基づく効果的な政策を国や自治体に求めることは当然としても、時々刻々と変化する未知のウィルスと戦う無謬の政策を展開し続けるこ

とは、神業に近いようにも思う。過去の感染症対策も試行錯誤の連続であったことも考え合わせると、政策は結果的に間違うこともある。つまり人々が各々の立場で考えたり行動する素地をつくることも、重要なリスク管理ではないだろうか。本書の最後には、戦前に外地への移住を推進した政府の方針に従わずに村を守ったリーダーがいたこと、彼は地元の自由大学で学んだ経験があったことが述べられている。目の前に迫る災禍あるいは社会の課題について、自分の頭で考えて判断できる力を育む学びの場、また当然とされている行動について自問自答する胆力、無言の圧力をかわすしたたかさ——こうした行動が求められているというメッセージを本書から感じた。

　また、本書のベースになったコロナ禍中の県民の生活実態に関する学術調査を企画実施した兵庫県関係者にも、敬意を表したい。

【参考文献】
手塚洋輔（2010）『戦後行政の構造とディレンマ—予防接種行政の変遷』藤原書店
奥武則（2020）『感染症と民衆—明治日本のコレラ体験』平凡社
竹原万雄（2020）『近代日本の感染症対策と地域社会』清文堂出版

『コミュニティ政策』編集規程

1．『コミュニティ政策（以下「本誌」という）』は、コミュニティ政策学会の機関誌であって、年1回発行する。

2．本誌は、原則として、本会会員のコミュニティ政策関係の研究成果の発表に充てる。

3．本誌は、論文、研究ノート、書評、大会報告等で構成する。

4．研究ノートは、事例報告、海外の動向、研究のレビューなどとする。

5．本誌の掲載原稿は、会員の自由投稿原稿と編集委員会の依頼原稿とから成る。

『コミュニティ政策』投稿規程

1．本誌に投稿する論文や研究ノートは、コミュニティ及びコミュニティ政策並びにそれらに関連する内容を扱った、原則として日本語の論文であり、他に未発表のものに限る（なお学会などでの報告発表はこの限りではない）。

2．投稿は次の指示を遵守して行うものとする。

（1）投稿を希望する者は、投稿する号を担当する編集委員会事務局宛、締め切り日までに（必着）、別途定める執筆規程に従ってワープロ等で作成した論文や研究ノートのオリジナル原稿1部及びそのコピー2部と、投稿申し込み用紙1枚を送付する。コピー2部の作成に当たっては、執筆者所属氏名を消去することとする。

（2）投稿申し込み用紙（様式自由）は、以下の事項を明記することとする。

　①　氏名

　②　住所、電話・ファックス番号、E-mail

　③　所属・役職等

　④　論文の題名

3．論文や研究ノートの掲載の可否並びに修正指示は、レフェリーによる査読を経て、編集委員会が決定する。査読のルールは以下の通りとする。

・査読者は、編集委員から1名、それ以外から1名とし、論文の専門性に合わせ編集委員会で選定する。

・評価のランクは、1）掲載する、2）修正の後掲載する、3）大幅な書き直し等が必要なため今回は掲載を見合わせる、の3段階とする。

・締め切りは毎年11月末とする。

4．論文や研究ノートの掲載を認められた投稿者は、指示に従って必要な修正を行った上、完成原稿1部とともに、原稿のデジタル・データを指定期日までに提出する。なお、提出するファイルの形式は、**MS-Word**または一太郎とし、それ以外の場合はテキストファイルとする。テキストファイルへの変換は、執筆者の責任において行う。

5．掲載確定後の著者校正の際には、原則として誤字誤植以外の訂正を認めない。

6．本誌に掲載された論文、研究ノート、書評、大会報告等については、執筆者の異議申し立てが無い限り、掲載から1年経過した後に、ウェブ上に公開する。

7．本誌に掲載された論文、研究ノート、書評、大会報告等について、執筆者が自著に収録する場合は、事前に編集委員会に申し出たうえで、本誌に初出した旨を明示する。

『コミュニティ政策』執筆規程

1．論文や研究ノートの分量は下記の通りとする（図表、注、文献リスト、和英要約を含む）。なお、図表の字数換算はA4判で1/4頁大＝400字相当、1/2頁大＝800字相当として計算する。提出にあたっての紙媒体への打ち出しは、A4判横書き、1頁全角40字×40字の印字を基本とする。

　　○ 依頼論文（特集論文）：10,000〜20,000字（図表、注、文献リスト、和英要約を含む）

　　○ 自由投稿論文：10,000〜20,000字（図表、注、文献リスト、和英要約を含む）

　　○ 研究ノート：6,000〜12,000字（図表、注、文献リストを含む）

２．論文には、本文（図表を含む）のほか、和文要約（600字以内）、英文要約
　（300語以内）とキーワード（日本語・英語、３語~5語）を添付することとす
　る。

３．論文と研究ノートの構成と書式は、以下を基本原則とする。

（1）第１頁の構成

　　１行目　和文題目（全角、中央揃え、副題がある場合は２行にわたることも可）

　　２行目　英文題目（半角、中央揃え、副題がある場合は２行にわたることも可）

　　３行目　空白行

　　４行目　執筆者氏名（右寄せ）

　　５行目　執筆者氏名の英文表記（半角、右寄せ、例 AICHI,Taro）

　　　１行空白ののち、本文をはじめる。

（2）本文中の小見出しの表記-数字の後は、１字分スペースを置く。

　　　①　章は、１　○○… ２　３　　（例　１　コミュニティの… ）

　　　②　節は、1.1　○○… 1.2　1.3　　（例 1.1　町内会における… ）

　　　③　項は、１）　○○… ２）　３）　（例　　１）防災活動の…）

（3）本文への説明注

　　　　　該当箇所の右肩に、上付き文字で順に…１）　２）と番号を付し、注は
　　　本文末尾に一括する。

（4）文献リスト／文献注

　　　①　本文と注で言及する参考・引用文献等は、一括してアルファベット順
　　　　に並べた文献リストを作成し、論文末尾に付す。

　　　　a　各文献の表記は、基本的に、書籍の場合は、著者氏名、西暦発行年、
　　　　書名、出版社の順に、論文の場合、著者氏名、西暦発行年、論文名、
　　　　掲載誌名・巻・号、出版社、（または編者氏名、収録書名、出版社）該当
　　　　頁の順とする。

　　　　b　同一著者が同一年に発行した複数の文献は、発行年を2000a、2000b
　　　　…のように表記して区別する。

　　　　c　翻訳書には、原著書名を付し、原著書と翻訳書の双方の発行年を明
　　　　示する。

　　　②　文献注は、上記文献リストへの参照指示という形で示す。すなわち、

　　本文や注の該当箇所に（著者の姓、西暦発行年：該当頁）を記して、リストの該当文献の参照を指示するという形式をとる。例：（Giddens 1998：150）

（5）図・表等の挿入

　　①　図・表等を挿入する場合は、原稿の該当箇所に挿入もしくは添付する。ただし、掲載が決定したのちに提出する完成原稿では、図・表等は別紙に作成し、本文中に挿入箇所を指示する。

　　②　図表において使用する文字は、Ａ5判に縮小しても判読可能な大きさにする。

　　③　他の著作物からの引用は、出典を明記し、必要なら著作権保有者から許可を得る。

　　④　図・表は、それぞれ、（**図1**）（**表1**）のように通し番号およびタイトルを付ける。なお、タイトル位置は、図の場合にはその下、表の場合にはその上とする。

（6）その他の注意事項

　　①　ワープロ等の、番号や脚注の<u>自動機能を使わないこと</u>。

　　②　インターネット上にアップされている図表をそのままダウンロードして用いたり、スキャンによる画像読み込みを行わないこと。

コミュニティ政策学会

顧問名簿 （第Ⅺ期　任期 2022 総会〜 2024 総会）

顧問	井岡　　勉	（同志社大学社会学部名誉教授）
顧問	服部　正樹	（愛知県豊山町長）
顧問	山田　啓二	（京都産業大学法学部教授）
顧問	中田　　實	（名古屋大学名誉教授）

役員名簿 （第Ⅺ期　任期 2022 総会〜 2024 総会）

会長	名和田是彦	（法政大学法学部教授）
副会長・研究企画委員長	乾　　亨	（立命館大学名誉教授）
副会長・編集委員長・関西研究支部長	宗野　隆俊	（滋賀大学経済学部教授）
理事	安藤　周治	（NPO 法人ひろしまね理事長）
理事	碇山　　洋	（金沢大学経済学類教授）
理事・関東研究支部長	石井大一朗	（宇都宮大学地域デザイン科学部准教授）
事務局担当理事	伊藤　雅春	（明星大学建築学部常勤教授）
理事	井出　晃憲	（NPO 法人日中文化交流推進会理事）
理事	大内田鶴子	（江戸川大学名誉教授）
理事	金谷　信子	（広島市立大学教授）
理事	桑野　　斉	（宮崎大学地域資源創成学部教授）
理事	小出　秀雄	（西南学院大学経済学部教授）
理事	坂倉　杏介	（東京都市大学都市生活学部准教授）
理事	佐藤　克廣	（北海学園大学法学部教授）
理事	嶋田　暁文	（九州大学大学院法学研究院教授）
理事	杉崎　和久	（法政大学法学部政治学科教授）
理事	直田　春夫	（NPO 法人 NPO 政策研究所理事長）
理事・中部研究支部長	鈴木　　誠	（愛知大学地域政策学部教授）
理事	早田　　宰	（早稲田大学社会科学総合学術院教授）
理事	田中　逸郎	（元豊中市副市長、NPO 法人 NPO 政策研究所理事）
理事	田中　義岳	（元宝塚市まちづくり担当部長）
理事	谷　　亮治	（京都市役所まちづくりアドバイザー）
理事	玉野　和志	（放送大学教授）
理事	辻上　浩司	（コミュニティガバナンス研究所代表）
理事	土屋　　薫	（江戸川大学社会学部教授）
理事	手島　　洋	（県立広島大学保健福祉学部講師）
理事	鳥越　皓之	（大手前大学教授）
理事	林　　香織	（江戸川大学メディアコミュニケーション学部准教授）
理事	深川　光耀	（花園大学社会福祉学部准教授）
理事	渕元　初姫	（法政大学大学院公共政策研究科特任教授）
理事	中川　幾郎	（帝塚山大学名誉教授）
理事	仁科　伸子	（熊本学園大学社会福祉学部教授）
理事・国際交流委員長・中国研究支部長	前山総一郎	（福山市立大学都市経営学研究科教授）
理事	牧田　　実	（福島大学人間発達文化学類教授）
理事	三浦　哲司	（名古屋市立大学大学院人間文化研究科准教授）
理事	室田　昌子	（東京都市大学名誉教授）
理事・九州・山口研究支部長	森　　裕亮	（青山学院大学法学部教授）
理事	役重眞喜子	（岩手県立大学総合政策学部准教授）
理事	山本　素世	（公益社団法人奈良まちづくりセンター理事）
会計監査	石田　芳弘	（中部高等学術研究所 中部大学客員教授）
会計監査	吉村　輝彦	（日本福祉大学国際福祉開発学部教授）

〈編集委員会からのお知らせ〉

　自由投稿論文、研究ノート（第２２号掲載論文）を募集します。締め切りは2023年（令和５年）11月30日です。皆様ふるってご投稿ください。執筆要領は、投稿規程・執筆規定をご覧ください。eメールでの提出のほか、郵送での提出も受け付けます。

　　eメールの送信先：hensyu@jacp-official.org
　　郵送先：〒522−8522　滋賀県彦根市１-１-１ 滋賀大学経済学部
　　　　　　宗野研究室

コミュニティ政策学会　編集委員会

編集後記

■今号も、シンポジウム記録、特集論文、自由投稿論文・研究ノート、書評等を掲載し、皆様にお届けすることができます。多くの方々が関わった学会活動の成果として、これらの内容を掲載できることを、嬉しく思います。ところで、1本の投稿論文、研究ノートが掲載されるためには、複数の会員による厳格な査読を経て掲載可の判断を得なければなりません。査読の労をとられた方々のお名前が公になることはありませんが、この場を借りて感謝を申し上げます。

（宗野隆俊）

■先日、地元自治体のコミュニティ政策について学んだ学生の感想で最も多かったのは「自治会・町内会等が何をしているのか全く知らなかった」「色々な役割があることに驚いた」ということ。子供時代に地域のイベントで多世代交流した良い思い出がある者は、地域コミュニティの大切さを自分の言葉で熱く語っていたのも印象的だった。地域コミュニティの人材不足に関しては、資金支援だけではだめで"人"づくりが重要という指摘や、学校教育などで子供の時から地域コミュニティについて学ぶ機会を持つべきという意見も。近未来のコミュニティの担い手の意識や行動もしっかりみていく必要があると感じている。

（金谷信子）

■今号の特集のテーマは「対話づくりとしての場づくり」であって、解題にあるようにコミュニティにおけるさまざまな根底的かつ新しい課題が縦横に論じられている。このような論点は従来のコミュニティ政策の枠から少しはみ出るものがあり、コミュニティ政策を拡張するものの萌芽を見せているのではないか。この展開が期待されるところである。

（直田春夫）

■とある学会のズーム会議の席上で、「最近の自治体職員は萎縮と傍観の連鎖・悪循環に陥っている」と指摘し、「出る杭は打たれる・出過ぎた杭は抜かれるというが、出ない杭は腐るよ」と発言。バッシングを恐れるな、がんばれ自治体職員！というエールだったのだが、出席していた学識者から「出ない杭の役割こそが重要」との指摘が。地方分権の推進が（紆余曲折の末）、新たな中央集権に収斂していった今日、今は地道に自治実践活動に専念すべき、力を蓄えておけよというメッセージと受け取った。なるほど…とはいえ、いつの時代でも自律する職員はバッシングされる。組織とか権力はいつもそうして立ち

現れる、昔も今も。さてさて、若手職員よ、出る杭を選ぶ？出過ぎた杭を選ぶ？出ない杭を選ぶ？…いずれの途を選ぶにしろ、自治の充実に力を発揮してほしい。ただ禄を食むだけの公務員ではつまらないよ、結局のところ、一番バッシングされるよ、と老兵の僕は胸の中でつぶやいた。地方自治体の行方が心配な今日この頃である。　　　　　　　　　　　　　　　　　　　　（田中逸郎）

■NPO法が施行されて25年が経つ。区域を超えた地域活動の可能性が広がり、社会課題に向き合う市民のネットワークは、アイディアに満ちた活動を創出している。一方で、町内会・自治会の活動は苦境に立たされている。職人技のような属人的要素に支えられた市民活動にも、行政システムのようなマニュアル化された町内会活動にも、それぞれ「強み」と「弱み」がある。補完しあう制度が模索されているが、従来の行政的縦割りの壁にぶつかってしまう。領域横断が期待されるコミュニティ政策の実質化に知恵を絞りたい。　　（谷口功）

■3年あまり続いたコロナ禍が、ようやく収束して、徐々に以前の状況にもどってきているように思います。編集作業についても、通例のやり方ができずに、特別に座談会をやったり、特集のようなものを工夫したり、ここのところ大変だったという記憶しかありません。今号の内容がすぐには思い至らないところがあって、的確な後記が書けないでいたらくです。いろいろなことが、徐々に前向きにもどっていくことを望みます。　　　　　　　　（玉野和志）

■ウェブ会議の便利さを有難く感じつつ、十分なコミュニケーションを図るには、対面で話し合うことの大切さを実感しています。新型コロナの収束により本来のコミュニティ活動が戻りつつありますが、従前どおりに戻すのではなく、持続可能な活動につながるよう、事業内容の見直しや人材の確保・育成などに取り組んでいく機会になることを願っています。　　　　　　　　（辻上浩司）

■後期高齢者の範疇に入り、遅ればせながら地元自治会の世話役をお受けするようになった。そこでは、地域社会が抱える困難な課題が予想以上に山積しており、問題意識が明確であるほど、俄かに取りくみにくい現実がある。だがそんな中でも愚痴をこぼさず、淡々と地味な仕事を引きうけ、笑顔が絶えない人たちが多くいる。そこにあるのは、顔と名前がわかりあえる新たな出会いとそれを楽しむ心、そしてお互いを支えあう気持ちの交換である。コミュニティにおける「面識的関係」の重要性と心のすえ方を、改めて認識するとともに、現場からの学びを思うこの頃である。　　　　　　　　　　　　　　（中川幾郎）

Japan Association for Community Policy

Research for Community Policy No.21

CONTENTS

Preference Local Communities during COVID--19 pandemic days   TORIGOE, Hiroyuki

Report on the Year 2022 Annual Conference(21th)
(1) Keynote Speach   District-based Governance in municipalities it's path and the future
NAWATA, Yoshihiko
(2) Symposium   New tides of community and policies promoting District-based Governance
in Miyazaki City
coordinator   NEGISI, Hirotaka
panelists   YAKATA, Miyuki   TYOUSA,Shinichi   ISHII,Daiichiro
NAWATA,Yoshihiko

Special Articles
Making better places in communities through inclusive communication
Bibliographical introduction   MUNENO, Takatoshi
(1) From Institutionalization and Organization to Making better Places: thinking about
community policy in Reiwa period   YAKUSHIGE,Makiko
(2) Community policy shedding light on invisible citizens featuring high school student's
activities   ISHII, Daiichiro
(3) Routine and nonroutine dialogues nourish sense of self-governing:A case study of
collaborative governance in Akashi City   SAEKI, Ryota

Articles (with Refereeing)
Consciousness Transformation of Permanent Residents towards Integration
–A Study on Sustained Stay of International Migrants Living in a Regional City–
MURAMATSU, Hideo
ISHII, Daiichiro
The 2017 Amendments to the Local Public Service Act and the Administrative District Head
System ~From a survey of the rules and regulations in Miyagi Prefecture
IKEYAMA, Atsushi

Research Notes (with Refereeing)
A study from citizen surveys toward local community participation in Japan and France:
Establishment of a sustainable regional management system   NAKAJIMA, Kiyomi
The Process of Discussions Surrounding Community-based Nature in Volunteer Fire Corps:
Focusing on Fire and Disaster Management Council   SAITO, Akira
SENDA, Shinya

2022 Annual Conference (21th) Programs and reports

session A   MUNENO, Takatoshi
session B   MATSUOKA, Takanobu
session E   ISHI, Daiichiro
session H   Kuwano, Hitoshi

Book Reviews

MUNENO, Takatoshi   TAMANO,Kazushi   MIURA Satoshi
TANIGUCHI,Isao   KOYAMA,Hiromi   NAKAGAWA,Ikuo   KANAGAWA,Kouji
SHIMADA,Akifumi   KANATANI,Ichiro   KANAYA,Nobuko

Appendix

"Research for Community Policy" Instructions for Authors
members of Board
editorial note

ISSN 1348-608

コミュニティ政策 21　　　発行　2023年9月20日

編 集　　コミュニティ政策学会編集委員会（学会事務局）
　　　　〒102-8160　東京都千代田区富士見2-17-1
　　　　法政大学法学部気付
　　　　電話 03-3264-9441　FAX 020-4663-7420
　　　　E-mail　office@jacp-official.org
　　　　URL　http://jacp-official.org/

発 行　　株式会社　東信堂
　　　　〒113-0023　東京都文京区向丘1-20-6
　　　　電話 03-3818-5521㈹　FAX 03-3818-5514
　　　　E-mail　tk203444@fsinet.or.jp　URL　http://www.toshindo-pub.com/

ISBN978-4-7989-1870-9　　C3036

【2023 年 3 月刊行】⑪　神戸市真野地区に学ぶこれからの「地域自治」

乾　亨 著　　　　　　　　　　　　　　　　　　　　　　　　本体 5200 円

戦後高度経済成長期の公害反対を初め高齢者福祉や阪神淡路大震災の復興、暴力団の追い出しなど地域住民の支え合う力で様々なる試練を乗り越え、今なお住民主体による〈まちづくり〉を続けてきた町がある。わが国全土で地域コミュニティの衰退が叫ばれる中、なぜこれほど地域協働が成功したのか？本書は長いまちづくりの展開を豊富な写真とともに記録したものであり、そのコミュニティ自治持続のカギは本書に詰め込まれている。さあ、真野地区の実践的物語を紐解こう。

【2021 年 4 月刊行】⑩　自治体内分権と協議会
―革新自治体・平成の大合併・コミュニティガバナンス

三浦哲司 著　　　　　　　　　　　　　　　　　　　　　　　本体 3200 円

少子高齢化や過疎化が問題視されて久しい今日、わが国の地方自治では自治体内分権を志向する様々な制度が設計・運用されてきた。そしてそれは、人口規模や環境といった地域ごとの文脈の中で、独自の仕組みが試行錯誤されてもいる。国内・外の各地域で行われている自治体内分権の具体事例の検証を通し、そこでいかなる成果・課題が生じているのかを明らかにする。自治会・町内会員、NPO、地域住民といった多様なステークホルダーの主体的参加を礎とした協議会型住民自治組織が分権化に果たす一般機能を明示した労作！

【2020 年 10 月刊行】⑨　住民自治と地域共同管理

中田　実 著　　　　　　　　　　　　　　　　　　　　　　　本体 3400 円

住民主導によるボトムアップの自治をめざして―。少子高齢化、過疎化、都市一極集中、世帯規模の縮小―今日のわが国は、こうした相互的かつ複合的な地域課題を多く抱えている。その対策としてトップダウンに実施されてきた市町村合併が行政サービスの質・量を低下させ行き詰まりを見せている今、住民による主体的なボトムアップの自治整備が急務だ。国内外の事例を基に、各地域のもつ空間的多様性と歴史的な独自性を踏まえた「地域共同管理」の機能、およびそれを担う主体としての住民自治組織のあり方を明らかにした一冊。

【2020 年 8 月刊行】⑧　米国地域社会の特別目的下位自治体
―生活基盤サービスの住民参加実際のガバナンス

前山総一郎 著　　　　　　　　　　　　　　　　　　　　　　本体 3600 円

行政と民間が連携して生活福祉事業を展開する、最先端の技術を紹介・研究！従来の自治体や NPO とも異なる、小規模な公共事業のために設置された「半官半民」の自治体―特別目的自治体―の数は、全米で 38000 団体以上にまで及んでいる。本書は、数年にわたる実地調査を通して、米国で特別目的自治体が誕生・普及していく過程、およびその中で行われた自己イノベーションの事例を分析することで、特別目的自治体が米国の社会サービスにおける官民連携の要として機能してきたことを明らかにする。「市民がささえるローカルガバメント」の具体的なあり様を示した気鋭の研究。日本への示唆も大きい。

【2020 年 5 月刊行】⑦　地域自治の比較社会学―日本とドイツ

山崎仁朗 著　　　　　　　　　　　　　　　　　　　　　　　本体 5400 円

住民主体による地域自治を促す制度のあり方を追究した氏の不朽の遺稿集。故山崎仁朗氏の博士論文構想を基に、遺された膨大な業績が、氏の遺志を継ぐ研究者たちによって纏め上げられた。地域自治に関する緻密な理論構築および日本とドイツの各地域で実施した調査・比較分析を通じて、地域住民による自治と行政制度による統治の架橋を目指し、住民主体の地域自治を促す制度のあり方を追究。

⑥ 地域のガバナンスと自治
―平等参加・伝統主義めぐる宝塚市民活動の葛藤

田中義岳 著 　　　　　　　　　　　　　　　　　　　　　本体 3400 円

1990 年代頃,宝塚市では市民と行政の協働した「まちづくり協議会」などを通じた、住民参加型の地域自治システムが確立・機能していた。しかし、2000 年代半ばの市長交代を機に上意下達の命令系統を有する復古主義的な政策に転換したことで、市の政治運営は混乱に陥った。宝塚市政に 37 年にわたり携わった著者が、宝塚市（民）が直面した葛藤についての詳細なプロセス分析を通し、これからの地域自治に必要な、民主主義的な市民自治のあり方を指し示す。

⑤ さまよえる大都市・大阪―「都心回帰」とコミュニティ

鯵坂 学・西村 雄郎・丸山 真央・徳田 剛 編著 　　　　　本体 3800 円

戦後の高度経済成長期にドーナツ化現象で人口を減らした大阪都心では、バブル崩壊によって生じた未利用地に大規模なマンションが建設され、21 世紀には急激な人口の「都心回帰」が見られている。今の維新ブーム＝政治・社会の変容の背景には、「都心回帰」に伴う新しいアッパーミドル層の増加と地域コミュニティの大きな変化がある。大阪都心とその周縁部には外国人や貧困層、ホームレスなどのマイノリティに関する構造化された社会問題もある。大都市のマクロな変動と地域コミュニティの変化を視野に収めた重層的アプローチから、今日の「さまよえる」大阪の実像を捉えた都市社会学研究。

④ 自治体行政と地域コミュニティの関係性の変容と再構築
―「平成の大合併」は地域に何をもたらしたか

役重眞喜子 著 　　　　　　　　　　　　　　　　　　　　本体 4200 円

平成の市町村合併に伴い、自治体行政と地域コミュニティの関係性が大きく変容し、地域活動や自治意識が停滞した。平成が終わり、わが国に来る新時代、地域社会はどこに向かうのだろうか？本書は、平成 18 年に花巻市と合併した岩手県東和町における事例分析を通し、自治体行政と地域コミュニティの政策役割分担のための「よりよい」対話・調整―領域マネジメント―の方途を明らかにする。霞が関の官庁勤務から東和町に移住し、東和町・花巻市の地域行政に 15 年以上携わった異色の経歴を持つ著者による渾身の労作。

③ 原発災害と地元コミュニティ―福島県川内村奮闘記

鳥越皓之 編著 　　　　　　　　　　　　　　　　　　　　本体 3600 円

川内村住民による原発事故後の地元コミュニティをめぐるライフ・ヒストリー。

② 高齢者退職後生活の質的創造―アメリカ地域コミュニティの事例

加藤泰子 著 　　　　　　　　　　　　　　　　　　　　　本体 3700 円

「扶助」から「活動」へ―高齢者の新たな生活創造。

① 日本コミュニティ政策の検証―自治体内分権と地域自治へ向けて

山崎仁朗 編著 　　　　　　　　　　　　　　　　　　　　本体 4600 円

「無縁社会」を超えて自治体内分権と地域自治へ。

コミュニティ政策学会監修　**まちづくりブックレット　1〜5巻**

自治会・町内会と都市内分権を考える

名和田是彦著　　A5・85頁・本体 1000 円＋税　ISBN978-4-7989-1596-8 C0336

地域コミュニティへの参加と協働を土台とする
都市内分権のあり方を指南する！

高度経済成長期以降、自治会に加入する人が減少している。それは、近代化に伴う個人主義の伸長などといった文言で到底片づけられる問題ではない。本書は、自治会加入率低下の原因を探るとともに、自動加入やボランティアなど個人の慈善的参加に委ねてきたこれまでの自治会のあり方を再考し、地域コミュニティへの参加と協働を土台とする都市内分権のあり方を指南する。個別の地域ごとの事例が詳述される第 2 巻以降を分かりやすく読むための序論。

宮崎市地域自治区住民主体のまちづくり

宮崎市地域振興部地域コミュニティ課 地域まちづくり推進室著
　　A5・104 頁・本体 1000 円＋税 ISBN 978-4-7989-1597-5 C0336

地域自治制度が導入されて 13 年が経過した
宮崎市の事例から、都市内分権のあり方を学ぶ！

宮崎市で、地域自治制度が導入されて 13 年が経過した。地域自治制度導入後、各地域自治区で設立された「地域まちづくり推進委員会」は、市から交付する地域コミュニティ活動交付金を活用し、地域のニーズに合った様々な事業を展開している。地域自治区を軸に、行政と地域住民、学校、NPO など、多様なステークホルダーの「協働」を推進する宮崎市の事例は、本ブックレットの主題でもある都市内分権のあり方について、有益な示唆を与えるものである。

横浜の市民活動と地域自治

石井大一朗編著　　吉原明香・山田美智子・澤岡詩野・渕元初姫著
　　A5・112 頁・本体 1000 円＋税　ISBN 978-4-7989-1598-2 C0336

横浜市の市民活動や協働を支える組織に注目し、
市民活動支援と地域内協働のあり方を探る！

市民活動と行政の協働の基本指針を全国で初めて示した横浜市。本書は、地域づくりの現代史において重要な位置付けをもつ横浜の市民活動において、特に市民活動や協働を支える中間支援組織に注目し、4 つの中間支援組織の事例をもとに、「トライセクター構想」や「サードパーティ」など新たな観点から市民活動支援と地域内協働のあるべき姿を探る。

地元コミュニティの水を飲もう
―ポストコロナ時代のまちづくりの構想
鳥越皓之著　　A5·136頁・本体1000円＋税　ISBN978-4-7989-1599-9 C0336

地元にある地下水を活用する事例研究を通し、わが国における「水」利用の新境地を切り拓く！

水道水依存からの脱却に向けたまちづくりのモデル！健康面や経済面において課題を抱える上水道に頼らず、地元地域にある地下水などを飲用水として活用する取り組みが各地で行われている。それら取り組みは、各地域によってバラエティーに富んでいる―。こうした取り組みの7つの事例研究を通し、わが国における「水」利用の新たな境地を切り拓く！

熟議するコミュニティ

伊藤雅春著　　A5·96頁・本体1000円＋税　ISBN 978-4-7989-1600-2 C0336

ミニ・パブリックスと熟議の重要性から今後のコミュニティ政策に求められることを示す！

無作為抽出によって選ばれた市民たちによって行われる市民討議会―ミニ・パブリックス―に継続的に取り組んでいる愛知県春日部郡豊山町、愛媛県伊予市。両自治体の事例と玉川まちづくりハウスの活動事例（コミュニティ・デモクラシーに基づくコミュニティ・マネジメントの実践活動）を通して、現代社会にはコミュニティ圏域における多様な市民による熟議の『場』が重要であることを提唱し、ミニ・パブリックスの制度化と熟議システムのマネジメントが、都市内分権による地域自治制度と合わせてこれからのコミュニティ政策に求められることを指し示す。

『まちづくりブックレット』とは？

地域コミュニティとコミュニティ政策について、市民たちが自分ごととして考えていける共通の言論の場をつくりたいとの思いから、刊行されたブックレットです。

この小さな冊子を手にとって、ともに地域のあり方について考えてみませんか？

東信堂